대한법률연구회가 만드는 생활법률 기본지식

일반인을 위한

산업재해보상보험
생활법률의 기본지식

공인노무사 **정유석** 지음

가림M&B

대한법률연구회가 만드는 생활법률 기본지식

일반인을 위한

산업재해보상보험
생활법률의 기본지식

공인노무사 **정유석** 지음

가림M&B

약 ■ 어 ■ 정 ■ 리

산업재해보상보험법 – 산재보험법

근로복지공단 – 공단

고용보험 및 산업재해보상보험의 보험료징수 등에 관한 법률 – 보험료징수법 그간 산재보험제도에는 많은 변화가 있었습니다. 적용범위만 보더라도 산재보험제도가 처음 시행된 1964년에는 상시근로자 500인 이상을 고용하는 대규모의 광업 및 제조업 부분에만 적용하고, 그 밖의 사업장은 근로기준법에서 정한 재해보상이 이뤄졌습니다. 사회보험으로서의 역할을 온전히 행하기 위해서 산재보험의 적용범위는 계속 확대되었습니다. 마침내 2000년 7월 1일부터는 근로자 1인 이상을 고용하는 거의 모든 사업장의 근로자에게 적용이 확대되기에 이르렀고, 2005년 1월 1일부터는 건설업 등 면허를 가진 건설업자 등이 행하는 모든 건설공사와 법인이 행하는 농업·임업(벌목업 제외)·어업·수렵업 중 근로자 1인 이상을 고용하는 사업까지 적용대상이 확대되어 왔습니다.

산재보험의 적용범위가 확대되어 오는 과정에서, 보험의 적용대상이 되는 산업재해가 양적으로 급격히 늘어났고, 보험관장자(노동부장관)의 위탁을 받아 산재보험을 운영하고 있는 근로복지공단의 업무량도 급격히 늘어나게 되었습니다. 그만큼 여러 산업분야에서 다양한 형태로 산업재해가 발생하고, 이에 대한 보험적용과 보상의 문제가 발생하고 있습니다. 이러한 상황에서 어려움을 겪고 있는 재해 근로자와 가족들 그리고 산재 사고처리를 담당하는 사업주 및 인사 담당자에게 조금이나마 도움을 주고자 하는 바람에서 작은 책자를 마련하게 되었습니다.

약 15년 동안 산재보험 분야에 종사했던 경험과 사례를 바탕으로 가급적 이해하기 쉽게 쓰고자 노력하였습니다. 산재근로자, 기업의 노무관리자, 중소기업 사업주, 병원의 원무과 등 관련되는 분들께 길잡이가 되길 바라며, 산업재해 처리 절차와 그 보상에 있어서, 근로자와 유족, 사업주에게 실무적이고 정확한 정보를 제공하여 당사자 간의 오해를 불식하고, 궁극적으로 산업재해로 고통받고 있는 재해근로자와 가족들에게 작은 희망이 되기를 바랍니다.

마지막으로 바쁜 일과 중에서도 집필에 도움을 아끼지 않았던 노무법인 산재 가족들 그리고 가림출판사 관계자 분들께 감사의 인사를 드립니다.

2006년 10월
저자 정유석

차 례

제2장 산재보험급여

제3장 장해등급

제4장 과로사

제5장 진폐증

제6장 이의신청

제7장 산재보상과 다른 배상 · 보상과의 관계

제1장

산재보험의 기초

 1_ **산재보험의 의의**

1. 산재보험의 목적

산재보험제도는 사회보험제도로서 국가가 근로자의 업무상의 재해를 신속·공정하게 보상을 행하는 것을 기본으로 한다. 이와 함께 재해근로자의 재활 및 사회복귀를 촉진하기 위하여 보험시설의 설치·운영과 근로복지사업을 실시한다.

이러한 국가에 의한 사회보장제도는 뜻하지 않은 재해로 인한 사업주의 부담을 분산·경감시켜 정상적이고 안정적인 기업 활동을 보장해줌으로써 근로자와 사업주를 동시에 보호하고 있다.

2. 산재보험의 특색

업무상 재해를 입은 근로자 보호를 주된 목적으로 한다는 점에서 산재보험은 사회보장제도로서 고유한 특색을 가진다.

첫째, 근로자의 업무상 재해에 대하여 근로자의 과실유무를 불문하는 '무과실책임주의' 이다. 따라서 민사상 손해배상과 달리 근로자의 과실여부를 묻지 않으며, 사업주의 과실여부도 묻지 않고 보상이 행해진다.

둘째, 산재보험급여는 재해발생에 따른 손해 전체를 보상하는 것이 아니라 평균임금을 기초로 하는 '정률보상방식' 으로 행한다.

셋째, 보험사업에 소요되는 재원인 보험료는 원칙적으로 사업주가 전액 부담한다. 이런 점에서 일부 근로자가 보험료를 부담하고 있는 고용보험과는 다르다.

넷째, 산재보험 적용대상사업인지 여부와 납부보험료는 사업주의 '자진신고 및 자진납부'를 원칙으로 한다.

다섯째, '강제적용'을 원칙으로 한다. 사업주의 의사를 불문하고 당연적용되는 사업장에 발생한 업무상 재해에 대해서는 산재보험에 의한 보상이 이뤄진다.

여섯째, 보험사업의 이행을 보장하기 위하여 노동부장관이 보험을 관장하고, '근로복지공단'이 보험의 사업을 수행한다.

일곱째, 재해보상과 관련된 이의신청을 신속히 처리하기 위하여 '심사 및 재심사청구제도'를 운영한다.

3. 산재보험 혜택을 받을 수 있는 경우

산재보험의 적용과 보상을 받기 위해서는 다음과 같은 요건에 모두 충족이 되어야 한다. 따라서 다음의 요건을 충족하지 못할 때에는 산재보험에 의한 보상을 받을 수가 없다.

첫째, 사업이 산재보험 적용사업(제1장 제2절)이어야 한다.

둘째, 재해를 입은 자가 근로자(제1장 제3절)이어야 한다.

셋째, 당해 재해나 질병이 업무와 상당인과관계(제1장 제4절)가 있어야 한다.

이러한 세 가지 요건을 모두 충족하였을 때 산재보험제도의 보호를 받을 수 있다. 만일 산재보험제도가 적용되지 않는다면 다른 법령 즉 근로기준법 또는 민법 기타법령에 의한 보호대상이 될 수 있는지를 판단하여야 한다.

2_ 산재보험 적용사업과 사업주의 의무

1. 산재보험 적용사업

산재보험은 상시근로자 1인 이상을 사용하는 모든 사업 또는 사업장에 적용한다. 다만, 사업의 위험률·규모 및 사업장소 등을 참작하여 대통령령이 정하는 사업은 적용이 제외되는 경우가 있다(산재보험법 제5조).

'사업' 또는 '사업장'의 정의

'사업'이라 함은 어떤 목적을 위하여 업으로 행하여지는 계속적, 사회적, 경제적 활동단위로서 그 활동의 목적은 영리성 여부와는 관계가 없으며 사회봉사, 선교활동 등도 사업에 포함된다. 판례도 이러한 기준에 따라 산재보험법 적용의 단위가 되는 사업이란 경영조직으로서의 독립성을 가진 최소단위의 경영체로서 일정한 장소에서 일정한 조직 하에 유기적으로 서로 연관되어 행해지는 작업의 일체라 보고 있다. 한편 '사업장'이라 함은 사업이 행하여지고 있는 인적, 물적 시설이 존재하는 장소적 범위를 중심으로 본 개념이다.

당연적용(강제적용)사업

근로자를 사용하는 모든 사업 또는 사업장에 대하여 적용하는 것을 원칙으로 하고 있으므로, 단 1명의 근로자라도 사용하는 모든 사업 또는 사업장은 사업이 개시되거나 적용요건이 충족하게 되었을 때에 사업주 또는 근로자의 의사와 관계없이 당연히 산재보험법을 강제로 적용받게 된다.

적용제외사업

1) 공무원연금법 또는 군인연금법에 의하여 재해보상이 행하여지는 사업

2) 선원법, 어선원및어선재해보상보험법 또는 사립학교교원연금법에 의하여 재해보상이 행하여지는 사업

3) 주택법에 의한 주택건설사업자, 건설산업기본법에 의한 건설업자, 전기공사법에 의한 공사업자, 정보통신공사업법에 의한 공사업자, 소방시설공사업법에 의한 소방시설업자, 문화재보호법에 의한 문화재수리업자가 아닌 자가 시공하는 다음 각 호에 해당하는 공사

① 총공사금액이 2천만원 미만인 공사(단 2천만원 미만인 건설공사가 보험료징수법 제8조 제1항 또는 제2항의 규정에 의하여 일괄적용을 받게 되거나 설계 변경으로 그 총공사금액이 2천만원 이상으로 된 때에는 그 때부터 법의 적용을 받는다)

② 연면적이 330m² 이하인 건축물의 건축 또는 대수선에 관한 공사

4) 가사 서비스업

5) 위의 1)내지 4)의 사업외의 사업으로서 상시근로자가 1인 이상이 되지 아니하는 사업

6) 농업 · 임업(벌목업은 제외) · 어업 · 수렵업 중 법인이 아닌 자의 사업으로서 상시근로자가 5인 미만인 사업

임의적용(자유적용)사업

산재보험 당연적용 대상사업이 아닌 사업으로서 보험가입 여부가 사업주 및 근로자의 자유의사에 일임되어 있는 사업(법 적용제외사업)을

말한다. 이러한 사업의 사업주가 산재보험에 가입하고자 할 경우에는 보험가입신청서를 공단에 제출하여 공단의 승인을 얻은 경우에 한하여 산재보험법에 의한 보호를 받게 된다.

2. 산재보험 적용기준

일반사업(건설공사외)에 대한 적용기준

동일한 장소에서 일정한 조직 하에 서로 관련되어 행하는 작업일체는 원칙적으로 하나의 사업으로 취급하고 장소적으로 분리되어 있는 것은 별개의 사업으로 적용함을 원칙으로 하며, 동일한 장소에서 사업 또는 사업장의 판단기준은 생산수단을 소유하였든 아니하였든 그 자체에서 인사 · 회계 · 노무관리 등 최소한의 경영체제로서 업무상 지휘 · 감독을 다르게 하고 그 목적사업이 독립성이 유지되고 있으면 별개의 사업으로 취급한다.

그리고 보험가입자인 사업주가 지점 · 영업소 · 출장소 등 각각의 보험관계를 하나로 적용받고자 할 경우 사업주 및 사업종류가 동일한 경우에는 동종사업 임의일괄가입을 통하여 하나의 사업으로 적용받을 수 있다.

건설공사에 대한 적용기준

건설공사는 상시근로자 수로 사업규모를 판단하기 곤란하므로 '총공사금액'을 기준으로 당연적용여부를 결정하여 2005년 1월 1일부터는 건설산업기본법 제2조 제5호의 규정에 의한 건설업자, 주택법 제9조의 규정에 의한 주택건설사업자, 전기공사업법 제2조 제3호의 규정에 의한 공사업자, 정보통신공사업법 제2조 제4호의 규정에 의한 정보통신공사업자, 소방시설공사업법 제2조 제1항 제2호의 규정에 의한 소방시설업자, 문화재보호법 제18조의 8의 규정에 의한 문화재수리업자가 시공하는 건설공사는 공사금액에 관계없이 당연적용대상이다.

   그러나 위 법령에 따른 건설업자가 아닌 자가 시공하는 공사 중 총공사금액이 2천만원 미만이거나 연면적이 330m² 이하인 건축물의 건축 또는 대수선 공사의 경우는 당연적용대상이 아니다.

3. 사업주의 의무

보험관계 성립신고 및 보험료납부의무

■ 보험관계성립의 의의

성립이란 산재보험법상의 권리 · 의무 관계가 이루어짐을 말하며, 보험관계의 성립으로 사업주는 보험료 신고 · 납부의무가 발생하고, 보험관장자는 보험급여의 의무가 발생하게 되며, 사업주 및 근로자는 보험급여청구권 등의 제반 권리 · 의무가 발생하게 된다.

■ 보험관계의 성립일

산재보험의 당연가입(강제가입)자가 되는 사업의 경우에는 그 사업이 시작된 날이 보험관계의 성립일이며, 임의가입(자유가입)자의 사업에 있어서는 공단이 그 사업의 사업주로부터 보험가입 승인신청서를 접수한 날의 다음 날이 보험관계의 성립일이 된다. 따라서 건설공사를 제외한 일반사업의 경우에는 근로자를 사용하게 되는 날 또는 당연적용사업에 해당하게 되는 날이 보험관계의 성립일이고, 건설공사의 경우에는 사실상의 사업개시일(공사착공일)이 이루어진 날이 보험관계의 성립일이다.

■ 보험관계 성립신고 및 보험료납부의무

사업주가 당연적용가입자가 된 경우에는 그 보험관계가 성립한 날부터 14일 이내에 사업장 소재지 관할지사장에게 보험관계의 성립신고를 하여야 한다. 한편 보험료(개산보험료)는 그 보험년도의 3월 31일까지 납부해야 하며, 사업이 보험년도 중에 성립한 경우에는 보험관계성립일로부터 70일 이내에 납부하여야 한다. 보험료납부에 대해서는 분할납부도 가능하다.

보험관계 성립신고 혹은 보험료납부를 게을리 한 경우

■ 재해근로자 보호와 사업주에 대한 제재

산재보험사업에 소요되는 비용은 사업주가 납부하는 보험료에 의하여 충당되기 때문에 사업주가 성실하게 보험료를 납부하는가의 여부는 보험제도의 건전한 운영에 커다란 영향을 미친다. 이에 사업주가 의무이행을 게을리 하는 중에 발생한 업무상 재해에 대해서는 사업주에게 일정한 부담을 지우고 있다. 즉 업무상 재해를 입은 근로자나 그 유족에게는 우선 보험급여를 지급하고, 사업주로부터 수급권자에게 지급한 보험급여의 일부를 징수함으로써 산재근로자를 보호하고 사업주의 주의를 환기시키고 있다. 이러한 제도는 사업주의 성실한 의무이행을 촉구하며 의무를 불이행한 사업주에게 제재를 가하여 보험사업의 공평성 및 효율성을 도모하는 데 있다.

■ 보험관계 성립신고를 게을리 한 경우

보험관계 성립일로부터 14일이 지나도록 성립신고를 하지 않은 상태에서 업무상 재해가 발생하여 근로자나 그 유족에게 보험급여의 지급이 결정된 경우, 재해근로자의 요양개시일로부터 1년이 되는 날이 속하는 달의 말일까지 기간 중에 급여청구 사유가 발생한 요양급여·휴업급여·장해급여·간병급여·유족급여·상병보상연금의 50%에 해당하는 금액을 사업주로부터 징수한다. 이때 지급결정된 보험급여가 장해보상연금 또는 유족보상연금인 경우에는 최초의 급여청구사유가 발생한 날에 장해보상일시금 또는 유족보상일시금이 지급·결정된 것으로 본다.

■ 보험료납부를 게을리 한 경우

보험료의 법정납부기한을 넘겨 보험료의 납부를 태만히 하면서 보험료의 미납률이 50%를 넘는 상태에서 업무상 재해가 발생하여 근로자나 그 유족에게 보험급여의 지급이 결정된 경우, 재해가 발생한 날부터 보험료를 납부한 날의 전날까지 기간 중에 급여청구사유가 발생한 요양급여·휴업급여·장해급여·간병급여·유족급여·상병보상연금의 10%에 해당하는 금액을 사업주로부터 징수한다.

3_ 근로자

1. 근로자(산재보험의 보호 대상)의 정의

산재보험이 적용되는 근로자는 근로기준법에 의한 근로자를 말하며, 근로기준법에 의한 근로자라 함은 '직업의 종류를 불문하고 사업 또는 사업장에서 임금을 목적으로 근로를 제공하는 자'를 말한다(근로기준법 제14조). 따라서 임금을 목적으로 사용자의 지휘·명령 하에서 근로를 제공하는 자는 육체적인 노동이나 정신적인 노동 모두 근로자에 해당하여 산재보험법의 보호를 받을 수 있다.

2. 근로자 여부의 판단기준(사용종속관계)

근로기준법상의 근로자가 되기 위해서는 직업의 종류를 불문하며 사용종속성 즉 사업주의 지배·관리 하에서 근로를 제공하면서 근로의 대상인 임금을 목적으로 하여야 한다. 근로기준법상 근로자인지 여부를 판단하는데 있어 가장 중요한 기준이 되는 것이 사용종속관계이고, 구체적인 근로실태에 따라 그 여부를 판단하게 되는데 다음과 같이 판례의 기준을 참고로 한다.

① 업무의 내용이 사용자에 의하여 정하여지고 취업규칙 또는 복무

규정 등의 적용을 받으며 업무수행과정에 있어서도 사용자로부터 구
체적 · 개별적인 지휘 · 감독을 받는지 여부

② 사용자에 의하여 근무시간과 근무장소가 지정되고 이에 구속을
받는지 여부

③ 근로자 스스로 제3자를 고용하여 업무를 대행케 하는 등 업무의
대체성 유무

④ 비품, 원자재나 작업도구 등의 소유관계

⑤ 보수의 성격이 근로자체의 대상적 성격이 있는지 여부와 기본급
이나 고정급이 정하여져 있는지 여부 등 보수에 관한 사항

⑥ 근로제공관계에 계속성과 사용자에의 전속성 유무와 정도

⑦ 사회보장제도에 관한 법령 등 다른 법령에 의하여 근로자로서의
지위를 인정받는지 여부 등 양 당사자의 경제 · 사회적 조건 등을 종
합적으로 고려하여 판단

3. 근로자 여부에 관한 판단 사례(판례 · 행정해석)

사례 1 형식상 대표이사로 선임되어 업무수행과 관련하여 사실상의 대주주의
지시와 감독을 받았을 경우에 근로자로 볼 수 있는지 여부(서울고법 97구
33029, 1998.6.9.)

주식회사의 업무집행권을 가진 대표이사는 회사의 주주가 아니라 하
더라도 회사로부터 대외적으로 회사를 대표하고 회사의 영업에 관하
여 재판상 또는 재판외의 모든 행위를 할 권한을 위임받고 있는 것이
므로, 특별한 사정이 없는 한 사용자의 지휘 · 감독 아래 일정한 근로
를 제공하고 소정의 임금을 받는 고용관계에 있는 것이 아니어서 근

로기준법상의 근로자로 볼 수 없다.

🥛사례 2 자신이 제공한 근로의 양에 따라 수입의 일정비율을 수당형식으로 지급
받는 자가 사용종속관계 하에 있다면 근로자에 해당하며, 따라서 안마사는 근로
기준법상 소정의 근로자에 해당된다(대법 92도 674, 1992.6.26.).
안마사의 근로형태가 적어도 매일의 출퇴근 시간이 일정하고, 그 대
기장소와 안마행위의 제공에 관하여 안마시술소 대표의 포괄적인 지
휘 · 감독을 받으며 대표가 제정하여 시행한 취업규칙의 적용을 받고
있는 점 등 그 근무형태와 이 시술소의 운영에 따른 이득금의 수취형
식 등 경영상태, 사업목적에 비추어 위 안마사는 근로기준법 제15조
소정의 근로자에 해당한다.

🥛사례 3 카바레에서 공연시간과 보수만을 정한 후 하루 30분씩 두 차례에 걸쳐
노래를 부르는 가수는 근로기준법상 근로자라 할 수 없다(대법 93누 16680,
1994.4.29.).
카바레를 경영하는 자나 가수 사이에 출연계약을 체결하고 그 날부터
가수로 하여금 카바레에서 하루에 30분씩 두 차례에 걸쳐 노래를 부
르도록 하였다. 경영자는 가수에 대해 공연시간과 보수만을 결정하고
곡목과 노래는 가수가 악단과 상의하여 결정하도록 두어 이에 관여치
않았으며 악단원과 가수 등에 대하여는 도급관계에 있는 자유직업소
득자로 보아 사업소득세를 원천징수해 납부해 온 경우, 가수는 업무
수행이나 업무내용에 관한 경영자의 구체적 · 직접적인 지휘 · 감독을
받은 것으로 인정되지 아니하고 시간적 · 장소적 구속 하에 노무제공
을 했다고 볼 수 없으며 가수에 대한 보수가 근로의 대가로 지급된 것
으로 인정되지 아니하므로 이러한 사정을 종합하면 가수를 근로기준

법 소정의 근로자라고 할 수 없다.

☕사례4 대학의 시간강사에 대한 근로자 여부(서울행정법원 2002.7.19. 선고 2001구 45641판결)

시간강사 근로계약서에 의하면 시간강사의 주 · 월 · 연차휴가, 생리 휴가는 근로기준법이 정하는 기준에 따르도록 되어 있고, 강의시간 의 편성 및 배정은 학교에서 책정하고 강의시간과 관련하여 별도의 출퇴근시간은 없으나 강의시간 10여 분 전에 나와서 강의내용을 점 검할 수 있도록 하고 있다. 계약 준수사항을 위반하거나 기타 사회통 념상 강사로서의 자격이 부적격하다고 인정되는 경우 경고, 중징계 및 해고할 수 있다고 규정이 있는 사실, 실 강의시간에 대한 강의료 외에도 사업주 귀책사유로 인한 휴업기간 등에 대하여는 강사료(휴 업수당)를 지급하고 있으며, 대학에서 월 1회 보수지급일에 정기적으 로 강사료를 지급하고 강사료에 대하여 근로소득세를 원천징수하여 관할 세무서에 납부하고 있는 사실 등에 의하면, 참가인들은 사업 또 는 사업장에 임금을 목적으로 종속적인 관계에서 사용자에게 근로를 제공하는 근로기준법상의 근로자에 해당한다고 봄이 상당하다.

☕사례 5 부인을 사업자로 등록하고 남편은 근로를 제공하면서 사실상 공동으로 경영하고 있다면 양자를 제외한 자들만이 근로기준법의 적용을 받는다(노동부 근기 10254-14423, 1990.10.17.).

☕사례 6 도급근로자의 적용대상여부(적용 6402-339, 02.4.26.)

사업자가 제조과정 전부를 일종의 도급 계약형태로 근로자를 사용하 였다 하더라도 사업주가 제공한 작업장소에서 작업도구 및 시설을 이용하고 작업완료 예정시간 및 작업량이 주어져서 사용자의 생산계획에 따라 작업을 수행하였다면 사용자와의 사이에서 사용종속관계가 유지된다고 보아 임금을 목적으로 근로를 제공하는 근로자에 해당된다.

🥤사례 7 　이벤트 회사 행사 도우미의 근로자 여부(보험적용부-289, 2005.1.14.)

이벤트 회사 행사 도우미의 경우 행사가 이루어질 때마다 개별적으로 업무대행 계약을 체결하며, 이벤트 회사는 행사업무에 대한 기초 자료만 제공하고 도우미가 이를 근거로 각 개별 장비를 스스로 마련하고 독자적으로 행사업무의 구체적인 내용을 기획하여 수행하므로 업무수행과정에서 구체적인 지휘 · 감독을 받지 않고, 행사업무를 수행할 수 없는 경우 해당 도우미가 다른 동급의 도우미를 구하여 업무를 대신 수행하도록 하고 직접 보수를 지급하며, 한 회사에 전속되어 업무를 수행하는 것이 아니라 동시에 다른 회사로부터 의뢰받은 업무도 수행하는 경우라면 동 건 도우미는 임금을 목적으로 근로를 제공하는 근로기준법상 근로자로 인정하기 어렵다.

🥤사례 8 　대표이사직을 넘겨주고 실질적으로 전반적인 지시 및 관리를 하면서 계속 근무를 한 경우 근로자로 볼 수 있는지 여부(서울고법 2005.5.24. 2004누15507)

대표이사직을 넘긴 후에도 동 회사의 사업주로 행세하면서 회사의 산재보험 보험가입을 신고하면서 자신이 사업주라고 신고를 하고 그 첨부서류에도 자신이 사업주로 발행된 사업자등록증을 붙이고, 회사의 생산 업무에 관하여 모든 작업지시와 작업관리를 하고, 영업에 대하여도 전반적인 관리를 하였으며, 다른 업체로부터 주문을 받아 오는 일도 전적으로 맡아 온 사실에 비추어 보면, 위 회사의 대표이사 직을 다른 사람에게 넘겨주기는 하였으나, 이는 채무를 이행하기 위한 담보를 위하여 주식 양도와 함께 대표이사직을 넘겼을 뿐, 실질적으로는 위 회사의 사업주로서 종업원들을 지휘 · 감독하고 대외적으로 사업주라고 밝히고 스스로 회사를 경영하여 왔다고 보여지므로 회사에 고용된 근로자로는 볼 수 없다.

🥤사례 9 정수기 설치기사의 근로자 여부(국행심 02-04457, 2002.6.3.)

정수기 기사들이 회사로부터 고정급 또는 기본급을 받지 아니하나 회사의 지휘 · 감독에 따른 정수기의 배달, 설치, A/S 등 노무를 제공하고 그 대가로 회사에서 정한 용역수수료를 받고 있으므로 동 용역 수수료는 근로의 대가적 성격이 있다고 볼 수 있다. 그러므로 근로기 준법상의 임금을 목적으로 종속적인 관계에서 사용자에게 근로자를 제공하는 근로자에 해당한다 할 것이다.

4. 산재보험 특례적용

해외파견자에 대한 특례

보험료징수법 제5조 제3항 및 제4항의 규정에 의한 보험가입자가 대한민국 밖의 지역에서 행하는 사업에 근로시키기 위해 파견하는 자에 대하여 공단에 보험가입신청을 하여 승인을 얻은 경우에는 해외파견 자를 당해 가입자의 대한민국 영역안의 사업에 사용하는 근로자로 보아 산재보험법이 적용될 수 있다(산재보험법 제105조의 2).

현장실습생에 대한 특례

산재보험법이 적용되는 사업에서 현장실습을 하고 있는 학생 및 직업훈련생 중 노동부장관이 정하는 현장실습생(직업교육훈련촉진법 제7조의 규정에 의하여 현장실습을 이수하고 있는 자)은 산재보험법상 근로자에 해당되지는 않지만, 산업현장에서 일반근로자와 같이 동일한 위험권 내에서 현장실습 및 작업을 동시에 하고 있는 현장실습생을 산업재해로부터 보호하기 위하여 특례규정을 신설하여 현장실습생을 산재보험법상의 근로자로 간주하게 되었다(산재보험법 제105조의 3).

중소기업 사업주에 대한 특례

산재보험은 근로자에 대한 재해보상을 목적으로 운영되고 있으므로 그 보험급여의 대상은 당연히 근로자가 된다. 그러나 중소기업 사업주의 경우 근로자와 함께 직접 생산업무에 종사하며 동일한 재해위험에 노출되어 있으나 산재보험의 보호를 받지 못하는 문제가 발생하게 되어, 중소기업사업주도 산재보험에 가입할 수 있도록 함으로써 보험의 혜택을 받을 수 있도록 하였다. 따라서 중소기업 사업주는 공단의 승인을 얻어 본인 또는 유족에게 보험급여를 받을 수 있는 자로 하여 보험에 가입할 수 있다. 다만, 산재보험에 가입할 수 있는 중소기업사업주는 보험가입자로서 50인 미만의 근로자를 사용하는 사업주, 자동차를 사용하여 행하는 여객 또는 화물운송사업을 근로자를 사용하지 않고 행하는 자로 한정된다(산재보험법 시행령 제113조의 3).

5. 산재보험 적용제외 근로자

공무원연금법에 의하여 재해보상이 행하여지는 자

공무원연금법에 의하여 재해보상이 행하여지는 자에 대하여는 각 관련법에 의하여 재해에 대한 산재보험에 갈음하는 보장이 이루어지므로 산재보험 적용제외 근로자에 해당한다. 따라서 청원경찰법에 의하여 근무하는 청원경찰은 공무원 신분은 아니지만 공무원연금법에 적용받기 때문에 산재보험 적용제외 근로자에 해당한다.

군인연금법에 의하여 재해보상이 행하여지는 자

군인연금법에 의하여 재해보상이 행하여지는 자에 대하여는 각 관련법에 의하여 재해에 대한 산재보험에 갈음하는 보장이 이루어지므로 산재보험 적용제외 근로자에 해당한다.

사립학교교직원연금법에 의하여 재해보상이 행하여지는 자

사립학교교직원연금법은 사립학교 및 이를 설치 · 운영하는 학교 경영기관에서 근무하는 교직원에게 적용하는 바, 동 법을 적용받은 자는 산재보험법의 적용을 받지 않으나 사립학교교직원연금법을 적용받지 못하는 시간강사, 식당, 경비 등 업무 종사자, 사립학교의 수익사업에 해당하는 병원 중 학교법인에서 별도의 법인으로 만든 의료법인에 종사하는 간호사 및 사무직원은 사립학교교직원연금법을 적용받지 않으므로 산재보험법이 적용된다.

한편 사립유치원의 경우 사업주의 신청에 의하여 동 연금에 임의가입할 수 있으므로 사립학교교직원연금법이 적용될 수 있으나 보육시설은 동 연금의 임의가입 대상이 아니므로 산재보험의 적용 대상이다.

선원법 또는 어선원및어선원재해보상보험법에 의하여 재해보상이 행하여지는 자

'선원법'에 의한 선원이라 함은 임금을 받을 목적으로 배 안에서 근로를 제공하기 위하여 고용된 자로서 선장, 해원 및 예비원을 말하고 '어선원및어선재해보상보험법'에 의한 어선원이라 함은 임금을 목적으로 어선에서 근로를 제공하기 위하여 고용된 자를 말하는 바, 선원이 어선원보다 더 포괄적인 개념이다.

한편 다음 하나에 해당하는 선박에 승무하는 선원과 그 선박의 소유자에 대하여는 선원법을 적용하지 아니하며, 선원법을 적용 받지 못하는 선원의 경우에는 산재보험법의 적용을 받는다.

- 총톤수 5톤 미만의 선박
- 호수 · 강 또는 항내만을 항행하는 선박
- 총톤수 20톤 미만인 어선으로서 해양수산부령이 정하는 선박
- 선박법 제1조의 2 제3호의 규정에 의한 부선(자력항행능력이 없는 선박)

다만 해운법 제26조 제1항 또는 제2항의 규정에 따라 해상화물운송사업을 영위하기 위하여 등록한 부선은 제외된다.

2004년 1월 1일부터 시행된 어선원및어선재해보상보험법은 모든 어선에 적용된다. 여기서 어선이라 함은 어선법 제2조 제1항 제4호의 규정에 따른 선박(어선의 등록을 한 선박)을 말하며, 어선원및어선재해보상보험법 제6조 제2항의 규정에 의거 이 법의 적용을 받는 어선에 대하여는 산재보험법을 적용하지 아니한다.

한편 다음 규정 각각에 해당하는 어선에 승무하는 어선원은 어선원및어선재해보상보험법을 적용받지 아니하며, 산재보험의 적용을 받을 수 있다.

- 수산업법 제41조 제1항 제2호의 규정에 따라 원양어업의 허가를 받은 어선
- 수산업법 제46조 제1항 제3호의 규정에 따라 원양어획물운반업에 종사하는 어선
- 5톤 미만의 어선, 다만 5톤 이상의 어선 1척 이상을 소유하고 있는 자가 소유하는 5톤 미만의 어선은 제외한다.
- 가족어선원만 승선하는 어선
- 내수면어업법 제27조 제1항의 규정에 따라 관리선으로 지정받은 어선, 다만 정치망어업이 관리선으로 지정받은 어선은 제외한다.
- 수산업법 제27조 제1항의 규정에 따라 시험 또는 연구 교습어업에 사용하는 어선
- 어선법 제2조 제1항 제2호의 규정에 따라 수산업에 관한 시험, 조사, 지도, 단속 또는 교습에 종사하는 어선

다음 위의 단서 조항 중 수산업법 제41조 제1항 제2호의 규정에 따라 원양어업의 허가를 받은 어선 및 수산업법 제46조 제1항 제3호의 규정에 따라 원양어획물운반법에 종사하는 어선은 어선원및어선재해보상보험법의 적용을 받지는 않으나 선원법을 적용받는 관계로 산재보험법의 적용을 받을 수 없다.

주의해야할 점은 선원법의 적용을 받지 않는 총톤수 25톤 미만인 어선은 선원법에 적용받지 않으나 어선원및어선재해보상보험법을 적용받는다는 점, 다만 이 중 총톤수 5톤 미만의 것은 어선원및어선재해보상보험법도 적용받지 않으므로 산재보험법의 적용을 받는다는 점이다.

4_ 여러 유형의 산업재해(업무상 재해)

1. 의의

  산재보험법은 제4조 제1호에서 '업무상 재해' 라 함은 '업무상의 사유에 의한 근로자의 부상, 질병, 신체장해 또는 사망을 말한다' 고 규정하고 있고, 근로기준법 제81조 제1항에서는 '근로자가 업무상 부상 또는 질병에 걸린 경우에는 사용자는 그 비용으로 필요한 요양을 행하거나 또는 필요한 요양비를 부담하여야 한다' 고 규정하고 있으며, 근로기준법 시행령 제40조 제1항에서는 업무상 질병의 범위를 38종류로 구분하여 예시하고 있다.

  또한 산재보험법 시행규칙에서 업무상 재해의 기본원칙으로 제32조, 제34조, 제35조, 제35조의 2, 제36조, 제37조, 제38조에서는 '사고성 재해' 의 구체적인 판단기준을 명시하고 있고, 동법 동 시행규칙 제33조에서는 근로기준법 시행령 제40조 제1항의 규정에 의한 업무상 유해요인에 의한 '직업성 질병' 에 대한 구체적인 판단기준을 명시하고 있으며, 동법 동 시행규칙 제39조에서는 '육체적 · 정신적 과로와 관계된 질병' 으로 뇌와 심장질환 등에 관해 구체적인 판단기준을 명시하고 있다.

  따라서 '사고성 재해' 에 대하여는 피재근로자의 과실유무에 불구하고 사업주의 지배관리 하에 업무를 수행하는 상태에서 사고가 발생하거나 사업주가 관리하고 있는 시설물의 결함 또는 관리상의 하자로 인하여 사고가 발생하여 사상하면 업무상 재해로 처리하는데 별 어려움이 없고, 근로기준법 시행령 제40조 제1항에서 명시하고 있는 38종류의 '직업성 질병'에 대하여는 업무상 요인에 의하여 이환된 질병이 아니라는 명백한 반증이 없는 한 업무상 질병으로 보고 있으나, 마지막의 '육체적 · 정신적 과로와 관계된 질병'에 대해서는 업무와 상당 인과관계 여부에서 가장 논란이 많아 산재보험법 시행규칙 제39조에서 〔별표 1〕로 업무상 재해의 인정범위를 별도로 규정하고 있다.

2. 사고성 재해

업무상 사고(시행규칙 제32조)

사고로 인한 근로자의 사상이 다음 각 호의 요건에 해당되는 경우에는 이를 업무상 재해로 본다.

1) 근로자가 근로계약에 의한 업무를 사업주의 지배 · 관리 하에 수행하는 상태에서 사고가 발생하거나 사업주가 관리하고 있는 시설물의 결함 또는 관리상의 하자로 인하여 사고가 발생하여 사상하였을 것
2) 사고와 근로자의 사상 간에 상당인과관계가 있을 것
3) 근로자의 고의 · 자해행위나 범죄행위 또는 그것이 원인이 되어 발생한 사상이 아닐 것.
다만 다음 각호의 1에 해당하는 자가 정신장해로 인하여 정상적인 인식능력이나 행위선택능력 또는 정신적 억제력이 현저히 저하된 상태에서 자살행위로 인하여 사상하였다는 의학적 소견이 있는 경우에는 그러하지 아니한다.

① 업무상 스트레스로 인하여 정신과 치료를 받은 자
② 업무상 재해로 인하여 요양 중인 자

작업시간 중 사고(시행규칙 제34조)

1) 근로자가 사업장 내에서 작업시간 중에 다음 각 호의 1에 해당되는 행위를 하고 있던 중 발생한 사고로 인하여 사상한 경우에는 이를 업무상 재해로 본다. 다만, 업무와 사고간에 상당인과관계가 없음이 명백한 경우에는 그러하지 아니한다.

① 작업
② 용변 등 생리적 필요행위
③ 작업준비 · 마무리행위 등 작업에 수반되는 필요적 부수행위

2) 근로자가 사업장 내에서 천재지변 또는 화재 등의 돌발적인 사고가 발생하여 사회통념상 예견될 수 있는 구조행위 또는 긴급피난행위를 하고 있을 때 발생한 사고로 인하여 사상한 경우에는 제1항 본문의 규정을 준용한다.

작업시간외 사고(시행규칙 제35조)

1) 근로자가 사업장 내에서 작업시간외의 시간을 이용하여 제34조 제1항 각 호의 1에 해당하는 행위를 하고 있을 때 발생한 사고로 인하여 사상한 경우에는 동조 제1항 본문의 규정을 준용한다.

2) 사업주가 관리하고 있는 시설(차량, 장비 등을 포함한다)의 결함 또는 사업주의 시설관리 소홀로 인하여 재해가 발생한 경우에는 그 재해가 작업시간 외의 시간 중에 발생한 때에도 당해 근로자의 자해행위 또는 사업주의 구체적인 지시사항을 위반한 행위로 인하여 사상한 경우

를 제외하고는 이를 업무상 재해로 본다. 다만, 관리 또는 사용권이 사상한 근로자의 전속적 권한에 속하는 시설을 이용하고 있던 중 발생한 사고로 인하여 사상한 경우에는 그러하지 아니한다.

3) 태풍 · 홍수 · 지진 · 눈사태 등의 천재지변이나 돌발적인 사고가 발생할 우려가 많은 장소에서 업무를 수행하는 근로자가 다음 각 호의 1에 해당되는 행위를 하고 있던 중에 발생한 사고로 인하여 사상한 경우로서 작업장소(인근지역을 포함한다)에서 그러한 행위를 하는 것이 사회통념상 인정되는 경우에는 이를 업무상 재해로 본다. 다만, 업무와 사고간에 상당인과관계가 없음이 명백한 경우에는 그러하지 아니한다.

① 근로자의 자유로운 행동이 허용되고 있는 휴식시간을 이용하여 사적행위를 하고 있을 때
② 근로자가 작업시간 외의 시간 중에 사업장 내의 시설을 자유롭게 이용하고 있을 때
③ 근로자가 사업장 내에서 자유롭게 출 · 퇴근하고 있거나 출 · 퇴근 중에 잠시 머무르고 있을 때

4) 근로자가 출 · 퇴근하는 도중에 발생한 사고로 인하여 사상한 경우로서 다음 각 호의 요건에 해당되는 경우에는 이를 업무상 재해로 본다. 다만, 업무와 사고간에 상당인과관계가 없음이 명백한 경우에는 그러하지 아니한다.

① 사업주가 소속 근로자들의 출 · 퇴근용으로 제공한 교통수단의 이용 중에 발생 한 사고일 것
② 사업주가 제공한 교통수단에 대한 관리 · 이용권이 근로자측에 전담되어 있지 아니할 것

💧사례 1 공사현장 근로자가 휴식을 취하기 위하여 가설계단을 올라오던 중 실족, 피재되어 상병명 '우대퇴부 심부열상, 좌대퇴골 내과골절 등'으로 요양을 신청한 경우 업무상 재해이다(1995.11.24. 심사 제95-1724호).

이유 : 피재자의 고의 또는 자해행위가 원인이 되어 발생한 재해라는 사실을 입증할 만한 객관적 근거를 발견할 수 없고, 재해를 목격한 동료근로자들의 진술로 보아 피재자의 재해는 작업시간 중 휴식 및 새참을 먹기 위한 행위도중 발생한 재해로서 근로시간중의 식사는 업무에 수반하는 필요적 행위로 보아야 하고, 설사 참을 먹기 위함이 아닌 단지 휴식을 취하기 위하여 계단을 올라가던 중 실족하여 재해를 당했다 하더라도 사업주 지배 · 관리 하에서 동 시설물 이용 중에 사업주의 시설물 관리소홀에 기인하여 발생한 재해라 할 수밖에 없으므로 이는 업무상 재해로 인정함이 타당하다고 판단된다.

💧사례 2 목공으로 근무하면서 노동조합 회계감사로 활동 중인 근로자가 임금 및 단체협상관련 대책회의를 마치고 귀가차 회사계단을 내려오다 피재되어 요양을 신청한 경우는 업무상 재해가 아니다(1995.11.24. 심사 제95-2209호).

이유 : 청구인의 경우는 근로계약상의 권리의무인 목공업무와는 관련없는 순수 노동조합 활동 중에 재해가 발생하였음이 명백하므로 본 건 사업주의 지배관리 하에서 업무수행 중에 발생한 재해로 인정되지 아니하므로 업무외 재해로 판단된다.

💧사례 3 사업주의 지시나 승낙 없이 근로자들의 휴식장소로 사용하기 위한 휴식용 간이침대를 제작하다 당한 재해는 업무상 재해로 볼 수 없다(대법 1994.8.23. 선고, 94누3841).

이유 : 사업주의 지시나 승낙도 없이 업무시간 중에 본래의 업무를

하지 않고 근로자들의 휴식장소로 사용하기 위하여 작업장 내의 2층 다락에 사다리와 휴식용 간이침대를 제작하다가 발각되어 그 작업을 중지 당하자 퇴근 후 술에 취한 상태에서 작업장에 들어가 그 작업을 계속하다가 다락에서 추락하여 사망하였다면 업무상 재해에 해당하지 않는다.

🍺사례 4 회사 내 버스 운전기사와 정비기사 사이에 업무지시 과정에서 시비를 벌이다 다친 경우 그 부상은 업무와 상당 인과관계가 있는 업무상 재해이다(서울고법 1994.6.3. 선고, 93구 30107).

이유 : 위 사고가 발생한 것은 비록 원고가 상대방 근로자에게 감정을 건드려 우발적으로 폭력을 가하였기 때문임은 분명하나, 위 사고는 회사의 정비과 사무실에서 원고가 운행업무를 위하여 정비를 요구하고 정비주임이 정비공에게 정비를 지시하는 과정에서 일어난 것이고 원고와의 상대방 근로자 간의 감정폭발도 역시 원고의 운행업무를 위한 정비를 둘러싸고 같은 회사 소속 직원사이의 시비에서 비롯된 것이라고 보면 원고의 부상은 그 업무와 상당 인과관계가 있다고 봄이 타당하다고 판단된다.

🍺사례 5 건축공사장에서 작업을 마치고 지하계단을 올라오다 떨어져 사망한 경우 계단에 안전시설이 없었다면 업무상 재해이다(서울고법 1993.7.16. 선고, 92구 35815).

이유 : 피고는 위 망인의 사망이 업무상의 재해에 해당하는지 여부를 판단함에 있어 위 망인이 사적행위로 사업장 내에 있다가 위 재해가 발생하였다고 판단되더라도 이는 사업장 시설하자와 경합하여 발생하였다고 할 것이므로 이를 업무상의 재해로 인정함이 타당하다.

사례 6 휴무일 회사 차량의 견인요청을 받고 견인작업 중 재해를 당하여 요양 신청한 경우 업무상 재해에 해당된다(1996.9.11. 심사 제96-2083호).

이유 : 피재자는 재해 당일 비번으로서 자택에 있던 중 회사 1톤 배달 차량이 빠졌다는 동료근로자의 전화를 받고 회사에 도착, 회사 차량 인 탱크로리를 운전하여 배달 차량을 견인하기 위하여 간 행위는 비록 사업주의 지시 또는 승인이 없었다 하더라도 회사 차량의 돌발적인 사고와 관련된 기대되는 행위로서 사적인 행위로 볼 수 없고, 이러한 회사 사고 차량 견인을 위하여 운행하던 중 일어난 재해는 산재보험법상 업무상 재해로 봄이 타당한 것으로 판단된다.

사례 7 공사현장에서 근무 중 중식 취사용 물을 인근 약수터에서 떠오다가 공사현장에서 추락하는 재해를 당하여 요양 신청한 경우는 업무상 재해에 해당된다(1996.8.16. 심사 제96-1999호).

이유 : 피재자는 회사 소속 근로자로서 인근 약수터에서 점심식사용 물을 길러 오다가 발생된 재해로서 이는 통상 위와 같은 취사행위에 부수하여 발생하는 행위로 인정되고, 달리 업무와 무관한 사적행위이거나 업무이탈 행위로 볼만한 아무런 근거가 없다 할 것이므로 피재자의 이 건 재해는 업무에 수반한 필요적·합리적 행위 중에 발생된 재해로 보아 업무수행의 포괄성을 인정하여야 할 것이다.

사례 8 공사현장에서 협력업체 인부의 부탁으로 작업공구를 꺼내 주다가 재해를 당하여 요양 신청한 경우 이는 업무상 재해이다(1996.12.10. 심사 제96-3258).

이유 : 피재자와 경두○○ 소속 조적공 ○○○는 두산○○(주)가 시공하는 동 현장 협력업체 직원으로 작업지시 및 작업내용이 상이하다

하더라도 사회통념상 상호 협력관계에 있는 것으로 보아야 하고 조적공 ○○○이 공구를 꺼내기 위하여 로프에서 내려온 재해자에게 문을 열어달라고 부탁하여 옥상에서 로프를 이용하여 내려오는 행위는 사적행위라고 보기 어려울 뿐만 아니라 고의 또는 자해행위로 볼만한 근거도 희박하다 할 것이어서 본 건 재해는 산재보험법상 업무상 재해로 봄이 타당한 것으로 판단된다.

☕사례 9 농아자가 근무 중 면회자를 경비실에서 면담하고 작업장 복귀 중 주차된 지게차에 충돌하는 재해를 당하여 요양 신청한 경우는 업무상 재해이다 (1996.2.29. 심사 제96-0529).

이유 : 작업장이 컨베이어 벨트식 연속작업으로 작업에 지장을 초래함에도 작업반장이 면회를 허락한 점, 면회실에 갈 때는 사고지점에 지게차가 없었던 점, 작업에 지장을 최소화하기 위해 3~4분 면회 후 급히 뛰며 돌아오다 재해를 당한 점 등으로 보아 청구인의 경우 고의, 자행행위나 이로 인한 원인이 되어 발생한 재해라는 것을 찾아볼 수 없고, 작업시간 중 업무에 수반되는 합리적 행위 중 발생된 재해로서 이건 업무상 재해로 봄이 타당하다고 판단된다.

☕사례 10 환경건축책임 감리원이 근무하던 자택 옥상에서 투신자살한 경우, 이는 업무상 재해로 볼 수 없다(1996.10.24. 심사 제96-3077호).

이유 : 자신의 소심하고 내성적인 성격으로 자신이 처해 있는 현실에 적응하지 못하고 장기간 동안 우울증세를 보이다가 생활을 비관하여 자살한 것으로 추정되며, 설령 피재자가 업무상 사유에 의하여 정신적 스트레스를 많이 받아 온 것이 사실이라 하더라도 피재자는 재해 직전 3일간 행방불명되었다가 업무와 관계없이 아파트 옥상에서 투

신자살하였으므로 이는 산재보험법상 시행규칙에서 규정하고 있는 자해행위에 해당된다 할 것이다. 그러므로 본 건 피재자의 사망은 업무와 상당 인과관계가 없는 업무외 재해로 판단된다.

사례 11 중식시간에 휴식을 취하기 위해 현장에 설치되어 있는 개구부를 통하여 내려가다가 추락하여 사망한 경우는 업무상 재해이다(1996.9.17. 심사 제 96- 2130호).

이유 : 피재자의 재해는 자율적으로 사용권이 근로자에게 있는 점심 식사 시간 중에 발생한 재해이나, 동 재해의 근본적인 원인은 사업주의 시설관리 상의 하자로 인하여 발생한 재해임이 확인되고 피재자의 고의 또는 자해행위 사실이 없는 것으로 보아 업무상 재해로 봄이 타당하다고 판단된다.

사례 12 출장 도중 귀사하는 길에 자택을 들러 개인사물을 수령한 순로를 이탈한 경우도 업무상 재해이다(1998.2. 18. 심사 제97-4934호).

이유 : 비록 피재자가 출장 중 사적인 일로 자택을 경유하였다고 하더라도 사업주의 출장명령을 받고 출장업무를 수행하는 근로자는 출장업무의 수행방법, 이행여부 등에 관하여 사업주에 대해 포괄적인 권한과 책임을 지고 있으므로 사업주의 지배관리 하에 있다고 보아야 할 것이고, 또한 출장 중 정상적인 순로를 벗어나거나 사업주의 구체적인 지시를 위반하였다고 보기 어려우므로 본 건 피재자의 재해는 출장순로를 운행하는 과정에서 발생한 재해로서 수행업무와 사고간에 상당 인과관계가 있다고 봄이 타당하다고 판단된다.

사례 13 퇴근 중 사업장 내 도로에서 근로자 자신의 과실로 발생한 사고에 대하여 사용자의 지배관리권이 미치는 영역이고, 시설물의 설치 또는 관리상의 하자도 사고 발생의 한 원인이 되었으므로 업무상 재해로 봄이 타당하다(울산지법 1999.12.1. 99구 69).

이유 : 근로자의 출 · 퇴근 행위는 노무의 제공을 위한 행위로 업무와 밀접 불가분의 관계에 있는 것인 바, 비록 위 사고가 소외 임동규의 과실로 인하여 발생하였다고 하더라도 소외 회사의 소유 또는 점유 하에 있던 도로에 대한 앞서 본 시설물의 설치 또는 관리상의 하자도 위 사고 발생의 한 원인이 되었다 할 것이다. 그러므로 위 사고는 산재보험법상의 업무상 재해에 해당한다고 볼 수 있다.

휴게시간 중 사고(시행규칙 제35조의 2)

근로기준법 제53조의 규정에 의하여 사업주가 근로자에게 제공한 휴게시간 중에 사업장 내에서 사회통념상 휴게시간 중에 할 수 있다고 인정되는 행위로 인하여 발생한 사고로 사상한 경우에는 이를 업무상 재해로 본다. 다만, 취업규칙 등을 위반하거나, 고의 · 자해 및 범죄행위 또는 그것이 원인이 되어 사상한 경우에는 그러하지 아니한다.

🥤사례 1 점심시간 중에 사업장 내 축구장에서 노조대의원들끼리 친선 축구경기를 하다가 부상을 입은 경우는 업무상 재해에 해당되지 않는다(대법 1996. 8.23. 95누 14633).

이유 : 회사의 허가를 얻거나 회사가 경비를 지원한 사실이 없고, 참가가 강제된 것이 아니었으며, 축구장시설에 하자가 없다.

🥤사례 2 작업장 내에서 점심시간을 이용하여 동료 근로자들과 배드민턴 경기 중 피재된 경우 업무상 재해로 볼 수 있다(1995.5.30. 산심위 94-390).

이유 : 사업주의 운동금지 지시가 없었고, 평소에 사업주가 점심시간 운동을 승인했으며, 지면이 미끄러워서 발생한 재해이다.

🥤사례 3 사업주가 제공한 시설물을 이용하여 운동을 하던 중 발생한 재해는 업무상 재해에 해당된다(1990.11.12. 재보 01254-15651).

이유 : 행사가 사업주의 지시에 의하거나 사업장의 단체협약, 취업규칙 또는 사업주의 노무관리상 필요에 의해 행해졌고 의무적으로 참가케 하고 불참자에게는 결근조치를 했으며, 사업주가 관리하는 시설물을 이용하던 중 발생한 재해이므로 업무상 재해로 본다.

🥤사례 4 휴게실에서 탁구를 하던 중 미끄러져 재해를 당한 경우 업무상 재해에 해당한다(1992.1.27. 산심위 92-77).

이유 : 사업주의 고용종속 및 지배·관리 하의 상태에서 사업주의 시설물이용 중에 발생한 재해이기 때문에 업무상 재해로 봄이 타당하다.

🥤사례 5 전기배관공이 휴식시간에 타 회사 전기실에 들어갔다가 화재로 사망한 경우 업무상 재해로 볼 수 없다(1991.8.26. 산심위 91-390).

이유 : 사업주의 지배·관리를 이탈한 상태에서 출입이 금지되어 있는 타 회사의 시설물에 임의로 들어가 사적행위 중 그 행위에 기인하여 재해가 발생되었으므로 업무외 재해로 처리함이 타당하다.

🥤사례 6 휴식시간에 회사 창고에 있는 박스 위에서 휴식을 취한 뒤 내려오다가 떨어져 허리를 다친 경우 업무상 재해이다(1992.5.25. 산심위 92-345).

이유 : 동료 근로자 진술에서 휴식시간에 회사에서 정한 휴식처가 없어 창고 박스 위에서 휴식을 취하였고, 회사에서 창고 박스에서 휴식

을 취하지 말라고 한 사실이 없다고 한 점으로 볼 때, 업무에 수반하는 행위 또는 사업장 시설에 의하여 발생한 재해로 봄이 타당하다.

🥤사례7 춘계 야유회를 마치고 돌아오던 중 휴식시간을 이용, 동료 근로자와 씨름을 하다가 피재된 경우 업무상 재해로 볼 수 없다(1994.10.10. 산심위 94-904).
이유 : 춘계 야유회 행사가 노무관리상 필요에 의하여 사업주 지배 · 관리 하에 치러진 행사로 인정된다 하더라도 행사를 마치고 귀가도 중 휴식 시간을 이용, 근로자들끼리 임의로 씨름 중에 발생한 재해이므로 이는 사적행위로 봄이 타당하다.

🥤사례8 아파트 경비원이 출근하다가 아파트 구내 보도블럭 빙판에서 넘어져 부상을 입은 경우 근무시간 외의 사고라 하더라도 업무상 재해로 봄이 타당하다(1996.11.19. 서울고법 96구 24264).
이유 : 아파트 단지 내 보도블럭은 당해 아파트 관리사무소가 관리하는 시설물이므로 혹한기에 결빙되어 빙판이 되어 있는 보도블럭에 모래를 뿌리거나, 빙판을 제거하는 작업을 게을리 한 것은 위 시설물의 관리를 소홀히 한 책임이 인정되므로 위 사고는 업무상 재해로 봄이 타당하다.

출장 중 사고(시행규칙 제36조)

1) 근로자가 사업주의 출장지시를 받아 사업장 밖에서 업무를 수행하고 있을 때 발생한 사고로 인하여 사상한 경우에는 이를 업무상 재해로 본다. 다만, 다음 각 호에 해당하는 경우에는 그러하지 아니한다.

① 출장도중 정상적 경로(순로)를 벗어났을 때 발생한 사고로 인한

근로자의 사상

② 근로자의 사적행위 · 자해행위나 범죄행위 또는 그것이 원인이 되어 발생한 사상

③ 사업주의 구체적인 지시를 위반한 행위로 인한 근로자의 사상

2) 근로자가 사업주의 지시를 받아 출 · 퇴근 중에 업무를 수행하고 있을 때 발생한 사고로 인하여 사상한 경우에는 제1항의 규정을 준용한다.

3) 사업주의 지시를 받아 사업장 외의 장소로 출 · 퇴근하여 직무를 수행하고 있는 근로자(외근근로자)가 최초로 직무수행 장소에 도착하여 직무를 시작한 때부터 최후로 직무를 완수한 후 퇴근하기 전까지의 사이에 발생한 사고로 인하여 사상한 경우에는 제1항의 규정을 준용한다.

🥛사례 1 출장하여 업무를 마치고 열차편으로 귀가하다가 열차와 충돌하여 사망한 경우 업무상 재해로 볼 수 없다(1990.9.17. 산심위 90-375).

이유 : 피재자는 출장업무를 마치고 대구 영업소장 양○○과 헤어진 후 20:51발 부산행 무궁화 열차를 타고 부산으로 가던 중 밀양역에서 하차, 철로 위를 횡단하다가 부산발 서울행 화물열차에 충격되어 사망한 경우로, 직접사인은 두개골안면파열, 흉부좌상, 찰과상, 좌측 슬관절골절로 이는 출장순로상의 경로를 이탈한 사적행위를 하던 중 발생한 업무외 사망으로 인정한다.

🥛사례 2 파손된 차량을 외부에서 수리하고 귀사 중 교통사고로 피재된 경우 업무상 재해로 볼 수 없다(1991.8.26. 산심위 91-340).

이유 : 비록 사고차량이 청구인 소유이며 청구인 또한 공사현장에서

수시로 동 차량을 운전하여 왔고 피재당일에도 작업 중 앞유리의 파손으로 운행에 지장이 있었다 하더라도 회사에 임대한 이상, 공사현장에서의 차량관리업무는 회사측에 있음에도 청구인의 경우 사업주의 작업지시를 위반하여 업무 및 사업장을 무단이탈한 상태에서 임의행위 중 발생한 재해로 업무외 재해로 판정을 한다.

🥤사례 3 건축기사가 당직 근무 중 현장 숙소에서 부상을 당한 동료 근로자를 문병한 후 귀사도중 재해가 발생한 경우 업무상 재해로 볼 수 없다(1991.8.26. 산심위 91-356).

이유 : 피재자의 피재 당시의 행위는 동료근로자의 단순한 문병을 위하여 업무 및 사업주 지배 · 관리 하를 이탈한 상태에서 임의행위 중 그에 기인하여 발생한 재해로 업무외 재해로 인정한다.

🥤사례 4 출장 중 업무를 마치고 숙소를 구하기 위하여 개인 소유 차량을 이용하던 중 입은 재해는 업무상 재해에 해당된다(1992.1.27. 산심위 91-676).

이유 : 청구인의 경우 재해 당시의 행위가 비록 원거리라 하더라도 숙소를 정하기 위한 목적 이외의 다른 목적이 있었다는 반증이 없으므로 이는 출장업무에 수반하는 필요행위 중 그 행위에 기인하여 발생한 재해로 보아 업무상 재해로 인정함이 타당하다고 판단한다.

🥤사례 5 하계휴양소 설치작업 후 돌아오다 노상에서 발생한 사고는 업무상 재해에 해당된다(1992.5.25. 산심위 92-380).

이유 : '출장 중에는 사업주의 지배 · 관리 하에 있다고 볼 수 없다 하더라도 업무 수행방법 등에 관하여 포괄적으로 사업주의 명을 받아 일정한 왕복순로 또는 일정한 교통수단을 이용하여 업무를 수행하기

때문에 출장 중 행동은 전 과정을 통하여 사업주의 고용종속 및 지배 관리 중에 있는 것으로 보아 업무상 재해로 인정한다'고 규정하고 있으므로 비록 작업 후 음주 등의 행위가 있었고, 이로 인하여 시간이 지체되었다 하더라도 통상적인 출·퇴근 중의 재해가 아니므로 재해 발생시간 및 교통수단 이용방법이나 귀사 또는 귀가여부에 관계없이 업무상 재해로 인정함이 타당하다고 판단한다.

🍵사례 6 출장근무 후 귀로 중 평소와 다른 우회도로를 이용하던 중에 입은 재해는 업무상 재해에 해당된다(1992.10.6. 산심위 92-2207).

이유 : 원처분청은 동 피재자가 1), 2), 3)의 도로 중 3)의 도로를 이용한 것은 순로의 정당성이 없다는 것이나 동 피재자가 위험성 등을 고려하여 합리적으로 판단, 평소 경험에 비추어 3)의 귀로를 선택한 것은 다소 시간의 차이는 있으나 출장 후(동일 21:30경 출장업무를 마치고 귀로 중 재해) 필요적 또는 부수적인 귀로를 부인할 수 없기 때문이다. 따라서 본 건 재해는 원처분청이 출장업무 수행을 인정한 이상 그에 따른 귀로 중 재해로 업무상 재해로 봄이 타당할 것이다.

🍵사례 7 출장 중 입은 재해라도 업무와 관계없이 행한 사적인 행위로 야기된 재해는 업무상 재해라 할 수 없다(1992.11.24. 대법 92누 11046).

이유 : 망인의 업무와 관계 없이 여자들을 태우고 놀러 다니기 위하여 승용차를 운전한 행위를 망인의 출장에 당연히 또는 통상 수반되는 범위 내의 행위라고 말할 수 없고, 이는 업무수행을 벗어난 사적인 행위로 보아야 할 것이므로 망인의 사망은 업무상 재해에 해당하지 아니한다고 판단한다.

사례 8 출장 중 업무수행 후 정상순로를 벗어나 귀사하다 발생한 재해는 업무상 재해로 볼 수 없다(1993.5.24. 산심위 93-483).

이유 : 피재자는 자기 소유의 오토바이를 운전하여 사업주의 요청에 따른 업무를 수행하고 나서는 순로로 귀사하였어야 함에도 친구들과 당구를 치는 등의 사적행위 등으로 상당시간을 지체하다가 귀사하던 중 피재된 사실로 보아, 이는 출장명령 요건 등을 사적행위로 인하여 위배된 순로이탈로 인하여 야기된 재해로 이는 업무외 재해로 봄이 타당하다.

사례 9 근무시간 중 직장상사의 문상을 가다가 교통사고로 사망한 경우는 업무상 재해로 인정되지 않는다(1993.10.12. 대법 93누 14806).

이유 : 위 망인이 직장의 상사나 애경사를 담당하는 직원의 요청으로 근무시간 중에 직장상사의 문상을 갔다고 하더라도 이는 사람이 사회생활을 하면서 원만한 인간관계를 유지하고 서로 부조하기 위한 사적 · 의례적 행위이지, 이를 업무 또는 업무에 준하는 행위라고 할 수 없고 또 위 망인의 과도한 업무수행으로 인하여 졸면서 운전하다가 이 사건 사고를 일으킨 것이라고 인정할 증거가 없으며, 오히려 위와 같이 이 사건 사고는 위 망인의 빙판길에서의 운전 부주의로 인한 미끄럼 사고라고 할 것이므로 위 망인의 사망은 어느 모로 보나 업무상 재해로 볼 수 없다고 판단한다.

사례 10 사장이 일으킨 교통사고 뒤처리를 위해 회사소유 차량을 타고 가다 교통사고를 당한 것은 업무상 재해에 해당한다(1993.11.9. 대법 92다 25851).

이유 : 원심이 원심회사 소속 차량의 사고 뒤처리를 위하여 총무과 직원인 변○○의 연락에 의하여 원고 회사 직원들이 원고 회사 소유

의 차량에 탑승하여 사고 관할 경찰서로 가는 행위는 비록 그 시간이 통상의 근무시간이 아니라 하더라도 업무의 수행 내지는 그 연장이라 할 것이고 그와 같이 탑승하여 가는 도중 교통사고를 당한 것이라면 이 교통사고는 업무수행 중의 사고로서 법 소정의 업무상 재해라 할 것이다.

🪣사례 11 회사 필요에 의한 비상호출을 받아 출·퇴근하는 경우는 출장 중 재해에 준하여 업무상 재해 여부를 판단해야 한다(1994.4.12. 재보 68604-389).
이유 : 일반적으로 근무시간 이외의 경우에는 근로자는 사업주의 지배·관리상태를 벗어나 시간적, 장소적으로 제약을 받지 않는 상태에 있다 할 것이므로 통상의 출·퇴근시간 외에 비상호출 등과 같이 사업주의 구체적인 지시를 받아 출·퇴근하던 중에 발생된 재해라면 업무상 재해인정기준(출장 중 재해)에 준하여 판단하여야 할 것이다.

🪣사례 12 출장업무 중 귀가하여 다음날 출근하던 중에 발생한 재해는 업무상 재해로 볼 수 없다(1995.5.26. 대법 94누 2275).
이유 : 망인이 본사에서의 출장업무와 동료직원에 대한 조문을 마치고 자신의 집에 들러 용무를 본 다음 근무처로 출발하였다가 중도에 다시 귀가한 시점에는 이미 그의 출장근무는 종료되고 다음날 출근 중에 발생한 이 사건 사고는 단순한 통근 중의 재해로 보아야 할 것이다.

🪣사례 13 연수원에서 실시하는 신입 입사자 교육 중 관리자의 지시나 허가를 받지 않고 옆문을 통해 밖으로 나가려다 웅덩이에 빠져 입은 재해는 업무상 재해가 아니다(1996.2.14. 요양 0509-90).
이유 : 사업장 밖에서 업무수행 중 발생한 사고는 그 원인이 사적행

위·자해행위나 범죄행위가 아니거나 또는 사업주의 구체적인 지시를 위반하지 않은 경우에 한해 업무상 재해로 인정되나, 그렇지 않은 경우는 업무상 재해로 인정되지 않는다.

🥤사례 14 경찰관이 비번임에도 근무를 하던 중 술을 먹는 등 근무수칙을 지키지 아니했어도, 근무를 마치고 이를 보고하기 위해 파출소로 귀소하던 중 교통사고로 사망한 경우는 공무상 재해에 해당된다(1997.4.24. 서울고법 96구 26741).

이유 : 위 망인은 파출소 당번 근무를 마치고 비번임에도 불구하고 기소중지자 검거를 위하여 근무를 하던 중 같은 날 17:00시부터 다음날 00:25분까지 사이에 비록 술을 먹는 등 근무수칙을 지키지 아니하거나 노래방에서 노래를 하는 등 근무를 태만히 한 점은 인정되지만, 위와 같은 기소중지자 검거근무를 마치고 이를 보고하기 위하여 위 파출소로 귀소하던 중 위와 같이 교통사고를 당하여 사망하였다면 공무상 부상으로 인하여 재직 중에 사망하였다 할 것이다.

🥤사례 15 운전기사가 출장 중 숙면을 위해 술을 마시고 호텔에 투숙 중 사망한 경우 업무상 재해에 해당된다(1997.4.29. 서울고법 96구 18719).

이유 : 망인이 두개골 골절상을 입게 된 다른 원인이 밝혀지지 않는 이상 그는 술에 취한 상태에서 호텔 객실에서 잠을 자다가 화장실을 가거나 또는 물을 마시기 위한 등의 목적으로 일어나 움직이다 술에 취한 관계로 호텔 객실의 바닥이나 벽 등에 머리를 부딪쳐 두개골 골절상을 입게 된 것이 아닌가 추단되고, 위 망인은 결국 두개골 골절상이 원인이 되어 경막외 출혈을 일으키고 심장마비로 사망에 이르게 된 것이므로 출장업무의 수행 중에 그 업무에 기인하여 발생한 재해로

봄이 타당하다.

🥤사례 16 자기 승용차로 신임지로 부임하던 중 교통사고가 난 경우 업무상 재해
에 해당하지 않는다(1997.10.10. 대법 97누 10376).

이유 : 비록 위 공사의 차량관리 요령에 의하면 위 공사가 위 차량을
위 공사의 업무와 활동을 위하여 운행하게 할 수 있도록 되어 있고
위 차량에 대하여 유지비를 보조하도록 되어 있다고 하더라도, 위 차
량에 대한 관리, 사용권한은 실제로 위 공사직원에게 속하여 있었던
것이라고 할 것이어서 사고 당시 신임지 부임과정이 사업주인 위 공
사의 지배 · 관리 하에 있었다고 볼 수 없다 할 것이므로 위 공사직원
이 입은 재해는 업무상 재해에 해당하지 않는다고 봄이 타당하다.

행사 중 사고(시행규칙 제37조)

1) 근로자가 운동경기 · 야유회 · 등산대회 등 각종 행사에 참가 중 사
고로 인하여 사상한 때에는 사회통념상 당해 행사에 근로자의 참여가
노무관리 또는 사업운영상 필요하다고 인정되는 경우로서 다음 각 호
의 1에 해당되는 경우에는 이를 업무상 재해로 본다. 다만, 행사와 사고
간에 상당 인과관계가 없음이 명백한 경우에는 그러하지 아니한다.

① 사업주가 행사에 참여하는 근로자에 대하여 행사 당일날 출근한
것으로 처리하는 경우
② 사업주가 근로자에 대하여 행사에 참여하도록 지시하는 경우
③ 사업주에게 행사참여에 대한 사전보고를 통하여 사업주의 참가승
인을 얻은 경우
④ 기타 제1호 내지 제3호의 규정에 준하는 경우로서 통상적 · 관례

적인 행사에 참여하는 경우

2) 행사참가를 위한 준비 연습 중에 발생한 사고로 인하여 근로자가 사상한 경우에는 제1항의 규정을 준용한다.

3) 행사의 기획 · 운영업무를 담당하고 있는 근로자가 그 행사의 기획 · 운영업무를 수행하던 중 발생한 사고로 인하여 사상한 경우에는 제34조 및 제36조 제1항의 규정을 준용한다.

🪣사례 1   춘계야유회 후 부서장의 지시로 동원된 차량을 이용 중 발생한 재해는 업무상 재해에 해당한다(1990.5.31. 재보 01254-7783).

이유 : 사원 야외 단합대회를 위한 경비 지원과 각 부서별 단위로 사정에 따라 행사를 실시하도록 사업주의 사전승인을 득한 후 부서장의 책임 하에 야유회를 개최하던 중 우천으로 행사가 불가능하게 되자 부서장의 지시로 동원된 차량을 이용, 장소를 옮기던 중 발생한 재해라면 업무상 재해로 처리함이 타당하다.

🪣사례 2   기숙사 숙식직원 단합을 위한 야유회에 참석하여 놀이 중 익사한 경우 업무상 재해로 볼 수 없다(1991.3.25. 산심위 91-67).

이유 : 피재자가 참석한 야유회는 참석 인원이 기숙사에 숙식하는 직원들로 이루어졌고, 야유회 경비는 회사의 보조 없이 참석자들이 갹출하였고, 회사에 사전보고가 없었으며, 야유회에 이용한 회사차량 역시 무단으로 사용한 점 등으로 보아 업무와 관련하여 개최한 행사가 아닌 기숙사 직원의 친목을 도모하기 위한 자체적 행사로 판단될 뿐, 청구인의 주장을 인정할 만한 객관적 증거를 발견할 수 없어 업무외 재해로 판단한다.

🥤사례 3 경비 반장이 관리 소장이 주관한 회식에 참석하여 2차 회식 장소에서 나오다가 계단에서 넘어져 사망한 경우는 업무상 재해로 보지 않는다 (1991.9.26. 산심위 91-424).

이유 : 비록 관리 소장의 판공비와 주선에 의하여 마련된 회식이라 하더라도 특별한 이유도 없이 장소를 옮겨 2차까지 하며 과음한 행위는 사회통념상 단순한 회식으로 볼 수 없고, 따라서 이는 사적행위에 해당되므로 업무외 재해이다.

🥤사례 4 사업주의 노무관리상 필요한 야유회 행사 중 익사한 경우 업무상 재해에 해당된다(1992.2.25. 산심위 92-87).

이유 : 이 건 야유회는 비록 비근무일인 휴일에 실시되었고 불참자에 대하여 결근처리 하는 등 현실적 구속감을 주는 정도의 강제조치가 취해진 행사는 아니라 하더라도 위 사실 등을 종합판단할 때 일정도 참가가 강제된 행사로서 사업주가 노무관리상 필요에 의해 실시한 행사로 인정된다. 따라서 동 야유회에 참가하여 놀이도중 발생한 피재자의 사망은 사업주 지배·관리 하에서 발생한 업무상 재해로 처리함이 타당하다.

🥤사례 5 회사에서 실시한 부부동반 여행 중 승마를 하다가 재해를 당한 경우 업무상 재해에 해당된다(1993.3.29. 산심위 93-89).

이유 : 가이드의 알선으로 참가자 전원이 승마를 하게 된 것으로 어느 정도의 자유의사가 허용되고, 비용을 개인이 부담한 경우라고 하더라도 사업주와의 계약에 의거 관광을 안내한 여행사의 안내 또는 지시를 벗어나 개인적으로 승마장을 관광한 것도 아니고, 승마행위 역시 여행사측의 적극적인 알선과 대상자 전원의 동참으로 행한 점

및 관광의 목적 또는 일정을 벗어나 명백한 사적행위를 하였다고 할 만한 근거도 없는 점 등으로 보아 이는 전체 관광일정의 한 부분 즉, 사업주 지배 · 관리 하에서 실시된 행사로 인정되므로 동 행사에 참가 그 과정에서 발생한 본 건 재해는 업무상 재해로 봄이 타당하다.

사례 6 사업주가 경비를 지원하는 축구협회 주관 축구경기 중 부상을 당한 경우는 업무상 재해에 해당한다(1993.7.26. 산심위 93-796).

이유 : 동 대회에 참가하게 된 것이 동 시합에 따른 참가 요청을 받은 사업주가 지역에서의 사업장 선양 및 노무관리상 필요에 따라 사업체를 대표하여 출전키 위하여 소속 근로자를 선발하여 연습 및 출전시간에 대한 근로시간 및 기타 행사비를 지급하여 출전하게 하였던 사실로 보아 청구인은 동 대회 참가 시점부터는 사업주의 강요에 의한 사업주의 지배 · 관리 하에 있는 것으로 비록 휴일 중 사업장 이외의 장소에서 피재되었다 하더라도 시합 중 사적행위 없이 사업장을 대표한 기업체간 시합에서 피재되었다면 이는 사업주 지배 · 관리 하에서 발생한 업무상 재해로 인정함이 타당하다고 판단된다.

사례 7 작업반장이 회식을 마친 다음 숙소로 돌아오다가 발생한 교통사고로 사망한 경우 업무상 재해로 볼 수 없다(1993.11.22. 산심위 93-1333).

이유 : 사실상 1차 회식이 끝난 후에는 타 회사 직원 등을 포함하여 참가자 개인의 의사에 의거 2차 회식이 이루어졌다고 볼 수밖에 없는 점 등으로 보아 사업주 지배 · 관리의 영역을 2차 회식에까지 확대하여 인정할 수 없는 것이고, 따라서 1차 회식을 사업주가 노무관리상 필요에 의하여 주관한 행사라고 보더라도 동 1차 회식이 끝난 다음에는 이미 사업주의 지배 · 관리를 벗어난 상태였다고 할 것이어서 사적행위

(2차 회식)를 한 후 복귀도중 발생한 본 건 재해는 업무상 재해로 인정되지 아니한다.

🥤사례 8 회사 주최 야유회에 참석하여 수영을 하다 익사한 경우 업무상 재해로 볼 수 없다(1994.1.26. 산심위 94-41).

이유 : 피재자는 한탄강에서 물놀이를 하지 말도록 사업주의 적극적인 지시를 위반하여 수영이 금지된 장소에서 수영을 하였고, 또한 재해 당시에는 오전에 이미 축구경기와 보물찾기를 마치고 귀가하기 위해 짐정리를 마친 상태 즉, 야유회 일정이 끝난 상태였던 점 등을 종합하면, 본 건 재해는 피재자가 사업주의 지배 · 관리를 벗어난 임의로 사적행위를 하던 중 발생한 재해로 판단될 뿐 이를 야유회 행사 중 그에 기인하여 발생한 재해라고 인정되지 아니한다.

🥤사례 9 하계휴양소에서 수영하다가 익사한 경우 업무상 재해에 해당된다(1994.5.11. 산심위 94-251).

이유 : 동사의 단체협약서 제59조에서 회사는 조합원의 복리후생 증진 및 체력향상을 위하여 하기휴가 기간에 휴양시설을 설치 · 운영한다고 정하고 있는 점과 위 관계자료를 종합하여 판단할 때, 동 하계휴가 실시의 목적이 복리후생 및 체력향상을 위한 것으로서 사업주 승인 하에 전 근로자를 대상으로 동시에 실시한 점으로 보아 비록 동 휴가를 실시하면서 참가 강제 조치가 취해진 행사는 아니라 하더라도 이 건 피재자의 경우 사업주가 노무관리 또는 사업운영상 단체협약에 의해 설치 운영하는 행사에 참가하였다가 발생한 업무상 재해로 인정함이 타당하다고 할 것이다.

🥤사례 10 중식시간에 부서 내 팀별 체육대회의 본선에 앞선 축구경기 중 피재된 경우 업무상 재해에 해당된다(1994.8.1. 산심위 94-542).

이유 : 본 건 체육대회 행사 중 발생한 재해는 부서장이 주관하여 실시한 행사라 하더라도 부서장은 회사관리 체계상 사업주를 대리하여 행위하는 자로서 사업주의 노무관리상 필요에 의하여 실시된 행사로 볼 수 있다 할 것이므로 업무상 재해로 인정함이 타당하다.

🥤사례 11 회사가 주관하는 야유회장소에서 낚시를 하다가 익사한 경우 업무상 재해에 해당된다(1995.1.23. 산심위 94-1192).

이유 : 당 현장의 완벽시공 및 원활한 공사 진행과 직원 및 협력업체 간의 단합을 위해 야유회를 시행하기로 한 점 등을 종합하여 판단할 때, 동 야유회는 사업주 승인 하에 공사현장의 전 근로자를 대상으로 실시한 것으로서 피재자의 경우 야유회 장소를 벗어나 낚시를 하였다 하나, 야유회를 제한된 장소에서 실시한 것도 아니므로 이를 업무이탈 또는 순수한 사적행위를 한 것으로는 볼 수 없어 노무관리 또는 사업운영상 필요에 의해 사업주가 주관하는 야유회에 참가하였다가 발생한 업무상 재해로 인정함이 타당하다.

🥤사례 12 단위 노동조합협의회가 주관한 체육행사에 참가하여 축구경기 중 피재된 경우 업무상 재해에 해당된다(1995.5.9. 산심위 94-284).

이유 : 청구인은 지역단위 노동조합협의회에서 주관하는 체육행사에 개인자격 또는 노동조합 대표선수로서 참가한 것이 아니라 사업주가 제반 여건상 노무관리 또는 사업운영에 필요하다고 인정하여 사업장을 대표한 근로자 자격으로 동 행사에 참가하였다는 것이기에 축구경기에 대비한 연습시간 및 행사 당일을 통상의 근로시간으로 처리

하고 기타 경비를 지급한 것으로 보아 이러한 것들이 인정되므로 청구인의 동 재해는 사업주 지배·관리 하에서 발생한 업무상 재해로 봄이 타당하다.

🥤**사례 13** 직원의 인사이동에 따른 회식 후 음주한 채 자신의 승용차를 운전하여 귀사 도중 사고로 사망한 경우는 업무상 재해에 해당되지 않는다(1996.12. 17. 서울고법 96구 16867).

이유 : 위 회식은 그 참석이 강제되지 않았고, 더구나 나이트클럽에서 한 2차 회식은 당초 예정에 없었으나 1차 회식 후 여직원들의 요청에 의하여 즉석에서 결정된 것으로서 1차 회식자 전원이 참석하지 않았으므로 위 2차 회식이 사업주의 지배나 관리를 받는 상태에 있었다고 보기 어렵고, 또한 위 회식 후 망인의 귀사 행위도 망인의 임의적인 행위로서 근로의무 이행을 위한 업무수행의 연속이라거나 업무수행과 관련한 활동이라고 보기 어려우며, 나아가 이 사건 교통사고는 망인 자신의 자동차 운전행위에 매개된 음주운전으로 발생된 것으로 봄이 타당하므로 업무외 재해로 판정한다.

🥤**사례 14** 여름 휴가 시 회사휴양소에서 사망한 경우 업무상 재해에 해당하지 않는다(1996.12.7. 서울고법 96구 16867).

이유 : 직원복리후생의 일환으로 직원하계휴양소를 마련하고 회사와 휴양소 사이의 교통편을 제공하고 직원을 파견하여 휴양소에서의 침구류와 구급약 등의 편의시설을 제공하였을 뿐 그 외의 휴가 기간동안의 직원들의 행위는 직원들 각자의 자유에 맡겨 일정을 관리하거나 통제하지 않았고, 휴가기간 동안의 일체의 여비도 직원 개인이 부담하게 하였으므로 위 망인이 휴가기간 중에 회사가 설치한 휴양소

를 이용하면서 등산을 하다가 폭포의 작은 못에서 수영을 한 행위를 소외 회사의 지배·관리 하에서 업무를 수행 중의 행위라고 할 수는 없으므로 업무외 재해라고 판단한다.

🍹사례 15 회사 내 동호인 모임인 낚시회 행사에 참가하여 귀가 도중 교통사고로 사망한 것은 업무상 재해에 해당된다(1997.8.29. 대법 97누 7271).

이유 : 위 망인은 이 사건 행사를 적극적으로 지원하고 있고 자신이 중견간부로서 회장직을 맡고 있기 때문에 이 사건 행사에 불참하기 어려웠던 사실, 이 사건 행사의 출발일은 금요일로서 18:00시까지가 근무시간인데도 회사측의 승인하에 16:30분에 출발하였고 그 다음날은 토요일이지만 소외 회사에서는 휴무일인 사실 등을 인정한 것으로 이 사건행사는 비록 참가인원은 많지 않았지만 소외 회사의 관리를 받은 상태 하에 있었으므로 그 행사에 참가하는 동안 발생한 이 사건 재해는 업무상 재해에 해당한다고 판단한다.

🍹사례 16 근로자의 사기앙양과 협력업체와의 친목도모를 위한 정기 야유회행사 중 입은 재해는 업무상 재해에 해당된다(1998.3.2. 산심위 97-2296).

이유 : 회사에서 근로자의 사기앙양과 협력업체와의 친목도모를 하기 위하여 매년 봄과 가을에 정기적으로 실시하는 야유회 중 가을 야유회 행사로서 전직원(월급근로자)이 직접 참여하였을 뿐 아니라 행사의 주관 및 내용과 목적, 참석범위, 비용부담, 강제성 여부 등을 종합하여 볼 때 피재자가 야유회 행사 중 음주를 하는 등의 행위가 있었다 하더라도 이는 행사의 성격으로 보아 사회통념상 용인될 수 있는 정도를 벗어났다고 할 수는 없으므로 행사의 전 과정이 사업주의 지배·관리 하에서 이루어진 본 건 재해는 업무와 상당 인과관계가 있

다고 판단한다.

출·퇴근 중 사고

사용자의 지휘·감독 하에 있는 회사소속 출·퇴근 버스나 기타 차량에 의한 출·퇴근 중의 재해는 업무상 재해로 인정받을 수 있다. 그러나 본인의 승용차나 오토바이, 자전거나 도보 또는 대중교통 수단을 이용하여 정상적인 출·퇴근을 하다가 일어난 재해는 기본적으로 업무상 재해로 인정을 받지 못한다. 그러나 본인의 승용차나 오토바이, 자전거나 도보 또는 대중교통수단을 이용한 출·퇴근 중의 재해라 하더라도 회사의 특별 지시에 의거 정상적인 출·퇴근시간보다 더 빠른 시간, 또는 더 늦은 시간에 일어난 특별한 경우 예외적으로 업무상 재해로 인정되는 경우도 있다.

🗑 사례 1 자기 소유의 승용차를 운전하고 퇴근하던 도중에 교통사고가 발생하여 재해를 당한 경우, 업무상의 재해에 해당하지 않는다(대법 1995.9.15. 95누 6946).

이유 : 퇴근방법과 그 경로를 임의로 선택하여 자기 소유의 승용차를 운전하고 퇴근하던 도중에 교통사고가 발생하여 재해를 당한 경우, 비록 그 차량이 회사의 차량 관리규정에 따라 회사에 등록되고 사업자인 회사가 차량구입비 또는 유지비를 보조하도록 되어 있었다 하더라도 차량에 대한 관리·사용권한은 실제로 근로자에게 속하여 있었던 것이므로, 근로자가 입은 재해는 업무상 재해라고 볼 수 없다.

🗑 사례 2 회의에 참석한 후 귀가 길에 교통사고를 당한 경우 업무상 재해로 인정할 수 없다(대법 1996.4.26. 96누 1528).

이유 : 회의가 회사의 지시에 의하여 개최된 것이라 하더라도 위 망

인이 이 사건 교통사고를 당한 것은 위 회의가 종료되어 업무수행을 마친 후 귀가 길에 혼자서 도로를 횡단하다가 발생한 것이므로 이미 사업주의 지배 · 관리를 벗어난 상태에서 발생한 사고로서 업무상 재해라고 볼 수 없다.

사례 3 통근버스 이용을 개시하기 전에 발생한 사고는 업무상 재해로 볼 수 없다(대법 1996.4. 26. 96누 2026).

이유 : 근로자가 통근버스에 탑승하기 위하여 횡단보도를 건너다 교통사고를 당하였다면 아직 사업주의 지배 · 관리 하에 있었다고 보기는 어렵고, 단순히 위 사고지점이 통근버스에서 5m 정도 떨어진 가까운 지점이라는 사정만으로는 업무상 재해에 해당한다고 볼 수 없다.

사례 4 자기의 교통수단을 이용하여 출 · 퇴근하는 도중 사업장 내에서 당한 재해도 업무상 재해이다(부산고법 1996.10.30. 96구 358).

이유 : 근로자가 자기의 교통수단을 이용하여 출 · 퇴근을 하는 경우 일반적으로는 그 통근과정이 사용자의 지배 · 관리 하에 있지 아니하여 그 도중의 재해를 업무상 재해로 인정할 수 없다 하더라도, 일단 사업장 시설에 도착하여 사용자의 지배 · 관리권이 미치는 것으로 보아, 그 이후의 통근과정에서 일어난 재해에 대하여는 이를 업무상 재해로 인정하는 것이 타당하다.

사례 5 통상 철로를 통하여 작업장소에 출 · 퇴근하던 궤도공의 출 · 퇴근시 재해는 업무상 재해로 인정할 수 없다(대법 1996.11.15. 96누 5629).

이유 : 궤도공들이 철로를 이용한 출근이 편리하고 회사가 이를 묵인하여 왔으며 회사가 철도청과 특수한 관계에 있다는 사정만으로 철

로를 이용한 통근과정이 사업주의 지배·관리 하에 있다고 볼 수 없고, 산재보험법 시행규칙에 의해 돌발적인 사고가 발생할 우려가 많은 장소에서 발생한 사고를 업무상 재해로 규정한다 하더라도, 궤도공들이 사업장으로 출근하는 과정에서 위 시행규칙에서 규정하는 사업장 내라고 볼 수 없는 곳에서 철도법 제78조에 의해 통행이 금지된 철로를 통행하다가 발생한 사고는 업무상 재해로 인정할 수 없다.

🥤사례 6 휴일근무를 위한 출근과정에서 발생한 사고는 업무상 재해로 볼 수 없다(서울고법 1997.1.9. 96구 22169).
이유 : 출·퇴근 중의 재해가 업무상 재해에 해당하는지 여부는 평일이나 휴무일을 구별하지 않고 그 출·퇴근의 전 과정이 사업주의 지배·관리 하에 있었는지 여부에 따라 결정되는 것이고 비록 휴무일에 발생한 출·퇴근 중의 재해라고 하더라도 사업주의 지배·관리 하에 있다고 볼 수 없는 경우에는 업무상 재해로 볼 수 없다.

🥤사례 7 회사 통근차량의 운행 중 평소의 출·퇴근경로를 약간 벗어나 일어난 사고라 하더라도 이는 업무상 재해이다(부산고법 1997.4.16. 96구 9652).
이유 : 회사 통근차량의 운행 중 근로자들의 요청에 따라 그들을 인근유원지까지 태워주고 회사로 되돌아 갈 예정으로 평소의 퇴근경로를 약간 벗어났다고 해도 그 전체적인 과정으로 볼 때 망인이 근로자들을 퇴근시키기 위하여 한 운전행위가 사업주의 지배·관리를 벗어나서 업무수행과 무관한 것이 되었다고 할 수는 없다. 그러므로 업무상 재해이다.

🥤사례 8 개인 승용차를 직원들의 출·퇴근차량으로 제공하여 출근하던 중 일어난 사고에 대해 승용차에 대한 사용관리권이 사업주에게 속하여 있었다고 볼 수

있어 업무상 재해로 봄이 타당하다(서울고법 1997.5.9. 96구 25458).

이유 : 망인의 승용차는 적어도 사업주에 의하여 연구소 직원들의 출 · 퇴근에 제공된 차량에 준하는 교통수단으로서 승용차에 대한 사용관리권이 망인에게 전속된 것이 아니라 사업주에게 속하여 있었다고 보아야 할 것이므로 망인을 포함한 그 승용차 이용자들의 출 · 퇴근과정은 사업주의 지배 · 관리 하에 있었다고 보아야 할 것이다.

🗑사례 9 사업주가 근로자에게 출 · 퇴근용으로 제공한 차량을 근로자가 직접 운전하여 출 · 퇴근하던 도중 발생한 재해는 업무상 재해가 아니다(대법 1997.9.12. 97누 6339).

이유 : 사업주가 근로자에게 출 · 퇴근용으로 차량을 제공하였으나 당해 차량에 대한 관리 · 이용권이 사상한 근로자에게 전담되어 있어 사상한 근로자가 직접 당해 차량을 운전하여 출 · 퇴근하던 도중 발생한 재해는 업무상 재해로 볼 수 없다.

🗑사례 10 직원들의 출 · 퇴근을 돕는 업무를 담당하고 있다는 등의 특별한 사정이 없는 한 동료직원의 부탁으로 그 출근을 도와주다가 일어난 재해는 사적행위이지 업무상 재해가 아니다(서울고법 1998.1.15. 97구 28430).

이유 : 망인이 직원들의 출 · 퇴근을 돕는 업무를 담당하고 있다는 등의 특별한 사정이 없는 한 위 망인이 동료직원의 부탁으로 그 출근을 도와주다가 재해를 입게 되었다고 하더라도 이는 원만한 직장생활과 인간관계를 유지하기 위한 사적행위라고 할 것이지 업무에 준하는 행위라든가 업무에 부수하는 행위라고 보기 어렵다.

🗑사례 11 택시 운전사의 근무교대를 위한 출근과정에서 일어난 사고에 대해 교

대시간 및 교대장소를 임의로 정한 사정에 비추어 보면 업무상 재해가 아니다 (대전지법 1999.3.26. 98구 2417).

이유 : 근무교대 장소를 임의로 정한 것은 회사업무와 관계 없이 사적으로 문상의 편의를 위한 것이었던 점 등에 비추어 사고 당시 출근과정이 일반적이고 순리적인 경로 및 방법을 일탈하여 사적인 행위 중에 있어서 사용자의 지배·관리 하에 있었다고 볼 수 없으므로 업무상 재해로 볼 수 없다.

🗑사례 12 개인 소유 승용차로 퇴근하던 중 과로로 인한 졸음 운전으로 교통사고를 일으킨 경우 업무상 재해로 보지 않는다(1999.7.1. 서울고법 99누 2705).

이유 : 망인이 과로 상태에 있었다는 사실 그 자체나, 과로가 수반된 기존의 다른 조건의 자연적 경과에 의하여 유발된 것이 아니라 망인 자신의 자동차 운전행위라는 별도의 행위에 매개된 과로가 초래한 졸음운전에 따른 결과로 인하여 발생한 것이라 할 것이고, 이와 같은 운전행위에 따른 망인의 사망은 그 업무수행에 기인된 과로에 통상 수반하는 위험의 범위 내에 있는 것이라고 보기도 어려우므로 업무상 재해로 볼 수 없다.

🗑사례 13 새벽 1시까지 근무하다가 자신 소유의 승용차를 운전하여 귀가하던 중 일어난 교통사고는 업무상 재해가 아니다(대법 1999.12.24. 99두 9025).

이유 : 망인과 같이 근무를 위한 차량이용이 많은 영업사원들에게 영업활동비 명목으로 유류비, 주차비 등을 지급하고 차량구입을 보조하고 있다고 하더라도, 그와 같은 사정만으로는 망인의 위 퇴근과정이 사업자인 소외 회사의 지배·관리 하에 있다거나 위 승용차가 사업자가 제공한 것에 준하는 교통수단이라고 볼 수 없어 업무상 재해

에 해당 할 수 없다고 판단한다.

🗑️**사례 14** 회사 방송과 직원이 휴일근무 지시를 받고 본인 소유 승용차를 이용하여 출근하던 중 마주 오는 차량과 충돌하여 교통사고가 발생하여 요양신청을 한 경우 업무상 재해이다(1995.8.14. 심사 제95-642호).

이유 : 피재자는 휴무일에 상사의 구체적인 지시를 받아 업무를 수행하기 위하여 자신의 승용차를 이용 자택인 안양에서 과천소재 회사 방향으로 운행 중 사고지점인 인덕원 사거리 앞 노상에서 교통사고로 부상을 당하였으므로 이는 순로이탈 등 기타 업무외적 사유로 인하여 발생되었다고 인정할 만한 객관적 근거가 없으므로 업무상 재해로 판단한다.

🗑️**사례 15** 거래처 직원 접대를 마치고 귀가도중 신원미상의 괴한으로부터 구타를 당하여 요양신청한 경우는 업무상 재해가 아니다(1996.8.14. 심사 제 96-2360호).

이유 : 이는 회사 거래처 직원의 접대를 마치고 집으로 귀가하다가 발생한 퇴근 중 재해로 사업주의 지배 · 관리를 벗어난 사회적 위험으로부터의 재해이므로 업무상 재해에 해당되지 아니하는 것으로 판단된다.

🗑️**사례 16** 사업주의 지시에 의해 출장업무 수행 후 사업주의 자택 인근 음식점으로 찾아가 사업주가 제공한 술자리에서 업무와 관련된 보고 및 논의 후 귀가 중 피재된 경우는 업무상 재해로 보아야 한다(1998.1.7. 심사 제97-4794).

이유 : 출장행위 자체가 적법하고 사업주의 지배 · 관리 하에 있었다고 인정되고, 음주운전이라는 위법행위 자체에 전적인 원인이 있는

경우도 아니므로 음주운전의 과실책임만을 적용하는 경우 무과실책임주의에 위배되는 점 등으로 보아 이 건은 출장의 전 과정에 수반된 업무수행 중의 행위이므로 청구인의 자의적인 행위가 없는 한 사업주의 지배·관리 하에 있다 할 것이므로 업무상 재해로 인정함이 타당하다고 판단된다.

사례 17 피재자가 파견된 업체의 차량을 이용하여 출근 중 발생한 교통사고의 경우는 업무상 재해에 해당된다(1997.10.13. 심사 제97-3037호).

이유 : 비록 사고 차량이 소속 회사 소유 차량은 아니라 하더라도 사고 차량을 소속회사가 직원들의 출·퇴근용으로 사용토록 하였음이 차량사용협약서에서 확인되므로 이는 사업주가 근로자들의 출·퇴근용으로 제공한 교통수단 이용 중에 발생한 사고로서 차량관리·이용권이 사상한 근로자에게 전담되어 있지 아니한 것이 명백하므로 산재보험법 시행규칙 제35조 제4항에 의거 출·퇴근 중 업무상 재해로 봄이 타당하다고 판단된다.

사례 18 무면허 상태이지만 공장책임자의 묵시적인 지시에 의거 회사 차량으로 일용근로자를 출근시키던 중 발생한 재해는 업무상 재해로 봄이 타당하다(1997.7.16. 심사 제96-2436호).

이유 : 피재자가 다른 목적이나 사적인 행동을 하지 않았음이 입증되고, 또한 회사 책임자가 차량운행을 묵시적으로 승인하면서 자동차 열쇠를 사용하기 쉽도록 한 점으로 보아 피재자 본연의 업무는 아니지만 회사 차량을 이용, 회사 업무를 수행하던 중 발생된 재해로 보아야 할 것인 바 피재자의 재해는 업무상 재해로 판단된다.

기타 사고(시행규칙 제38조)

1) 타인의 폭력행위에 의하여 근로자가 사상한 경우로서 다음 각 호의 요건에 해당되는 경우에는 이를 법 제54조의 규정에 의한 제3자의 행위에 의한 업무상 재해로 본다.

① 재해발생경위 및 사상한 근로자가 담당한 업무의 성질이 가해행위를 유발할 수 있다고 사회통념상 인정한 것
② 타인의 가해행위와 사상한 근로자의 사상간에 사회통념상 인정될 것

2) 제3자의 행위에 의하여 발생한 사고로 인하여 제34조 제1항 각 호의 1에 해당되는 행위를 하고 있던 근로자가 사상한 경우에는 이를 법 제54조의 규정에 의한 제3자의 행위에 의한 업무상 재해로 본다. 다만, 업무와 사상간에 상당인과관계가 없음이 명백한 경우에는 그러하지 아니한다.

3) 업무상 재해를 당하여 요양 중에 있는 근로자가 요양과 관련된 행위 중에 발생한 사고로 인하여 사상한 경우로서 요양 중인 행위와 사고간에, 사고와 새로운 사상간에 각각 상당인과관계가 있다고 인정되는 경우에는 이를 업무상 재해로 본다.

🥤**사례 1** 택시 운전기사가 뺑소니 차량 추적 중 재해가 발생한 경우 업무상 재해로 봄이 타당하다(1991.7.11. 재보 01254-10037).
이유 : 일반적으로 업무상 재해라 함은 근로자가 사업주의 지배영역 하에서 업무와 상당 인과관계가 있고, 재해가 근로관계에 수반된 업무상의 위험에 의하여 발생한 재해를 말하는 바, 택시 운전기사가 영업 중 뺑소니 차량을 추적한 행위는 사회 · 도덕적으로 업무에 수반

되어 기대되는 합리적이고 필요적인 행위의 하나라 할 수 있으므로 위 재해는 근무시간에 운행 업무 중인 운전자에게 응급사태에서 일반적으로 기대되는 합리적 행위 중의 재해로서 업무상 재해로 인정함이 타당하다.

🥤**사례 2** 근로자가 타인의 폭력에 의하여 재해를 입은 경우, 업무상 재해 여부 (대법 1995.1.24. 94누 8587).

판결요지 : 산재보험법상의 업무상 재해라 함은 업무수행 중 그 업무에 기인하여 발생한 재해를 말하는 바, 근로자가 타인의 폭력에 의하여 재해를 입은 경우, 그것이 직장 내의 인간관계 또는 직무에 내하거나 통상 수반하는 위험의 현실화로서 업무와 상당인과관계가 있으면 업무상 재해로 인정하여야 한다.

🥤**사례 3** 상·하급자의 결재 과정에서 발생한 폭행사건에 사적 감정이 개입되었다면 업무상 재해로 인정할 수 없다(1999.11.11. 산재 68607-229).

이유 : 산재보험법상의 업무상 재해는 업무상의 사유에 의한 근로자의 부상·질병, 신체장해 또는 사망을 말하는 것으로서 업무와 재해간에 상당 인과관계가 있어야 하는 것이다. 따라서 상급자와 하급자 사이에서 발생한 폭행이 업무상 재해인지는 동 행위가 업무에 부수되는 행위 또는 업무에 수반한 필요적·합리적 행위로 인한 재해인지 여부에 따라 판단하여야 할 것이며, 당사자간의 사적 감정에 의한 폭행은 업무상 재해로 인정하기 곤란하다고 사료된다.

🥤**사례 4** 요양 중 자살한 경우 업무상 재해 인정 여부(서울고법 1997.10.31. 96구 41030)

판결요지: 업무상의 재해라 함은 근로자가 업무수행 중 그 업무에 기인하여 발생한 재해를 말하는 것이므로 그 재해가 질병 또는 질병에 따른 사망인 경우에는 업무와의 사이에 상당인과관계가 있어야 하지만 그 인과관계는 반드시 의학적, 자연과학적으로 명백히 입증하여야만 하는 것이 아니고 제반사정을 고려하여 업무와 질병 또는 사망 사이에 상당인과관계가 있다고 추단되는 경우에도 그 입증이 있다고 보아야 할 것이므로 근로자가 업무상의 질병으로 요양 중 자살한 경우의 인과관계에 관하여도 자살자의 질병 내지 후유증상의 정도, 그 질병의 일반적 증상, 요양기간, 회복가능성 유무, 연령, 신체적 · 심리적 상황, 자살자를 에워싸고 있는 주위상황, 자살에 이르게 된 경위 등을 종합 · 고려하여 상당인과관계가 있다고 추단할 수 있으면 업무상 재해로 인정하여야 한다.

3. 업무상 질병

업무상 질병의 의의

업무상 질병이라 함은 '어떤 직업에 종사하는 경우에 그 직업특유의 성질 또는 상태와 관련하여 걸릴 염려가 있는 질병'을 말한다. 직업병 인정에서 과거에는 '명확한 의학적 상관관계'를 요구하여 실제 거의 직업병으로 인정받을 가능성이 희박하였으나 최근에는 상당인과관계가 있으면 직업병으로 인정받을 가능성이 커졌다. 직업병은 '그 원인이 100% 직업적이다'라고 말할 수 있는 경우는 많지 않다. 대부분의 경우 '직업적인 것이 원인일 가능성이 크다'라고 말할 수 있을 것이다. 또한 '100% 직업적인 원인이 아니다'라고 말할 수 있는 경우도 많지 않다.

그렇기 때문에 '아니라는 반증이 없으면 인정해야 한다' 라는 생각은 명확한 인과관계를 요구하는 것과 마찬가지로 극단적인 논리가 될 수 있다.

업무상 질병 여부는 이분법적으로 분류될 수 없고, 상황을 종합하여 가능성으로 판단할 수밖에 없다. 그러므로 다양한 가능성을 추구하는 학문적 차원에서는 조그마한 가능성이 있더라도 직업병으로 생각하고 추적할 수 있으며, 또 그렇게 해야 학문적인 발전도 있고 새로운 직업병도 밝혀낼 수 있다. 반면, 사업주가 일종의 가해자로서 법적 배상책임을 져야 하는 보상적 차원의 업무상 질병에서는 명백한 가능성이 있어야 한다. 다만 산재보험법은 사업주의 과실이나 고의를 가리지 않는 무과실주의를 채택하고 있고, 보험형식으로 운영되고 있기 때문에 완벽하지는 않더라도 가능성이 큰 경우(상당인과관계)는 업무상 질병으로 인정해주고 있는 것이다.

업무상 질병의 인정기준

근로자의 질병에의 이환이 다음 각 호의 요건에 해당되는 경우로서 그 질병이 근로기준법시행령 제40조 제1항의 규정에 의한 업무상 질병의 범위에 속하는 경우에는 업무상 요인에 의해 이환된 질병이 아니라는 명백한 반증이 없는 한 이를 업무상 질병으로 본다.

1) 근로자가 업무수행과정에서 유해요인을 취급하거나 이에 폭로된 경력이 있을 것
2) 유해요인을 취급하거나 이에 폭로될 우려가 있는 업무를 수행함에 있어서 작업시간, 근무기간, 폭로량 및 작업환경 등에 의하여 유해인자의 폭로정도가 근로자의 질병 또는 건강장해를 유발할 수 있다고

인정될 것

3) 유해요인에 폭로되거나 취급방법에 따라 영향을 미칠 수 있는 신체부위에 그 유해인자로 인하여 특이한 임상증상이 나타났다고 의학적으로 인정될 것

4) 질병에 이환되어 의학적인 요양의 필요성이나 보험급여 지급사유가 있다고 인정될 것

한편 업무상 부상으로 인하여 질병에 이환된 근로자의 상태가 다음 각 호의 요건에 해당되는 경우에는 이를 업무상 질병으로 본다.

1) 부상으로 인한 신체의 손상과 질병 간에 신체부위 및 시간적 · 기능적 관련성이 의학적으로 인정될 것

2) 부상의 원인, 정도 및 상태 등이 질병의 원인임이 의학적으로 인정될 것

3) 기초질환 또는 기존질병이 있는 근로자의 경우 그 질환 또는 질병이 자연발생적으로 나타난 증상이 아닐 것

업무상 질병의 범위

산재보험법상 업무상 질병의 범위에 대해서는 다음과 같다.

- 업무상의 부상에 기인하는 질병
- 무겁고 힘든 업무로 인한 근육 · 건 · 관절의 질병과 내장탈장
- 고열 · 자극성의 가스나 증기 · 유해광선 또는 이물로 인한 결막염 기타의 안질환
- 라듐방사선 · 자외선 · 엑스선 기타 유해방사선으로 인한 질병

- 덥고 뜨거운 장소에 있어서의 업무로 인한 열사병 등 열 중증
- 덥고 뜨거운 장소에 있어서의 업무 또는 고열물체를 취급하는 업무로 인한 제2도 이상의 화상 및 춥고 차가운 장소에 있어서의 업무 또는 저온물체를 취급하는 업무로 인한 제2도 이상의 동상
- 분진을 비산하는 장소에 있어서의 업무로 인한 진폐증 및 이에 따르는 폐결핵 등 합병증
- 지하작업으로 인한 안구진탕증
- 이상 기압하에 있어서의 업무로 인한 감압병 기타의 질병
- 제사 또는 방적 등의 업무로 인한 수지봉와직염 및 피부염
- 착암기 등 진동발생공구 취급 작업으로 인하여 유발되는 신경염 기타의 질병
- 강렬한 소음을 발하는 장소에 있어서의 업무로 인한 질환
- 영상표시단말기(VDT) 등 취급자에게 나타나는 경견완증후군
- 납 · 그 합금 또는 그 화합물로 인한 중독 및 그 속발증
- 수은 · 아말감 또는 그 화합물로 인한 중독 및 그 속발증
- 망간 또는 그 화합물로 인한 중독 및 그 속발증
- 크롬 · 니켈 · 알루미늄 또는 이상의 화합물로 인한 궤양 기타의 질병
- 아연 기타의 금속중기로 인한 금속열
- 비소 또는 화합물로 인한 중독 및 그 속발증
- 인 또는 그 화합물로 인한 중독 및 그 속발증
- 초산염가스 또는 아황산가스로 인한 중독 및 그 속발증
- 황하수소로 인한 중독 및 그 속발증
- 이황화탄소로 인한 중독 및 그 속발증
- 일산화탄소로 인한 중독 및 그 속발증
- 청산 기타의 시안화합물로 인한 중독과 그 속발증 또는 기타의 질병
- 광산 · 가성알카리 · 염소 · 불소 · 석탄산 또는 이상의 화합물 기타 부식성 또는 자극성의 물체로 인한 부식 · 궤양 및 염증
- 벤젠 또는 벤젠의 동족체와 그 니트로 및 아미노 유도체로 인한 중독 또는 그 속발증
- 아세톤 또는 기타의 용제로 인한 중독 또는 그 속발증과 기타의 질병

- 제27호 및 제28호 외의 지방족 또는 방향족의 탄화수소화합물로 인한 중독 및 그 속발증 기타의 질병
- 매연 · 광물유 · 동유 · 칠 · 타르 · 시멘트 등으로 인한 봉와직염 · 습진 기타 피부질환
- 매연 · 타르 · 핏치 · 아스팔트 · 광물유 · 파라핀 또는 이상의 물질을 포함한 것으로 인한 원발성 상피암
- 제14호 내지 제31호에 기재된 것 외의 독성 · 극성 · 기타 유해물로 인한 중독 및 그 속발증 또는 피부 및 점막의 질환
- 환자의 검진 · 치료 · 간호 기타 병원체로 인하여 오염될 우려가 있는 업무로 인한 각종 전염성 질환
- 습윤지에 있어서의 업무로 인한 와이씨병
- 옥외노동에 기인하는 쯔쯔가무시병
- 동물 또는 시체 · 짐승의 털 · 피혁 기타 동물성의 물체 및 넝마 기타 고물의 취급으로 인한 탄저병 · 단독 및 페스트
- 제1호 내지 제36호 외에 중앙노동위원회의 동의를 얻어 노동부장관이 지정하는 질병
- 기타 업무로 기인한 것이 명확한 질병

업무상 질병의 구체적인 인정기준

■ 물리적인 인자로 인한 질병

1) 인정기준

물리적인 인자에 노출되는 상태에서 업무를 수행하는 근로자에게 다음에 해당되는 증상 또는 소견이 나타나는 경우에 이를 업무상 질병으로 보아 산재보험법을 적용하여 급여를 지급한다.

① 자외선에 노출되는 업무로 인한 전안부질환 또는 피부질환
② 적외선에 노출되는 업무로 인한 망막화상 · 백내장 등의 안질환

또는 피부질환

③ 레이저광선에 노출되는 업무로 인한 망막화상 등의 안질환 또는 피부질환

④ 마이크로파에 노출되는 업무로 인한 백내장 등의 안질환

⑤ 유해방사선에 노출되는 업무로 인한 급성방사선증 · 피부궤양 등의 방사선 피부장해 · 백내장 등의 방사선 안질환 · 방사선 폐렴 · 재생불량성빈혈 등의 조혈기장해 · 골괴사 또는 기타의 방사선 장해

⑦ 덥고 뜨거운 장소에서의 업무로 인한 일사병 또는 열사병

⑧ 고열물체를 취급하는 업무로 인한 제2도 이상의 화상

⑨ 춥고 차가운 장소에서의 업무 또는 저온물체를 취급하는 업무로 인한 제2도 이상의 동상

2) 해당 사례

갑(남 38세)은 1994년 11월에 J사에 입사하여 1995년 4월 30일 철야로 CO_2 용접작업을 하던 중 갑자기 왼쪽 눈이 침침한 느낌을 받았는데, 5월 2일 개인의원에서 백내장이라는 진단을 받았다. 진찰 결과 좌안의 전 · 후극 피질 및 핵 부위에 부분적인 혼탁이 있었다. 1995년 5월 12일 M병원에서 좌안 백내장으로 진단받고 수술을 받았다. 1997년 6월에 실시한 세극 등 검사에서 우안의 백내장 소견은 없었다. 갑은 이에 좌안 백내장이 용접작업 중에 노출된 유해광선에 의해 발생한 것이라 생각하고 1998년 4월 공단에 업무상 질병으로 요양신청을 하였으나 불승인되어, 재심사청구를 하였다.

갑은 과거에 고혈압, 당뇨, 눈 부위 외상, 피부염, 눈병 등의 병력은 없었으며, 약물사용력 등도 없었다. 담배는 하루 5개피 정도로 약 10년간 피웠으며 술은 소주 1/3병 정도를 주당 0.5회~1회 정도 약 10년

간 마셨다. 가족력상에 백내장이나 안질환 등은 없었다. 시력은 1994년 11월에 실시된 채용신체검사에서 교정시력이 좌측은 1.0, 우측은 1.5이었고 1995년 3월에는 좌측은 0.9, 우측은 1.2였다. 갑은 1980년부터 1988년까지 S중공업에 근무하였는데 1980년 초기 약 2년간 아크용접을 하였고 나머지 기간에는 기계 마킹, 측정, 치수 검사 등을 하였다. 1992년부터 1994년까지는 여관에 종사하였으며 1994년 12월 1일부터 1995년 6월 30일까지 J사에 근무하였다. J사에서는 하루 8시간씩 주로 CO_2용접을 하였는데 월 평균 50~70시간 정도의 잔업을 하였다. 용접작업시에는 보호면을 착용하고 용접을 하였으나 수차례 각결막염에 걸린 경험이 있다고 하였다. J사에 용접작업시 발생하는 비전리방사선에 대하여 측정한 기록은 없었다.

용접작업에서는 자외선, 적외선, 가시광선 모두가 발생하는데, CO_2용접에서는 적외선보다는 자외선의 발생량이 상대적으로 많다. 파장이 짧은 자외선은 체내에 깊이 침투하지 못하므로 전안부에서 대부분 흡수되어 각막과 결막의 손상을 주어 광각결막염을 초래한다. 그러나 파장이 긴 자외선은 수정체에도 영향을 주어 장기간 노출되면 백내장을 유발할 수 있으며 자외선에 많이 노출되는 야외작업자들에게 백내장의 유병률이 높다는 연구도 있다. 반면, 적외선은 자외선보다 파장이 길어 후안부에 주로 영향을 미쳐 백내장이나 급성 망막염을 일으킬 수 있으며 초자공이나 용광로 작업자에서 백내장 발생이 증가하였다. 적외선에 의한 백내장은 초기에는 주로 뒤쪽부터 혼탁이 오고 자외선에 의한 것은 앞쪽부터 오나 항상 일치하는 것이 아니며, 어느 정도 진행하면 다른 원인에 의한 백내장과 구별이 불가능하므로 백내장의 특성에 따라 원인을 감별할 수는 없다. 결론적으로 용접작업에서는 자외선이나 적외선에 노출될 수 있으며 이는 백내장을 유발할 수 있는데 통상 10년 이상 장기간 노출된 후에 발생한다고 할 수 있다.

갑은 38세로 노인성 백내장이 오기에는 젊은 나이이고 백내장의 가장 흔한 원인인 스테로이드 점안력도 없으므로 갑의 백내장과 용접작업 사이의 인과관계에 대하여 생각해 볼 수 있다. 그러나 갑이 발병 14년 전에 2년간 하였던 자동용접에서는 비전리방사선에 거의 노출되지 않았고 노출되었다 하더라도 노출을 중단한지 10년이 지났으므로 그 영향은 없을 것으로 판단하였다. 너무 짧은 기간으로 갑의 백내장은 용접작업과 관련하여 발생하였을 가능성이 매우 낮으므로 업무상 질병으로 인정받지 못하였다.

■ 이상기압으로 인한 질병

1) 인정기준

잠수작업 · 잠함실내종사 · 고공종사 등으로 대기압보다 높거나 낮은 환경압 조건에 노출되고 있는 근로자에게 다음 각호의 1에 해당되는 증상 또는 소견이 나타나는 경우에는 이를 업무상 질병으로 본다.

① 고기압 또는 저기압조건에 노출된 후 6시간 내지 12시간이내에 나타나는 다음의 1에 해당되는 장해

- 폐 · 중이 · 부비동 또는 치아 등에 발생한 압착증
- 물안경 또는 헬멧 등과 같은 잠수기기에 의한 압착증
- 질소마취현상 또는 중추신경계 산소독성으로 속발된 건강장해
- 피부 · 근골격계 · 호흡기 · 중추신경계 또는 내이 등에 발생한 감압병
- 뇌동맥 또는 관상동맥에 발생한 공기색전증
- 기흉 · 혈기흉 · 종격동 · 심낭 또는 피하기종
- 배부 · 복부의 통증 또는 극심한 피로감

② 고압노출 작업환경에 2개월 이상 종사하고 있거나 그 업무를 떠난 후 5년 전후에 나타나는 무혈성골괴사의 만성장해

2) 예외

만성알콜중독 · 매독 · 당뇨병 · 간경변증 · 간염 · 류마티스성관절염 · 고지질혈증 · 혈소판감소증 · 통풍 · 레이노증후군 · 결절성 다발성동맥염 · 알칼톤뇨증 및 약물치료 등 다른 원인에 의한 경우를 제외한다.

■ 소음성 난청

1) 인정기준

① 연속음으로 85dB(A) 이상의 소음에 노출되는 작업장에서 3년 이상 종사하거나 종사한 경력이 있는 근로자로서 한 귀의 청력손실이 40dB 이상이 되는 감각 신경성 난청의 증상 또는 소견이 있을 것

② 위의 ①의 규정에 의한 근로자의 증상이 다음의 요건을 충족해야 한다.

- 고막 또는 중이에 뚜렷한 병변이 없을 것
- 순음청력검사결과 기도청력역치와 골도청력역치사이에 뚜렷한 차이가 없어야 하며, 청력장해가 저음역보다 고음역에서 클 것
- 내이염 · 약물중독 · 열성질환 · 메니에르씨증후군 · 매독 · 두부외상 · 돌발성난청 · 유전성난청 · 가족성난청 · 노인성난청 또는 재해성 폭발음 등에 의한 난청이 아닐 것

2) 측정방법

① 24시간 이상 소음작업을 중단한 후 공단이 정하여 고시한 검사항목에 대하여 공단이 정하여 고시한 인력, 시설을 갖춘 의료기관에서 500(a) · 1000(b) · 2000(c) 및 4000(d)Hz의 주파수음에 대한 청력

역치를 측정하여 6분법(a+2b+2c+d/6)으로 판정한다. 이 경우 순음청력계기는 ISO(Iternational Organization for Standardization) 기준으로 보정된 계기를 사용하여야 한다.

② 순음청력검사는 의사의 판단에 따라 3~7일간의 간격으로 3회 이상(음향외상성 난청에 대하여는 요양종결 후 30일 간격으로 3회 이상) 실시하여 검사의 유의차가 없는 경우 그 중 최소가청력치를 청력장해로 인정하되, 검사결과가 다음의 모든 요건을 충족하지 아니하는 경우에는 1월 후 재검사를 실시한다.

- 기도청력역치와 골도청력역치의 차이가 각 주파수마다 10dB 이내일 것
- 상승법·하강법·혼합법 각각의 청력역치의 차이가 각 주파수마다 10dB 이내일 것
- 각 주파수마다 하강법의 청력역치가 상승법의 청력역치에 비해 낮거나 같을 것
- 반복검사간 청력역치의 최대치와 최소치의 차이가 각 주파수마다 10dB 이내일 것
- 순음청력도상 어음역(500,1000,2000Hz)에서의 주파수간 역치변동이 20dB 이내이면 순음청력역치의 3분법 평균치와 어음청취역치의 차이가 10dB 이내일 것

【질의회시】

청력장해진단 기준에 따른 청력검사 소견상 소음성 난청이 있다면 업무상 질병으로 인정함이 타당하다.(1990.2.6, 재보 01254-1720)

회시

소음성 난청은 일반적으로 만성적으로 발생되므로 허용기준치가 절대적 기준이라고 볼 수는 없는 것으로 허용기준 이하의 소음상태에서 근무하였

다 할지라도 업무상재해인정기준(예규 제167호) 제15조 제2항의 청력장해진단기준에 따른 청력검사소견상 소음성 난청의 소견이 있을 경우에는 업무상 질병으로 인정함이 타당하다.

■ 신체에 과도한 부담을 주는 작업으로 인한 질병

1) 인정기준

작업 자세 및 작업 강도 등에 의하여 신체에 과도한 부담을 줄 수 있는 작업을 수행한 근로자가 다음의 1에 해당되는 질병에 이환된 경우에는 이를 업무상 질병으로 본다.

① 근육 · 건 · 골격 또는 관절의 질병

② 내장탈(장기 또는 조직의 일부가 자기의 위치에서 다른 부위로 이탈하는 증상)

③ 경견완증후군으로서 다음 각 호의 1에 해당되는 질병
  • 경추부의 신경 또는 기능장해
  • 견갑부의 극상근증후군 · 건초염 · 활액낭염
  • 상완 및 전완부의 상과염을 포함한 건초염 · 수근관증후군
  • 수지의 압통과 부종을 동반한 운동기능장해

경견완증후군이란?
상지에 반복적으로 무리한 힘을 가하는 업무에 6월 이상 종사한 근로자에게 나타나는 경부 · 견갑부 · 상원부 · 주관절 · 전완부 및 그 이하에서 발생된 근골격계질환을 말한다.

2) 예외

작업 자세 및 작업 강도 등에 의하여 신체에 과도한 부담을 줄 수 있는

작업을 수행한 근로자가 선천성이상·류머티즘관절염·퇴행성질환·통풍 등 업무상 질병에 의하지 아니한 장해의 경우에는 예외로 한다.

3) 해당 사례

🥤**사례 1** 신생아실에서 근무하는 간호사의 추간판탈출증

　S의료원 신생아실에서 근무하는 간호사인 J는 신생아의 황달 치료를 위한 황달치료기내의 신생아 간호를 위해 치료기기 아래로 허리를 굽힌 자세로 환아를 양손으로 안고 팔을 뻗친 상태에서 기저귀를 교환하는 과정 중 허리에 순간적인 통증이 수반되었다. 단순한 진통으로 자위하였으나 허리 부위의 통증이 지속하여 진단방사선과에 전원되어 시행한 요추부 MRI에서 제5요추~제1천추간 추간판탈출증을 진단받았다. 이에 병가 중 공단에 요양신청을 하였으나 업무와의 인과관계가 없는 관계로 불승인 결정 통보를 받았다.

　신생아와 분만 간호업무 중에 요부의 최초 통증 감지시의 직무를 보면, 황달 치료 중인 신생아의 기저귀 교체 및 수유를 위해 황달치료기에서 ① 아래로 허리를 굽힌 자세에서 신생아를 양손으로 안고, ② 팔을 뻗친 상태에서 한 손으로 신생아를 바스켓으로부터 들고, ③ 한 손으로는 기저귀를 교환하는 과정 중 허리에 순간적으로 통증이 수반되었다.

　작업 자세는 ① 황달치료기와 신생아 침대바구니의 비인간공학적인 구조와, ② 상체를 앞으로 많이 숙인 상태에서, ③ 적절치 않은 발의 위치로 상체가 오른쪽으로 뒤틀린 자세에서 간호업무를 수행하였다.

　황달치료를 받는 신생아에 대한 직무는 신생아 간호 기록을 참고로 하여 분석을 한 결과 총 39회/3교대로 신생아 1명당 13회의 일 평균 2~3명이 황달치료를 받으므로 간호사에게 황달치료를 받는 신생아는

1일 평균 26~39회에 걸쳐 황달치료기로부터 들어 올려져 간호를 받는다. 실제 작업조건에서 NIOSH Lifting Guide에 의해 작업부담의 정도를 분석 평가하고 요추 L5와 S사이의 압력을 구하였다. 신장 165cm, 체중 65kg, 취급 신생아 무게 3kg, 아기 중심 L5/S1의 수평거리는 80cm, 어깨고관절 각도는 65도, 무릎고관절 각도는 35도, 무릎의 각도는 160도였다. 재해발생시의 작업에 대해 NIOSH 들기 지침을 적용하면 L1=0.78로 1이하로 권장무게 이하이며, 생체역학적 부하(L5/S1 추간판내압력)는 2222N으로 나타나고 3DSSPP 공식 결과에 의하면 약 2400에서 3000N의 값이 나타나 신생아를 다룰 때만의 단일 작업에 의해 직접 추간판탈출 현상으로 이어질 만한 부하가 발생되었다고 보기 어려우나, NIOSH 공식의 제한 조건인 수평거리 H가 63cm 이상인 70~80cm에서 취급되었으므로 실제 전혀 위험하지 않다고 판단하기는 어렵다. L5/S1의 추간판내압력이 2222N이라는 상당한 부하가 가중되었고, 그 외의 추간판탈출증을 일으킬 만한 다른 요인이 없었다는 점에서 이 작업이 요추부 추간판탈출증을 발생시킬 만한 위험성은 있는 것으로 판단된다.

🍺사례 2 전자부품 제조업체의 마킹작업에서 발생한 근막통증후군

근로자 H는 1995년 1월 23일 K정밀에 입사하여 생산부 소량부서의 홀더 조립공정에서 한 달 정도 작업하다 그 후 계속 휴대폰의 전자부품에 마킹을 하는 작업을 하였다. 입사 후 3개월이 지나면서 목, 어깨, 등에 심한 통증이 느껴지기 시작하였으나 이와 같은 증상은 갈수록 심해졌고 주기적으로 나타났으며 작업량이 많을 때는 목과 어깨가 아파 일을 하기 힘들 정도였다.

1998년부터는 마킹작업이 예전처럼 많지 않을 때도 있어 다른 공정

의 지원과 1999년 1월 노동조합 임시 상근을 하면서도 이 증상은 비슷하게 나타났으며, 1999년 4월에 목과 오른쪽 어깨 부위에 심한 통증이 발현되어 S의원에 가서 진찰을 받은 결과 '경추부염좌, 우측 견관절 회전근개건염, 우측 주관절 건초염'으로 진단받아 통원 치료 중 이를 업무상 질병으로 인정해주도록 공단에 요양신청 하였다.

마킹작업은 아주 작은 전자부품의 표면에 마킹을 하고 제대로 찍혔는지 육안으로 확인하는 일로서, 상체를 작업대에 붙여 두 팔을 작업대 위에 올려놓고 머리는 오른쪽으로 돌려 숙인 상태에서 왼손은 앞에 쌓아 놓은 부품을 하나씩 찍을 자리에 옮기고 오른손으로는 잉크를 도장에 묻혀 부품 표면에 마킹을 한다. 1일 마킹을 하는 전자부품은 최대 8000개였다.

상기 작업장에 대해 업무상 질병 여부에 대한 조사와 함께 근로자에 대한 작업강도와 관련한 인간공학적 평가를 실시하였다. 평가방법은 특정작업에 국한하지 않고 1, 2, 3, 4층 전체 조립작업에 대한 업무의 부하를 먼저 작업부하 지표에 따라 평가를 하였고, 그 결과 값 즉, 인덱스 지표가 높은 작업에 대하여는 작업형태에 따라 RULA를 적용하여 정밀한 자세분석을 하였다. 약 20개 작업장소에 대한 예비 부하조사를 실시한 결과 거의 모든 작업이 평가값 5이상의 결과를 나타내고 그 중 4곳은 평가점 7점 이상으로 상지의 근골격계위험에 강하게 노출될 수 있으므로 조립작업에 알맞은 적정한 휴식이나 작업개선이 요청되는 것으로 나타났다. 따라서 부하가 높다고 판단되는 대표적 작업에 대해서 RULA를 적용하여 문제점에 대한 구체적 확인과 개선에 필요한 우선 사항을 파악하였다.

H는 1999년 8월 J의대부속병원 재활의학과의 특진에서도 1) 근막통증후군, (우) 승모근, 극하근, 2) (우)만성, 삼각근하 점액낭염 및 충돌

증후군으로 진단받았다. 근막통증후군의 유발통점은 승모근, 극하근에 존재하는데 압력측정기로 각각 3회씩 반복측정을 하였을 때 수치들이 일관성이 있으며 국소연축반응도 보이고 있었다. 이 결과는 질환들이 어느 정도 업무와 연관성이 있다는 것을 의미한다.

■ 진동장해

착암기 · 병타기 · 동력사슬톱 등의 진동공구를 취급하여 신체국부에 진동을 받는 업무에 상당기간 종사하고 있거나 종사한 경력이 있는 근로자에게 다음 각 호의 1에 해당되는 증상 또는 소견이 나타나는 경우에는 이를 업무상 질병으로 본다.

1) 손가락 · 팔목 등에 저림 · 통증 · 냉감 · 뻐근함(뻣뻣함) 등의 자각증상이 지속적 또는 간헐적으로 나타나고, 다음에 해당하는 장해가 나타나거나 그 중 어느 하나가 뚜렷이 나타나는 경우

① 수지 · 전완 등의 말초순환장해
② 수지 · 전완 등의 말초신경장해
③ 수지 · 전완 등의 골 · 관절 · 근육 · 건 등의 이상으로 인한 운동기능장해

2) 레이노현상의 발현이 인정된 질병

레이노현상 (Raynaud's phenomenon)
레이노현상이란 손, 발, 코, 귀 등 말초 조직의 동맥이 추위나 진동, 스트레스에 노출되었을 경우 과도하게 혈관(동맥)의 수축이 일어나거나 말초동맥이 막혀서 말초

부위로 피가 통하지 않으면서 손, 발, 코, 귀 등의 색깔이 하얗게 되었다가 더 오래 노출되면 파란색으로 변했다가 다시 따뜻한 곳으로 돌아오게 되면 혈관확장이 일어나 빨간색으로 변하는 일시적인 현상이다. 이러한 세 가지 색깔 변화가 모든 경우에서 전형적으로 일어나지 않지만 손의 색깔 변화가 있으면서 통증과 저린 증상이 있으면 레이노현상을 의심할 수 있다. 보통 이 현상은 수분에서 1시간 (평균 10분에서 30분 정도) 지속되며 발보다는 손의 침범이 더 많다. 레이노현상이 오래 지속되면 손가락에 피 공급이 안 되어 손가락 끝이 썩는 현상이 일어날 수도 있다.

원인은 매우 다양하며 어떤 질병에 의해 이차적으로 생기는 경우를 이차성 레이노병(Secondary raynaud's disease)이라 하며 원인을 규명하지 못한 경우를 일차성 레이노병(Primary raynaud's disease)이라 한다. 이차성 레이노병의 원인으로는 전신성 경화증(Systemic sclerosis) 또는 공피증 (Scleroderma)으로 불리우는 결체조직 질환에서 가장 흔히 나타나고 그 이외에 전신홍반루푸스 (SLE), 쇼그렌 증후군, 류머티즘관절염, 각종 전신성 혈관염, 다발성 근염, 외상 등의 다양한 질환에서도 이차적으로 발생될 수 있다.

■ 요통

1) 인정기준

① 업무수행 중 발생한 사고로 인한 요부의 부상(급격한 힘의 작용에 의한 배부·연부조직의 손상을 포함)으로 인하여 다음 경우에 해당되는 요통이 나타나는 경우에는 이를 업무상 질병으로 본다.

• 통상의 동작과 다른 동작에 의해 요부에 급격한 힘의 작용이 업무수행 중에 돌발적으로 가하여져서 발생한 요통
• 요부에 작용한 힘이 요통을 발생시켰거나 요통의 기왕증 또는 기초질환을 악화시켰음이 의학적으로 인정되는 요통

② 요부에 과도한 부담을 주는 업무에 비교적 단기간(약 3월 이상) 종사하는 근로자에게 나타난 요통 또는 중량물을 취급하는 업무 또는 요부에 과도한 부담을 주는 작업 상태의 업무에 장기간(약 5년 이상)

에 걸쳐서 계속하여 종사하는 근로자에게 나타난 만성적인 요통은 이를 업무상 질병으로 본다.

* '중량물을 취급하는 업무' 라 함은 30kg 이상의 중량물을 노동시간의 1/3 이상 취급하는 업무 또는 20kg 이상의 중량물을 노동시간의 1/2 이상 취급하는 업무를 말한다.

2) 예외

방사성학적 소견상 변형성척추증 · 골다공증 · 척추분리증 · 척추체 전방전위증 및 추체변연융기 등 일반적으로 연령의 증가에 따른 퇴행성 척추변화의 결과로 발생되는 경우는 제외한다.

【재결례】 해외공장에 파견근무 중 허리부상을 입고 현지에서 치료 중 귀국하여 제4~5요추간 추간판탈출증이 진단된 경우 업무상 재해로 볼 수 없다(1993.7.26. 산심위 93-810).

요지 : 청구인은 ○○자동차(주) 소속 생산직 사원으로 근무하여 오다가 동 사업장과 일본국 소재 ○○자동차(주)와의 계약에 의거 1992.8.21.~1992.12.28.까지 일본국 ○○자동차(주) ○○공장에서 연수를 위한 파견근무 명령을 받고 1992.8.21. 출국하여 ○○자동차(주) ○○공장 도장라인에서 샌딩작업을 하던 중 1992.11.4. 07:30경 허리부상을 입고 ○○시립종합병원에서 치료 및 안정을 취해가면서 나머지 기간의 연수파견 근무를 마치고 1992.12.28. 귀국하여 1993.1.6. ○○재활의학과의원에서 진단된 상병명 제4~5요추 추간판탈출증에 대한 요양을 신청하였는바, 청구인은 사업주의 명에 따라 선진국의 앞선 생산기술과 현장개선기법을 습득하여 회사의 생산성 향상에 기여하고자 해외자동차 회사에 연수차 파견을 가서 동 연수기간 중 업무상 재해를 입은 사실이 있고 우리 나라 산재법

적용을 받은 국내사업자의 소속 근로자이기는 하나 외국의 현지 사업체에 파견되어 동 사업장에서 근로를 제공하는 파견근무기간 동안은 국내사업장의 사업주 지배관리를 떠나 당해 외국 현지 사업장의 사업주 지휘 감독 하에 있다고 볼 것이므로 외국 현지 사업장에 파견근무 중 동 사업장의 시설장비 및 작업환경으로 인하여 재해를 입은 청구인의 경우는 산재법 적용대상 사업장의 사업주 지배 · 관리 하에서 재해가 발생한 경우에 적용하는 산재법 적용대상 근로자에 해당되지 아니하는 것으로 판단된다.

■ 화학물질로 인한 중독 또는 그 속발증

1) 인정기준

화학물질을 취급하거나 이에 노출되는 업무에 종사한 경력이 있는 근로자에게 다음 각목의 1에 해당되는 증상 또는 소견이 나타나는 경우에는 이를 업무상 질병으로 본다.

① 아연 · 구리 등의 금속흄으로 인한 금속열
② 불소수지 · 아크릴수지 등 합성수지의 열분해 생성물로 인한 안점막의 염증 또는 기도점막의 염증 등의 호흡기 질환
③ 검댕 · 광물유 · 옻 · 시멘트 등에 의한 봉와직염 · 습진 · 기타의 피부질환
④ 목재분진 · 짐승털의 먼지 · 항생물질등에 의한 알레르기성비염 · 기관지천식 등의 호흡기 질환
⑤ 공기 중의 산소농도가 부족한 장소에서의 산소결핍증

2) 해당 사례

① 인정 사례

【대법판례】 발암물질인 벤젠을 자주 사용하는 직에 근무한 망인의 사망은 업무상 재해에 해당한다(1997.2.28. 대법 96누 14883).

요지 : 발암물질인 벤젠을 자주 사용하는 직에 근무한 망인의 사망과 업무상재해 여부를 보면 망인은 참가인 회사의 수질관리반에서 수처리작업과 함께 수질분석업무도 수행하면서 벤젠 등 발암화학물질에 때때로 노출되었고, 특히 도장작업을 하고 나서 옷과 피부에 묻은 페인트를 세척하기 위해 자신이 관리하는 벤젠을 사용하였을 것으로 보여지므로 망인의 급성골수성 백혈병이 다른 원인에 의하여 발생하였다는 특단의 사정이 없는 한 업무수행 중 사용한 벤젠이 망인의 체질 등 기타 요인과 함께 작용하여 발병하게 하였거나 적어도 발병을 촉진한 하나의 원인이 되었다고 추단할 수 있고 따라서 망인의 사망은 업무수행과 상당인과관계에 있다.

② 부정 사례

【질의회시】 유해가스 중독으로 인한 뇌막염은 직업병으로 인정하기 어렵다(1965.11.18. 노직산 4513).

질의 : 주물공장의 유해가스 중독으로 인한 뇌막염을 업무상의 질병으로 볼 수 있는지.

회시 : 뇌막염은 대개 결핵성으로 인한 것이 많으므로 청동, 황동, 비철 등 화학성 물질을 다루는 작업에서 발생하는 중독증 또는 그 속발증 또는 그 속발증으로 유발된 질병이라 보기 곤란하며 또한 근로기준법 시행령 제43조(개정54조) 제14호의 규정에 의한 연, 그 합금 또는 화합물로 인한 중독 및 그 속발증에 의하여 유발된 질병에 해당하기 위하여는 그 작업장

에서 다루는 금속 및 그 화학성분이 중독증상을 일으킬 수 있다는 것이 의학적으로 명확히 증명되는 동시에 흉막염도 발생한다는 것이 인정되어야 하는 바, 중독 증상 또는 흉막염에 대한 의학적 근거가 희박하므로 업무상으로 인정하기 곤란하다.

■ 염화비닐로 인한 증상 또는 그 속발증

1) 염화비닐에 노출되는 업무에 종사하거나 종사한 경력이 있는 근로자에게 다음의 1에 해당되는 증상 또는 소견이 나타나는 경우에는 이를 업무상 질병으로 본다.

① 간비장증후군(간섬유화 · 비장종대 · 혈소판감소증 등)
② 지골단용해증
③ 경피증
④ 레이노현상

2) 염화비닐에 노출되는 업무에 4년 이상 종사한 근로자에게 원발성 간혈관육종의 증상이 나타나는 경우에는 이를 업무상 질병으로 본다.

3) 일시적으로 다량의 염화비닐에 노출되는 업무에 종사하는 근로자에게 다음의 1에 해당되는 증상 또는 소견이 나타나는 경우에는 이를 업무상 질병으로 본다.

① 중추신경계 장해
② 급성호흡부전

■ 타르로 인한 중독 또는 그 속발증

1) 타르에 노출되는 업무에 종사하거나 종사한 경력이 있는 근로자에게 다음의 1에 해당되는 증상 또는 소견이 나타나는 경우에는 이를 업무상 질병으로 본다. 다만, 타르 외의 원인에 의한 피부질환 및 안과질환의 경우에는 그러하지 아니한다.

① 접촉피부염
② 광과민피부염(광독성, 광알레르기성)
③ 피부색소이상
④ 타르에 의한 염소여드름
⑤ 국소모세혈관확장증
⑥ 타르에 의한 사마귀
⑦ 각막 위축증, 각막 궤양

2) 타르에 노출되는 업무에 10년 이상 종사한 근로자에게 다음의 1에 해당되는 증상 또는 소견이 나타나는 경우에는 이를 업무상 질병으로 본다.

① 원발성폐암
② 원발성피부암(편평세포암 · 기저세포암)

■ 망간 또는 그 화합물로 인한 중독 또는 그 속발증
1) 인정기준
① 망간 또는 그 화합물에 노출되는 업무에 2월 이상 종사하거나 종사한 경력이 있는 근로자에게 다음의 1에 해당되는 증상 또는 소견

이 나타나는 경우에는 이를 업무상 질병으로 본다.

- 망간정신병
- 파킨슨증후군
- 근이긴장증

② 일시적으로 다량의 망간 또는 그 화합물에 노출되어 폐렴 혹은 폐실질염에 해당하는 증상이나 소견이 나타나는 경우에는 이를 업무상 질병으로 본다.

2) 예외

뇌혈관장해·일산화탄소중독 후 후유증·뇌염 또는 뇌염 후 후유증·다발성경화증·윌슨병·척수소뇌변성증·뇌매독 및 원인이 명확한 말초신경염 등 망간 외의 원인에 의한 질환의 경우에는 그러하지 아니한다.

■ 연·연합금 또는 그 화합물로 인한 중독 또는 그 속발증

1) 인정기준

① 연·연합금 또는 그 화합물(유기연을 제외한다.)에 노출되는 업무에 종사한 경력이 있는 근로자에게 다음의 1에 해당되는 증상 또는 소견이 나타나는 경우에는 이를 업무상 질병으로 본다.

- 신근마비
- 빈혈(철결핍빈혈을 제외한다.)
- 만성신부전증
- 혈중 연농도가 혈액 100밀리리터 중 $40\mu g$이상 검출되고 연중독의 증상

이나 소견이 나타나는 경우(혈중 연농도가 $40\mu g$미만으로 나타나는 경우에는 요중연 · ZPP · δ-ALA 등의 검사결과를 참고로 한다.)

② 일시적으로 다량의 연 · 연합금 또는 그 화합물(유기연을 제외한다)에 노출되어 연창 백 · 복부산통 · 관절통 등의 급성 중독현상이 나타나는 경우에는 이를 업무상 질병으로 본다.

2) 해당 사례

【대법판례】 근로자에게 환경적 손상에 의한 다른 일반적 증세를 발견할 수 없으면 중금속노출업무와 그 질병 사이에 상당인과관계가 있다고 보기 어렵다(1999.1.26. 대법 98두 15757).

요지 : 산재보험법 제4조 제1호에서 말하는 '업무상의 재해' 라 함은 근로자가 업무수행 중 그 업무에 기인하여 발생한 근로자의 부상 · 질병 · 신체장애 또는 사망을 뜻하는 것이므로 업무와 재해발생 사이에 인과관계가 있어야 하고 이를 주장하는 측에서 입증하여야 하는바, 그 입증의 방법 및 정도는 반드시 직접증거에 의하여 의학적 · 자연과학적으로 명백히 증명되어야 하는 것은 아니고 당해 근로자의 건강과 신체 조건을 기준으로 하여 취업당시의 건강상태, 기존 질병의 유무, 종사한 업무의 성질 및 근무환경, 같은 작업장에서 근무한 다른 근로자의 동종 질병에의 이환 여부 등의 간접사실에 의하여 업무와 재해사이의 상당인과관계가 추단될 정도로 입증되면 족하지만, 근로자의 질병이 희귀한 질병으로서 그 발병 및 악화의 원인이 밝혀지지 아니한 채 막연히 납이나 알루미늄의 중독과 같은 환경적 손상이 그 이차적 발병원인의 하나가 될 수 있다는 의학적 소견이 있는 데에 그칠 뿐 해당 근로자에게 그러한 환경적 손상에 의한 다른 일반적

증세를 발견할 수 없고 또는 그 질병이 이례적으로 급속히 악화된 것이 아닌 경우에까지 곧바로 그 희귀 질병의 발병 내지 악화와 중금속 등에 노출되는 업무 사이에 상당인과관계가 있다고 추단될 수는 없다.

■ 수은·아말감 또는 그 화합물로 인한 중독 또는 그 속발증

1) 인정기준

① 수은·아말감 또는 그 화합물(유기수은을 제외한다) 또는 그의 증기나 분진 등에 노출되는 업무에 종사하고 있거나 종사한 경력이 있는 근로자에게 다음의 1에 해당되는 증상 또는 소견이 나타나는 경우에는 이를 업무상 질병으로 본다.

• 국소 또는 전신진전·보행장해·말하는 기능의 장해 등 신경계증상 또는 감정의 항진·성격변화 등 정신장해가 인정되는 경우
• 궤양성 구내염·과다한 타액분비·치은염·치주농양 등의 구강내질환이 인정되는 경우
• 안과용 세극등검사에서 수정체 전낭에 적회색의 침착이 일측 또는 양측성으로 확인될 경우
• 단백뇨 등 신장장해가 인정되는 경우

② 일시적으로 다량의 수은·아말감 또는 그 화합물(유기수은을 제외한다) 또는 그의 증기나 분진 등에 노출되어 한기·고열·치조농루·설사·단백뇨 등의 신증상 또는 그 밖의 급성 중독현상이 나타나는 경우에는 이를 업무상 질병으로 본다.

2) 예외

전신마비·알콜중독·망간중독증 등 다른 원인에 의한 국소 또는 전

신진전 · 보행장해 · 말하는 기능의 장해 등 신경계증상 또는 감정의 항진 · 성격변화 등 정신장해와 다른 원인에 의한 단백뇨 등 신장질환의 경우를 업무상 질병으로 보지 아니한다.

■ 크롬 또는 그 화합물에 의한 중독증 또는 그 속발증

1) 인정기준

① 크롬 또는 그 화합물에 노출되는 업무에 2년 이상 종사한 경력이 있는 근로자에게 다음의 1에 해당되는 증상 또는 소견이 나타나는 경우에는 이를 업무상 질병으로 본다.

• 비중격궤양 및 천공, 크롬에 의한 기관지천식 등 비강 및 호흡기질환
• 크롬으로 접촉피부염
• 결막염 · 결막궤양 등의 안장해
• 구강점막장해 또는 치근막염단백뇨 등 신장장해가 인정되는 경우
• 원발성 폐암
• 비강 · 부비강 · 후두의 원발성암

【질의회시】 크롬 중독으로 인한 비중격천공증은 업무상 질병으로 인정된다(1974.5.17. 보상).

질의: 크롬 중독으로 인한 비중격천공증을 업무상의 질병으로 볼 수 있는지

회시: 근로자 유○○는 동사에서 크롬산 도금 업무에 종사한 자로서 임상적으로 크롬산에 의한 비중격천공증(매독에 의한 것이 아님)이 인정되므로, 이는 근로기준법시행령 제54조 제17호의 규정에 의한 업무상 질병으로 인정된다.

② 일시적으로 다량의 크롬 또는 그 화합물에 노출된 근로자에게 나타나는 급성장해로 다음 경우에 해당하는 증상 또는 소견이 나타나는 경우에는 이를 업무상 질병으로 본다.

- 급성 호흡기질환
- 급성 신장장해 등 급성 중독

2) 예외

비중격궤양 및 천공, 크롬에 의한 기관지천식 등 비강 및 호흡기질환, 크롬으로 인한 자극 또는 알레르기성 접촉피부염, 결막염·결막궤양 등의 안장해, 구강점막장해 또는 치근막염단백뇨 등 신장장해가 인정되는 경우 등이 흡연 등 크롬 또는 그 화합물이 아닌 원인에 의한 경우에는 업무상 질병으로 인정하지 아니한다.

■ 카드뮴 또는 그 화합물로 인한 중독 또는 그 속발증
1) 인정기준
① 카드뮴 또는 그 화합물에 노출되는 업무에 2년 이상 종사한 경력이 있는 근로자에게 다음 경우에 해당하는 증상 또는 소견이 나타나는 경우에 이를 업무상 질병으로 본다.

- 세뇨관성 신질환 및 그 결과로 인한 골연화증
- 폐기종
- 후각신경마비 혹은 무후각증

② 일시적으로 다량의 카드뮴 또는 그 화합물에 노출된 근로자에게 다음 경우에 해당하는 증상 또는 소견이 나타나는 경우에는 이를 업무상 질병으로 본다.

- 폐렴 혹은 폐실질염
- 급성 위장관계질환

2) 해당 사례

【재결례】 추정된 중금속 중독증이 작업환경 측정결과 중금속이 미량이고 업무와 상당인과관계가 없으므로 업무상 질병이라 할 수 없다(1991. 10.28. 산심위 91-522).

개요 : 청구인은 ○○정밀산업(주) 소속 생산부장으로 근무하다가 1990. 9. 4. ○○병원에서 진단된 중금속 중독증 추정으로 요양 중 원처분청은 노동부의 직업병 판정을 위한 건강진단심의위원회에서 심의결과 카드뮴 중독증이 아니라는 이유로 1991.4.19. 이후의 요양을 불승인처분하였다. 그러나 청구인은 다시 불복하면서 작업환경측정결과는 작업 당시의 환경과는 현저한 차이가 있고 겨울에도 땀이 날 정도의 불량한 조건에서 11개월 동안 근무하여 오다가 카드뮴 중독증세가 발생하였고 작업을 중단한 지 8개월이 지난 1991. 3. 5. 검사결과 혈중카드뮴 농도가 기준치의 6.45배, 요중 납농도가 선별한계에 가까운 수치로 나타났으므로 원처분은 부당하다고 주장하며 재심사를 청구하였다.

요지 : 이 건의 쟁점은 청구인의 증상이 중금속 중독증으로 인정되느냐의 여부에 있다 하겠으므로 당 산재보험심사위원회는 이 건을 심리하기 위하여 자료를 종합하여 심사하건대 청구인은 ○○정밀산업(주)에서 생산부장으로 근무하여 오다가 1990.9.4. ○○병원에서 진단된 질병명 중금속 중독(추정)으로 원처분청의 승인 하에 요양 중 원처분청은 카드뮴 중독으로 볼 수 없다는 노동부의 직업병 판정을 위한 건강진단심의위원회의 회의결과에 따라 1991.4.19. 이후의 요양을 불승인처분하였는 바, ○○대

학교 의과대학 부설 산업의학연구소의 역학조사 보고서상 1990.11. 20~11.22. 및 1990.12.10. 조사 당시의 작업형태는 맨 처음 작업형태와 달라져 과거에 작업자의 폭로조건을 재현하는 데에는 어려움이 많았다. 윤×일이 작업할 당시에는 옥외작업이었고 옥외작업 중에 발생하는 유해인자(주로 금속흄과 유해가스)는 여러 조건(풍향, 풍속, 기류, 작업위치 등)에 따라 가변성이 많기 때문이다. 이 가변성과 아울러 맨 처음 작업형태는 작업물량을 모아서 한꺼번에 1주일정도 연속작업을 하므로 단기간에 과다, 폭로의 가능성도 배제할 수 없을 것으로 사료된다. 또한 맨 처음 작업시에는 방진마스크가 아닌 방풍마스크를 착용하고 작업하였고 접합기술도 개발이 덜 되어 접합되었는지 여부를 확인하기 위하여 발생원에 얼굴을 가까이 대고 보는 경우도 많았다고 한다. 조사 당시에는 현재 작업자가 양질의 방진마스크를 착용했음에도 불구하고 이미 매스컴과 동료들을 통해 작업의 유해성을 인식하여 호흡기 위치를 발생원과 가능한 멀리하고 작업한 점도 측정농도에 영향을 주었을 것으로 사료된다. 본 조사팀이 측정, 분석한 결과 허용농도를 상회한 작업은 식당에서의 작업이었다. 유일하게 과거와 동일한 작업형태인 점을 고려할 때 과거의 작업자가 허용기준치를 상회하는 농도에 폭로되었을 가능성을 배제할 수 없을 것임 및 ○○대학교 예방의학교실의 역학조사 보고서상 자각증상 중 호흡기 증상과 치아착색 등은 중금속의 흡입으로 생길 수 있는 것으로 알려져 있으나 금속흄의 흡입으로 인해 생길 수 있는 금속열의 증상은 없었다. 혈중 및 요중 중금속은 혈중 카드뮴이 노동부의 직업병 관리기준상 정상범위를 넘고 있었으나 요중 카드뮴은 정상범위 또는 그 이하였다. 따라서 이상의 소견이 개인의 체질적인 요인의 차이에 의한 것인지 또는 중금속 중독에 의한 것인지의 여부에 대해서는 확실한 결론을 내릴 수 없으며 추후 계속적인 정밀 추적조사와 함께 동일한 집합용 모재를 사용하여 용접작업을 하는 전국의 다른 사업장을 포함하는 보다 광범위하고 체계적인 역학조사가 필요할 것으로 사료됨 등의 의견은 있으나, 직업병 판정을 위한 노동부의 건강진단심의위원회의 회의 결과 작업환경 측정결과 용접작업 중 발생되는 카드뮴이 극히 미량이고 호소하는 제증상이 카드뮴 중독증상으로 뒷받침할 수 있는 의학적 소견이 없으므로 카드뮴중독이라고 볼 수 없음이 심리내용으로 보아 원처분청이 청구인에 대하여 행한 원처분은 타당한 것으로 판단될 뿐 이를 취소할 만한 의학적 및 객관적 근거가 희박하다.

■ 벤젠으로 인한 중독 또는 그 속발증

1) 인정기준

① 벤젠에 노출되는 업무에 종사하고 있거나 종사한 경력이 있는 근로자에게 다음의 1에 해당되는 증상 또는 소견이 나타나는 경우에는 이를 업무상 질병으로 본다.

- 빈혈 · 백혈구감소증 · 혈소판감소증 · 범혈구감소증
- 급성 또는 만성 피부염

② 1ppm 정도의 농도에 10년 이상 노출된 근로자에게 다음의 1에 해당하는 조혈기계질환이 나타나는 경우에는 이를 업무상 질병으로 본다. 다만, 노출기간이 10년 미만이 더라도 누적 노출량이 10ppm 이상인 경우나 과거 노출력에 대한 기록이 불분명하여 현재의 노출농도를 기준으로 10년 이상 누적노출량이 1ppm 이상인 경우에는 이를 업무상 질병으로 본다.

- 백혈병
- 골수형성이상증후군

• 다발성 골수종
• 재생불량성 빈혈

③ 일시적으로 다량의 벤젠증기를 흡입하여 두통 · 현기증 · 구역 · 구토 · 흉부압박감 · 흥분상태 · 경련 · 섬망 · 혼수상태 기타 급성중독증상이 나타나는 경우에는 업무상 질병으로 본다.

【대법판례】 발암물질인 벤젠을 자주 사용하는 직에 근무한 망인의 사망은 업무상 재해에 해당한다(1997.2.28. 대법 96누14883).

요지 : 발암물질인 벤젠을 자주 사용하는 직에 근무한 망인의 사망과 업무상 재해여부를 보면 망인은 참가인 회사의 수질관리반에서 수처리작업과 함께 수질분석업무도 수행하면서 벤젠 등 발암화학물질에 때때로 노출되었고, 특히 도장작업을 하고 나서 옷과 피부에 묻은 페인트를 세척하기 위해 자신이 관리하는 벤젠을 사용하였을 것으로 보여지므로, 망인의 급성 골수성 백혈병이 다른 원인에 의하여 발생하였다는 특단의 사정이 없는 한 업무수행 중 사용한 벤젠이 망인의 체질 등 기타 요인과 함께 작용하여 발병하게 하였거나 적어도 발병을 촉진한 하나의 원인이 되었다고 추단할 수 있고, 따라서 망인의 사망은 업무수행과 상당인과관계가 있다.

2) 예외

혈액질환과 피부질환의 경우에 소화기질환 · 철분결핍성빈혈 등 영양부족 및 만성소모성질환 등 다른 원인에 의한 경우에는 업무상 질병으로 인정하지 아니한다.

■ 지방족 및 방향족 화합물중 유기용제로 인한 중독 또는 그 속
발증

1) 인정기준

① 지방족 및 방향족 화합물 중 유기용제(톨루엔 · 크실렌 · 스티렌 · 사
이클로헥산 · 노말헥산 등)에 노출되는 업무에 종사하거나 그 업무를
떠난 후 3월이 경과되지 아니한 근로자에게 다음의 1에 해당되는 증
상 또는 소견이 나타나는 경우에는 이를 업무상 질병으로 본다.

- 접촉 피부염
- 결막염 · 각막염 또는 비염 등의 점막자극질환

② 지방족 및 방향족 화합물중 유기용제(톨루엔 · 크실렌 · 스티렌 · 사
이클로헥산 · 노말헥산 등)에 노출되는 업무에 종사하거나 종사한 경력
이 있는 근로자에게 다음의 1에 해당하는 증상 또는 소견이 나타나
는 경우에는 이를 업무상 질병으로 본다.

- 중추신경장해
- 말초신경병증
- 만성신부전 혹은 급성세뇨관괴사
- 전신성경화증

③ 일시적으로 다량의 유기용제를 흡입하여 의식장해 · 경련 · 심장
질환 및 기타 급성중독 증상이 나타나는 경우에는 업무상 질병으로
본다.

2) 예외

> 【질의회시】고무공업사 소속 근로자가 H-Hexane에 의한 다발성 신경염
> 이 발병하였다면 업무상 질병으로 볼 수 있다(1974.7. 보상).
> 회시 : ○○고무상사 소속 근로자 갑 외 8명이 작업한 부서에서 솔벤트를
> 사용하고 있고 동 유기용제가 H-Hexane을 다량 함유하고 있음이 명백하
> 다면, 본 건의 경우 동 근로자들의 질병은 근로기준법시행령 제54조 제
> 28호에 의한 업무상 질병으로 볼 수 있다.

중추신경장해 중 뇌손상 · 간질 · 알콜이나 약물중독 및 동맥경화증 등에 의한 질환, 말초신경병증 중 당뇨병 · 알코올 · 척추손상 · 납 · 비소 · 아크릴아미드 · 이황화탄소 및 신경포착 등 다른 원인에 의한 질환, 만성신부전 혹은 급성세뇨관괴사 중 고혈압, 당뇨병 등 다른 원인에 의한 질환, 전신성경화증 중 유전적 소인 및 다른 원인에 의한 질환은 업무상 질병으로 인정하지 아니한다.

■ 트리클로로에틸렌으로 인한 중독 또는 그 속발증

1) 인정기준

① 트리클로로에틸렌에 노출되는 업무에 종사하고 있거나 종사한 경력이 있는 근로자에게 다음의 1에 해당되는 증상 또는 소견이 나타나는 경우에는 이를 업무상 질병으로 본다. 다만, 접촉피부염 내지 다형홍반 및 스트븐스존슨 증후근의 경우에는 업무를 떠난 후 3월이 경과되지 아니한 경우에 한한다.

• 접촉피부염
• 결막염 · 각막염 또는 비염 등 점막자극질환

- 독성간염
- 삼차신경마비
- 다형홍반 및 스티븐스존슨 증후군
- 중추신경장해
- 말초신경병증
- 만성신부전 및 급성세뇨관괴사

② 일시적으로 다량의 트리클로로에틸렌을 흡입하여 의식장해, 경련, 심장질환 그 밖의 급성중독증상이 나타나는 경우에는 이를 업무상 질병으로 인정한다.

2) 예외

① 독성감염 중 약물, 알코올 등 다른 원인에 의한 질환

② 삼차신경마비 중 바이러스 감염, 종양 등에 의한 질환

③ 다형홍반 및 스티븐스존슨 증후군 중 약제, 감염, 후천성면역결핍증, 악성 종양 등 다른 원인에 의한 질환

④ 중추신경장해 중 뇌손상, 간질, 알코올이나 약물중독 및 동맥경화증 등에 의한 질환

⑤ 말초신경병증 중 당뇨병, 알코올, 척추손상 등 다른 원인에 의한 질환

⑥ 만성신부전 및 급성세뇨관괴사 중 고혈압, 당뇨병 등 다른 원인에 의한 질환

■ 디이소시아네이트로 인한 중독 또는 그 속발증

1) 인정기준

① 디이소시아네이트(TDI, MDI, HDI 등)에 노출되는 업무(도장작업, 가

구제조, 폴리우레탄 제조, 인조피혁 제조 등)에 종사한 경력이 있는 근로자에게 다음 경우에 해당하는 증상 또는 소견이 나타나는 경우에는 업무상 질병으로 본다.

- 피부염 또는 알레르기 접촉피부염 등 피부질환
- 각막염 또는 결막염 등 안질환
- 기관지천식, 반응성 기도 과민증후군, 과민성 폐장염 등 호흡기질환
- 디이소시아네이트 특이항원이 발견되고, 작업에 따른 최고호기유속의 변화를 나타내며, 메타콜린 유발시험에 양성인 기관지천식
- 원인물질에 의한 유발시험에 양성인 기관지천식

【재결례】 도장반에서 근무 중 이소시아네트에 의한 직업성 천식이 발병한 경우 업무상 재해에 해당된다(1993.6.21. 산심위 93-486).

요지 : 피재자는 (주)○○목재 소속 근로자로 1988.1.4. 입사하여 도장반에서 가구의 내·외면에서 시너, 경화제, 촉진제, 폴리에틸렌을 혼합 또는 계별약품의 도료를 사용하여 수작업으로서 페인트칠을 하여 오다가 피재자 임의로 1992.5.26. ○○의료원에서 검진한 바, 이소시아네트에 의한 직업성 천식으로 판명되어 1992.8.18. 특판 1부 현장관리과로 작업부서를 전환한 후 1992.9.18.~1992.9.25. 동 의료원에서 입원·요양하였는바, ○○의료원 담당주치의의 소견서상 피재자는 가구공장의 도장부에서 5년간 근무한 환자로 4~5개월 전부터 호흡곤란이 있어 왔으며, 이는 휴가시 좋아졌다.

검사 소견은 알레르기 피부반응검사상 Fusarium sp에 양성이었고 총 IgE치 1.595lu/ml이었으며 RAST상 ma는 class 1이었다. TDI-RAST는 1.78, MDI-RASTM는 2.29, HDI-RAST는 0.73이었다. 메타클린 기관지 유발 시험상 양성 반응(25.0mg/ml)이었으며 TDI-천식유발시험상

양성 반응(조기천식반응)을 나타냈다. 피재자는 1992.9.18.~9.25. 본원에 입원하여 약물투여 및 격리 후 많은 호전이 있었다. 이상의 소견으로 피재자는 이소시아네트에 의한 직업성 천식환자로 사료되며 향후 계속적 약물투여 및 추후관찰이 필요할 것으로 사료된다. 1993년 1월 ○○의과대학 여의도○○병원 특진 소견서상 피재자의 과거력 및 입원 당시의 청진소견상 작업과 관련된 천식이 의심되나 1992년 9월 이후 폭로중단에 대한 정밀검사 당시는 호흡기 증상이나 폐기능 장해가 없었고, 작업장에서 2주간 1일 4회 최○호가 유속을 측정하였으나 이상변화를 보이지 않았다. 작업장에서 가져온 폴리에틸렌, 시너, 촉진제, 경화제 등 4가지로 시행한 특이적 기관지 과민반응 검사상에도 이상소견을 보이지 않았다. 따라서 현재는 직업성 천식에 이환되어 있는 상태라고는 할 수 없으나 과거력이나 과거 타병원의 병력을 감안하면 기관지천식 유발인자나 혹은 동일 작업장에 계속 폭로시 호흡기 증상이 발현될 가능성을 배제하기는 어려울 것이다의 소견 등으로 보아 피재자는 1992.8.18. 작업부서 전환 후 현재 직업성 천식에 이환되어 있는 상태라고는 볼 수 없다 하더라도 작업부서 전환 이전에는 도장공으로서 약 4년 8개월 동안 시너, 경화제, 촉진제, 폴리에틸렌 등의 유독성 화학물질을 흡입하는 부서에서 장기간 근무로 인하여 직업성 천식이 유발되었다고 보여지므로 이소시아네트에 의한 직업성 천식으로 진단된 이후의 요양기간에 대한 보험급여를 행함이 타당하다.

2) 예외

내인성천식 또는 다른 항원물질에 외인성천식 등 다른 원인에 의한 질병의 경우는 업무상 질병으로 보지 아니한다.

【재결례】 불량 작업환경으로 기관지천식(추정)의 발병은 의학적으로 직업성인지 판별되지 않으므로 업무상 재해로 인정할 수 없다(1992.1.27. 산심위 91-721).

요지 : 청구인은 ○○산업(주) 소속 노무직으로 1977.5.9. 입사하여 근무하던 중 1981년 유기용제를 다루는 여과작업에 근무한 후 호흡곤란 및 기침증세가 있다고 주장하여 1991.8.20. 기관지천식에 대한 요양신청을 하였으나 원처분청은 청구인이 10년 전 유기용제에 1일 폭로된 후 근래에 기관지 천식증상이 악화되었다는 것은 의학적으로 연관성이 없다는 이유로 요양 불승인 처분하였는바, 청구인은 유기용제에 폭로되기 전까지는 건강한 상태로 10년 전 유기용제에 노출되어 발생한 천식은 현재까지 계속되어온 질병으로 ○○병원의 검사내용도 불충분하여 정확하게 검사되지 않은 미비한 근거로 인한 원처분은 부당하다고 주장하고 있으므로 이에 대하여 살피건대 청구인은 1977.5.9. 입사하여 근무하던 중 1981년 약2시간 정도 제품 여과작업에 지원근무한 이후 호흡곤란 및 기침증세가 있다고 주장하고 있어 ○○의과대학 부속 ○○병원에 특진 의뢰한 소견은 1) 주소의 병력 : ○○산업에서 근무하였다는 서×남씨는 1981년 가을 이후 반복되는 호흡곤란을 주소로 직업성 기관지천식의 유무를 진단하기 위하여 1991.6.3.~6.22. 본원에 입원하여 제반검사를 실시하였는바, 그 결과는 다음과 같다. 2) 직업력 및 병력 : 1977년 이전에는 농업 및 상업에 종사하다가 1977~1986년은 ○○산업에서 근무(1981년까지는 창고반에서 화공약품운반, 1981년 이후에는 경비실 근무)하였다 하며 1981년 가을 유기용제(TDI, MDI, Toluene, MEK)를 직접 다루는 여과작업을 한 후 호흡곤란 및 기침증세가 나타났으며 그 이후 상기증세로 경비실 근무로 부서를 옮겼으나 호흡곤란이 한달에 한번정도의 빈도로 계속되었고 특히 겨울에 찬 공기에 노출되면 상기증세가 더욱 심해졌다고 한다. 현

재는 한 달에 약 2회의 호흡곤란 발작이 있다고 한다. 과거력 및 가족력상 알레르기성 비염이나 아토피성 피부염은 없었다. 흡연력은 하루 10개피 정도 약 20년간 계속되었으나 상기 호흡기 증상이 나타난 이후부터 금연 하였다고 한다. 3) 이학적 검사 : 입원당시 객담을 동반하는 기침을 호소 하였으며 이학적 검사상 호기성 천명음을 동반한 약간의 기침, 호흡음이 전폐야에서 청취되었으나 그 외 특이 소견은 없었다. 4) 검사소견 : 혈액 검사, 혈액화학검사, 소변검사, 심전도, 근전도에서 이상소견 없었으며 객 담 도말검사상 항상균은 음성이었으나 그램염색 배양검사상 헤모필루스 인플루엔자가 검출되었다. 면역학적 검사상 루베르쿨린검사 양성, 기생충 학적 피부반응검사결과 음성이었고 대변을 이용한 잠혈반응 양성 외에 특 이소견 없었다. 말초혈액검사상 호산구수는 242/mm3, 혈청 총 IgE는 1300Iu/ml로 증가되어 있었고 흉부 엑스선검사상 정상 소견이었으며, 이비인후과적 진찰 및 부비동 엑스선 검사결과 병적 소견은 관찰되지 않 았다. 톨루엔, TDI, MDI, MEK 등의 첩포시험에서는 모두 음성으로 나타 났고 동맥혈 가스검사상 정상범위였으며, 폐기능검사 소견은 FVC가 3.34L, FEVI가 2.29L이었으며, FEVI 1.0%는 68.5%, PEFR는 8.16L/S였고 잔기량 1.68L, RV/TLC 32.6%, VC 3.47L, 공기저항 2.81CmH 20/L/Sec이었다. 메타콜린 유발시험에서 PD20 FEVI의 1.7mg/ml로 중증의 기관지 과민 반응을 보였다. 5) 종합소견 : 과거력 상 기관지천식이 있었고 본원에서 실시한 제반검사결과 인플루엔자 폐감 염 소견이 관찰되었다. TDI나 MDI는 기관지천식의 원인으로 알려져 있고 본원에서 실시한 메타콜린 유발시험에서 과민반응을 보인 것으로 보아 본 예는 TDI나 MDI에 민감할 것으로 생각된다. 다만 본인이 10년전 TDI나 MDI에 1일간 폭로된 후 천식발작이 있었다는 증언을 감안하면 근래의 기 관지 천식 증상이 10년전의 폭로에 기인하고 있는지는 분명하지 않다. 따라서 청구인이 의증으로 추가제출한 1991.12.16.자 ○○의료원 진단서상 정밀검사한 결과 이소시아네트에 의한 직업성 천식이 의심된다. 향후 이소시아네트에의 노출은 철저히 피하면서 계속적인 약물치료 및 추후관찰이 필요한 것으로 사료되고, 원처분청 자문의의 소견은 유기용제에 10년전 하루 노출된 이후 10년 경과후의 지금의 천식과는 연관성이 없어 불승인인 바, 이상의 사실 및 의학적 소견을 종합하여 판단할 때 청구인이 10년전 유기용제에 1일간 폭로된후 천식발작이 있었다는 주장은 근래의 기관지천식 증상이 10년전의 폭로에 기인하고 있는지 분명하지 않다는 ○○의대 ○○병원의 특진소견에서도 이를 부인하고 있고 ○○의료원의 소견도 추정하는 정도일 뿐 확진의 소견이 아니므로 청구인의 증세는 기관지천식 증세로 나타나는 증세와 유사한 증세가 나타나고 있다고 하더라도 유기용제에 의한 직업성 기관지천식으로 확진할 수 있는 거증자료가 인정되지 아니하므로 청구인의 상병상태는 직업성 기관지천식으로 확진할 수 없는 상태인 것으로 판단된다.

■ 이황화탄소(CS_2)로 인한 중독 또는 그 속발증

1) 인정기준

① 10ppm 내외의 CS_2증기에 노출되는 업무에 2년 이상 종사한 근로자에게 다음의 1에 해당되는 증상 또는 소견이 나타나는 경우에는 이를 업무상 질병으로 본다.

• 망막의 미세혈관류 · 다발성뇌경색증 · 신장조직검사상 모세관간사구체경화증 중 하나가 있는 경우
• 미세혈관류를 제외한 망막병변 · 다발성말초신경병변 · 시신경염 · 관상동맥성 심장질환 · 중추신경기능장해 또는 정신장해 중 2가지 이상이 있는 경우

- 미세혈관류를 제외한 망막병변 · 다발성말초신경병변 · 시신경염 · 관상동맥성 심장질환 · 중추신경기능장해 또는 정신장해 중 1가지가 있고, 신체장해 · 간장장해 · 조혈계장해 · 생식계장해 · 감각신경성난청 · 고혈압증 중 1가지 이상이 있는 경우

② 20ppm이상의 CS₂증기에 2주 이상 노출되고 있는 근로자에게 의식혼탁 · 섬망 · 정신분열증 및 조울증과 같은 정신이상 증세가 갑작스럽게 나타나는 경우에는 이를 업무상 질병으로 본다.
③ 대량 또는 고농도의 CS₂증기에 노출되어 의식장해 등의 급성중독 증상이 나타나는 경우에는 이를 업무상 질병으로 본다.

【대법판례】 이황화탄소에 폭로될 위험이 높은 작업에 종사한 근로자가 고혈압에 의한 뇌출혈로 사망한 것은 업무상 재해에 해당된다(1993. 10.12. 대법 93누 9408).

요지

1. 산재보험법 제3조 제1항 소정의 업무상의 재해라 함은 근로자가 업무수행 중 업무에 기인하여 발생한 재해를 말하므로 재해가 질병 또는 질병에 따른 사망인 경우 업무와의 사이에 상당인과관계가 있어야 하고 이 경우 근로자의 업무와 위 질병 또는 위 질병에 따른 사망간의 인과관계에 관하여는 이를 주장하는 측에서 입증하여야 하지만 그 인과관계는 반드시 의학적, 자연과학적으로 명백히 입증하여야만 하는 것은 아니다. 근로자의 취업당시의 건강 상태, 작업장에 발병원인물질이 있었는지 여부, 발병원인물질이 있는 작업장에서의 근무기간, 같은 작업장에서 근무한 다른 근로자의 동종 질병에의 이환여부 등 제반사정을 고려할 때 업무와 질병 또는 그에 따른 사망과의 사이에 상당인과관계가 있다고 추단되는 경우에도 입증이 있다고 보아야 한다.

2. 이황화탄소에 폭로될 위험이 높은 작업에 종사한 근로자가 고혈압에 의한 뇌출혈로 사망한 것은 업무상 재해에 해당한다.

이유 : 원심판결 이유에 의하면 원심은 그 거시증거에 의하여 고혈압에 의한 뇌출혈로 사망한 소외 망 김×환은 1977.12.22. 소외 ○○주식회사에 입사할 당시에는 혈압이 정상 범위에 속하는 등 건강에 아무런 이상이 없었고, 1983.9.20. 위 회사를 퇴사할 때까지 약 6년 동안 이황화탄소에 폭로될 위험이 높고 원액2과 작업에 종사하여 왔으며, 같은 작업장에서 근무한 동료근로자 중에도 이황화탄소중독으로 판정된 사례가 있는 사실이 인정된다.

위 망인에게 위 회사 퇴사 직전부터 사망 당시까지 지속적으로 나타났던 고혈압, 손발저림, 발음장애 등의 임상증상이 의학계에 보고된 이황화탄소 중독환자의 일반적 증상과 부합할 뿐만 아니라 위 망인 사망 후에 실시된 사체부검 및 조직검사 결과 위 망인에게 발견된 관상동맥경화증과 사구체경화증상은 의학계에서 공인된 이황화탄소 중독환자의 일반적 병리기전과 일치하는 사실, 이황화탄소에 일단 중독되어 생화학적 변화가 시작되면 이황화탄소 폭로가 중단된 이후에도 혈관병변이 계속 진행되는 사실 등을 인정한 다음 위 인정사실을 종합하여 보면 위 망인의 고혈압, 관상동맥경화증 및 사구체경화증이 다른 원인에 의하여 발생하였다는 특단의 사정이 엿보이지 않는 이 사건에 있어서 위 망인의 고혈압 등은 위 회사 근무당시 원액2과에서의 작업과정에서 발생한 이황화탄소에 중독되어 발생된 증상이라고 추단할 것이다. 따라서 위 망인은 위 이황화탄소 중독에 이르렀다고 보아야 할 것이므로, 결국 위 망인의 사망은 업무수행과의 사이에 상당인과관계가 있는 업무상 재해에 해당한다고 판단하였는바, 기록과 관계법령 및 위에서 본 법리에 비추어 보면 원심의 위와 같은 사실인정과 판단은 정당하다고 수긍이 가고 거기에 소론과 같은 채증법칙위배로

> 인한 사실오인이나 산재보험법 제3조 제1항의 소정의 업무상 재해의 인
> 과관계에 관한 법리오해의 위법이 있다고 할 수 없으므로 논지는 이유 없
> 다. 그러므로 상고를 기각하고 상고비용은 패소자의 부담으로 하여 관여
> 법관의 일치된 의견으로 주문과 같이 판결한다.

2) 예외

① 망막의 미세혈관류 · 다발성뇌경색증 · 신장조직검사상 모세관간
사구체경화증 중 하나가있는 경우와 ② 미세혈관류를 제외한 망막병
변 · 다발성말초신경병변 · 시신경염 · 관상동맥성심장질환 · 중추신경
기능장해 또는 정신장해 중 2가지 이상이 있는 경우가 당뇨병 · 고혈
압 · 혈관장해 등 CS_2 외의 원인에 의해 발병한 경우에는 업무상 질병
으로 보지 아니한다.

■ 석면으로 인한 질병

1) 인정기준

① 석면에 노출되는 업무에 종사한 경력이 있는 근로자에게 다음 각
목의 1에 해당되는 증상 또는 소견이 나타나는 경우에는 이를 업무
상 질병으로 본다.

- 석면폐증
- 원발성 폐암 또는 악성 중피종 중 다음의 1에 해당되는 경우

> ① 석면폐증과 동반한 경우
> ② 늑막비후 · 초자성비후 · 판상석회화 · 담액증 · 석면소체 또는 석면섬유를 동반
> 　하거나 발견되는 경우
> ③ ① 또는 ②의 소견은 없지만 석면에 10년 이상 노출된 경우. 다만, 노출기간이

> 10년 미만인 경우에도 흡연력 · 석면노출력 · 노출 후 발병까지의 기간 등을 참작
> 하여 석면으로 인한 질병으로 인정되는 경우

2) 해당 사례(설비기계수리업에서 발생한 악성중피종)

🗑️사례 P제철소의 협력업체제철소 내에서 공무정비와 동력정비를 수리
및 보수하던 사업장의 근로자에서 악성중피종이 발생하였다. R씨(남
46세)는 1979년에 입사하여 1983년까지 공무과와 정비부서에서 근무
하다가 1983년부터 안전관리자로 근무하였다. 안전관리자의 업무의
하나로 용접작업을 할 때 화재를 방지하기 위해 불티방지포를 나누어
주거나 수거하는 업무를 수행하였다. 불티방지포의 성능시험도 실시
하였다. 1983년부터 모회사에서 협력업체에 화재를 방지하기 위해 불
티방지포를 사용하도록 지시하였고, 1995년부터는 불티방지포로 석
면을 사용하지 말라는 공문지시가 있었다. 불티방지포의 검수는 안전
관리과에서 하였기 때문에 이 근로자는 한 달에 두 번, 매회 약
15~20분 정도 성능시험을 하였다. 성능시험은 내구성과 내열성을 보
는 것으로 불티방지포를 두드려보거나 태워보았다. 하지만 회사에서
는 석면사용을 강력히 부정하였다. 1993년 이전에는 불티방지포를 사
용하지 않았고, 1993년 이후에는 불티방지포로 비석면을 사용하였다
는 것이다. 모든 근로자들이 불티방지포를 석면포라고 표현하므로 회
사측에 자료를 요청하였으나 서류 보존연한이 지나 1995년 이전의 자
료는 없다고 하였다. 모 회사측에서도 석면 사용여부를 부정하였다.
이 근로자도 다른 악성중피종과 같이 초기에 흉통으로 시작되었
고, 결핵성흉막염으로 치료받았으며 최종적으로 악성중피중으로 진
단받았다. 이 건은 직업병심의위원회에서 토의되었는데, 근로자는

심의위원회 이틀 전에 사망하였다.

이 건 역학조사의 초점은 석면 사용 여부를 확인하는 것이었다. 동료 근로자 면접조사 결과 1982년 모회사의 화재 이후 불티방지포를 사용하였다는 것과 1996년부터 현재 사용하는 것으로 재질이 바뀌었다는 사실을 확인할 수 있었다. 이 회사에 불티방지포를 공급하던 업체를 추적한 결과 1996년까지는 석면포를 사용하였고, 이후 회사측의 요청에 의해 비석면포를 공급하였다는 것을 확인할 수 있었다. 회사가 제시하는 1995년 이후의 서류에서는 불티방지포라고만 기술이 되어 있어서 석면포 사용여부를 확인할 수 없었다. 그런데, 이 회사는 모기업 내의 협력업체이므로 모기업의 출입구로 자재를 운반할 때마다 기록하는 반출입물품송장이 있다는 사실을 확인하고 이 서류를 검토하였다. 이 서류에 의하면 1996년 10월부터 불티방지포가 세 배나 높은 가격으로 구매된 것을 확인할 수 있었다. 석면포는 비석면포에 비해 가격이 저렴하므로 1996년 10월 이전에 구매된 것은 석면포임을 간접적으로 확인할 수 있었고, 이는 근로자가 진술하는 시기와 일치하였다. 반출입물품송장으로도 1993년 이전의 자료는 확인할 수 없었다.

따라서 1993년 이전을 자료로 확인할 수 없지만 불티방지포를 1983년부터 사용한 사실과 석면이 가장 좋은 불티방지포라는 사실, 그리고 1993년부터 1996년까지는 석면을 이용한 불티방지포를 사용한 것이 확인되었다는 사실로 보아 이 근로자는 장기간 석면에 노출되었다고 판단할 수 있다.

■ 세균 · 바이러스 등의 병원체로 인한 질병

1) 인정기준

병원체에 의한 감염이 확인되고 감염균 또는 감염원에 대하여 의학
적으로 의미 있는 접촉이 있으며 접촉 후 감염 발생에 필요한 충분한
잠복기가 있는 경우 이러한 감염의 발생이 업무와 관련이 있다고 판단
되는 경우 이를 업무상 질병으로 본다.

① 보건의료 및 집단수용시설 종사자의 감염

• B형간염 · C형간염 · 매독 · 후천성면역결핍증 등의 혈액전파성 감염질환
  에 이환된 경우
• 결핵 · 풍진 · 홍역 · 인플루엔자 등의 공기전파성 질환에 이환된 경우
• A형간염 등 그 밖의 전염성 질환에 이환된 경우

② 비보건의료 종사자의 감염

• 습윤지에서 업무로 인한 렙토스피라증
• 옥외노동에 기인하는 쯔쯔가무시병
• 동물 또는 그 사체 · 짐승의 털 · 피혁 그 밖의 동물성의 물체 및 넝마, 고
  물의 취급으로 인한 탄저병 · 단독 · 브루셀라증
• 유행지역에서 야외활동이 많은 직업종사자, 유행지역에서 업무수행을 위
  한 출장 근로자 및 실험실 근무자 등에게 발병된 유행성 출혈열 · 말라리아
• 오염된 냉각수 등으로 인한 레지오넬라 감염

2) 해당 사례

【행법판례】 과중한 업무수행으로 콧병을 적기에 치료치 못해 비인두종양
이 발병했다면 공무수행과 상당인과관계가 있는 질병으로 보아야 한다

(1999.9.8. 서울행법 98구 23443).

요지 : 만성비염 등의 발병경위와 질환들의 인과관계, 원고의 담당업무의 내용 및 정도 등에 비추어 보면 원고는 약 1년 8개월 동안 ○○○○시 지방경찰청 제○기동대장으로 근무하면서 71회에 걸쳐 불법집회 및 시위의 진압작전을 현장에서 지휘하였고 여러 차례에 걸쳐 진압훈련 및 지형정찰 훈련을 실시 · 지휘하는 등 업무상 과로를 하여 왔으며, 그 과정에서 지속적으로 최루가스 및 먼지를 과다 흡입하였을 뿐만 아니라 과중한 업무를 수행하느라 콧병을 적기에 치료하지 못하였다고 할 것이다. 이로 인하여 또는 다른 원인과 겹쳐 만성비염, 비인두염을 발생 · 악화시키고 이에 따라 신체의 면역기능이 저하됨으로써 비인두종양을 발병시켰거나 기존 질병인 비인두종양을 자연적 경과 이상으로 악화시켰다 할 것이므로 원고의 공무 수행과 위 질병들 사이에 상당인과관계가 있다고 하겠다.

■ 직업성 피부질환(2003.7.1.시행)

근로자가 업무와 관련하여 다음 각목의 1에 해당되는 증상 또는 소견이 나타나는 경우에는 이를 업무상 질병으로 본다.

① 고온작업 및 고열물체 취급으로 인한 화상
② 고온 및 고열작업으로 인한 한진
③ 한랭작업 및 저온물체 취급으로 인한 동창, 동상 및 레이노드병
④ 일광에 노출되는 옥외작업에 의한 일광화상, 만성광선피부염, 광선각화증
⑤ 전리방사선을 취급하는 업무로 인한 급 · 만성 방사선 피부염
⑥ 유리섬유, 대마 등 피부에 기계적 자극을 주는 물질을 취급하는 업무로 인한 피부염

⑦ 자극성 성분, 알레르겐 성분, 광독성 성문, 광알레르겐 성분을 포함하는 물질에 노출되어 발생하는 접촉피부염

⑧ 세균, 바이러스, 곰팡이, 기생충 등을 직접 취급하거나 이들 생물학적 인자에 감염된 물질을 취급하는 업무로 인하여 발생한 감염성 피부질환

⑨ 페놀류 및 하이드로퀴논류를 포함하는 물질에 의한 백반증

⑩ 산 · 염기를 비롯한 화학물질에 의한 화학적 화상

⑪ 기타 위에 언급되지 않은 물리적, 기계적 인자에 노출되는 업무로 인한 피부질환

■ 간질환

1) 인정기준

근로자가 업무와 관련하여 다음의 1에 해당되는 원인으로 간질환이 발생하였거나 기존의 간질환이 악화되는 경우 또는 이로 인하여 사망하는 경우 이를 업무상 질병으로 본다. 업무상 간질환은 독성간염, 급성간염, 적격성간염, 간농양, 만성간염, 간경변증, 원발성 간암을 말한다.

① 작업환경에서 유해물질에 노출 또는 중독된 경우

② 작업환경에서 병원체(세균, 바이러스 등)에 감염된 경우. 다만, 다음의 모든 요건을 충족하여야 한다.

• 업무활동 범위와 해당 병원체의 전염경로가 일치될 경우
• 재해 이전에는 해당 병원체의 전염 근거가 없을 경우
• 업무수행 중 해당 병원체에 전염될 만한 명백한 행위가 있을 경우
• 해당 병원체에 의한 간질환의 임상경과와 근로자의 검사소견이 일치될 경우

③ 업무상 사고나 유해물질로 인한 질병의 후유증 또는 치료 과정에서 기존 간질환이 자연경과 속도 이상으로 악화된 것이 의학적으로 인정되는 경우

④ 바이러스성 간질환을 지닌 근로자가 업무와 관련하여 다른 간염 바이러스에 중복 감염된 경우

2) 예외

근로자가 다음 각호의 1에 해당하는 사유로 아래의 간질환이 발생한 경우에는 업무상 질환으로 인정할 수 없다.

① 개인적 이유로 인한 상습적 과음으로 발생된 알콜성 간질환

② 양약, 한약, 기타 검증되지 않은 물질(민간약, 건강식품, 녹즙등)의 사용으로 발생된 간질환

③ 과체중, 당뇨병 등의 합병증으로 발생된 지방간, 지방간염, 간경변증

④ 자가면역성 간염, 유전성 간질환, 혈관질환 등에 의한 간질환

⑤ 간내결석, 담도결석, 담도암, 췌장암 등으로 발생된 간질환

⑥ 심장질환, 폐질환, 위장관질환, 혈액질환에 의한 간질환

⑦ 타 장기의 악성종양이 간에 전이된 간질환

5_ 보험급여 산정기준(임금)

1. 평균임금

의의

업무상 재해를 당한 근로자나 수급권자에게 산재보험급여로 휴업급여, 장해급여, 유족급여, 상병보상연금 및 장의비 등을 지급할 때에 그 금액을 계산하기 위하여 일급개념으로 산출하는 임금을 말한다.

평균임금 산정방법

산재보험법은 제4조에서 '평균임금 산정방법은 근로기준법에 의한다'고 규정하고 있으며, 근로기준법은 제19조에서 '산정사유 발생일 이전 3월간에 그 근로자에 대하여 지급된 임금의 총액을 그 기간의 총일수로 나누며, 취업 후 3월 미만도 이에 준한다'고 규정하고 있고, '산출된 금액이 당해 근로자의 통상 임금보다 저액일 경우에는 그 통상임금을 평균임금으로 한다'고 규정하고 있다.

평균임금의 산정에서 제외되는 기간

① 업무상 재해로 요양하는 기간
② 사용자의 귀책사유로 인한 휴업기간
③ 수습사용 중의 기간
④ 산전 · 후 휴가기간

⑤ 육아 휴직기간

⑥ 적법한 쟁의행위 기간

⑦ 군복무 · 향토예비군훈련 · 민방위훈련 기간

⑧ 업무 외 부상 · 질병으로 사업주의 승인을 얻어 휴직한 기간

평균임금 산정범위에 포함되는 금품예시

① 소정근로시간에 대하여 지급되는 기본급 임금

② 금융 · 출납 등 직무수행수당, 반장, 과장 등 직책수당 등, 미리 지급조건에 따라 담당하는 업무와 직책의 경중에 따라 지급하는 수당

③ 물가수당, 기술수당, 조정수당 등 물가변동이나 직급간의 임금격차 등을 조정하기 위하여 지급되는 수당

④ 벽지수당, 한냉지수당 등 특수지역에서 근무하는 자에게 일률적으로 지급하는 수당

⑤ 승무수당, 항공수당, 항해수당 등 버스, 택시, 화물자동차, 선박, 항공기 등에 승무하여, 운행과 조정, 항해 항공 등의 업무에 종사하는 자에게 근무일수에 관계없이 일정한 금액을 일률적으로 지급하는 수당

⑥ 생산장려수당 등 생산기술과 능률을 향상시킬 목적으로 근무성적에 관계없이 매월 일정한 금액을 일률적으로 지급하는 수당

⑦ 근로기준법과 근로자의 날에 관한 법률 등에 의하여 지급되는 연장근로수당, 야간 근로수당, 휴일근로수당, 연차휴가수당, 월차휴가수당, 생리휴가수당 및 단체협약 또는 취업규칙에 의하여 정하여진 휴일근로의 대가로 지급되는 휴일근로수당

⑧ 취업규칙 등에 지급조건, 금액, 지급시기가 정하여져 있거나 전근로자에게 관례적으로 지급하는 상여금

⑨ 근무일에만 일정금액을 지급하는 승무수당, 항공수당, 항해수당,

입갱수당 등

⑩ 능률에 따라 지급하는 생산장려수당, 장려가급, 능률수당 등

⑪ 월차, 연차휴가수당 개념의 개근수당, 근속수당, 정근수당 등

⑫ 일·숙직수당

⑬ 사용자가 일괄관리 배분하는 봉사료(팁)

⑭ 통근수당, 사택수당, 월동연료수당, 김장수당으로서 정기적·일률적으로 전 근로자에게 지급하는 경우

⑮ 가족수당, 교육수당으로서 독신자를 포함하여 전 근로자에게 일률적으로 지급하는 경우

⑯ 급식 및 급식비로서 단체협약, 취업규칙, 근로계약 등에 규정된 급식비로서 전 근로자에게 일률적으로 지급하는 경우

⑰ 별거수당 등

재요양시 평균임금 산정방법

산재근로자가 재요양시 적용할 평균임금에 있어 기존에는 당초 최초 재해일을 기준으로 산정한 평균임금을 적용하되 평균임금 증감사유에 해당하는 경우 평균임금을 증감하여 적용해 왔다.

그러나 판례(대판1998. 10. 23. 97누19755)는 재요양 중에 지급되는 휴업급여 등 보험급여의 기초인 평균임금의 산정시점을 진단에 의하여 재요양의 대상이 되는 상병이 발생되었다고 확정된 날로 일관되게 판단하였다. 이에 판례의 입장을 수용하여 재요양시 평균임금 산정은 재해 발생 당시 소속사업장이 동일한 사업장에서 근무했는지 여부를 기준으로 그 산정 방법을 달리하고 있다. 이러한 행정해석은 재요양 개시일이 2005. 4. 28. 이후인 재해자부터 적용된다.

■ 재해 발생 당시 소속 사업장과 동일한 사업장에서 근무 중 재
요양한 경우

변경된 행정해석에 따라 재요양 시점을 기준으로 평균임금을 재산정
하여 보험급여 지급방법에 따라 적용한다. 즉 평균임금 재산정은 재요
양을 인한 요양 개시일을 기준으로 하며, 최초 재해 사업장의 근무 여부
판단은 재요양으로 인한 요양 개시일을 기준으로 판단한다. 재요양시
평균임금의 산정기간 사이에 휴가 등 공백이 생길 경우 해당 공백 기간
이 근로기준법시행령 제 2조 제 1항에 해당하는지 확정 후 산정한다.

주의해야 할 점은 장해 급여의 경우에는 최초 요양 종결시 무장해 또
는 장해 일시금 대상자로서 재요양 후 장해 등급이 상 하향된 경우에
는 최초 치료 종결시 적용된 평균임금을 적용하되 증감사유가 발생한
경우 증감한 평균임금으로 지급한다.

■ 미취업 또는 재해사업장이 아닌 다른 사업장에 근무 중 재요양
한 경우

현행 방식 즉 최초의 평균임금을 재요양 시점 기준으로 평균임금을
증감하여 적용한다.

2. 통상임금

의의

산재보험법은 통상임금의 정의에서 근로기준법에 의한다고 규정하
고, 근로기준법은 통상임금이라 함은 '근로자에게 정기적 · 일률적으
로 소정근로 또는 총 근로에 대하여 지급하기로 정하여진 시간급금액,

일급금액, 주급금액과 월급금액 또는 도급금액을 말한다'고 규정하고 있는 취지에 비추어 보면, 통상임금이란 실제 근무일수나 실제 수령한 임금에 구애됨이 없이 고정적이고 평균적으로 지급되는 임금으로 근로의 양 및 질에 관계되는 근로의 대상은 모두 임금 속에 포함되어야 한다. 그러므로 직책수당, 자격수당, 작업수당, 위험수당, 한냉지수당 등과 같이 근로의 직접적인 대가로서 일률적으로 지급되는 것은 통상임금의 산정기초가 된다. 그러나 연장근로수당이나 야간근로수당 등과 상여금 기타 은혜적인 것은 제외된다.

통상임금의 산정방법

통상임금의 산정방법은 소정의 임금을 소정근로시간수로 나눈 임금을 말하나 구체적인 산정방법은 다음과 같다.

■ 시간급의 경우

시간급 금액으로 정하여진 임금에 대하여는 그 시급을 바로 통상임금으로 한다.

■ 일급의 경우

일급금액으로 정하여진 임금에 대하여는 그 금액을 1일의 소정근로시간수로 나눈 금액을 통상임금으로 한다.

■ 주급의 경우

주급금액으로 정하여진 임금에 대하여는 그 금액을 주의 통상임금 산정기준시간수로 나눈 금액을 통상임금으로 한다.

■ 월급의 경우

월급금액으로 정하여진 임금에 대하여는 그 금액을 월의 통상임금 산정기준시간수로 나눈 금액을 통상임금으로 한다.

■ 일 · 주 · 월 외의 일정기간 임금제의 경우

일 · 주 · 월 이외의 일정기간에 의하여 정하여진 임금에 대하여는 전 각호에 준해서 산정한 금액을 통상임금이라 한다.

■ 도급금액으로 정하여진 임금의 경우

도급금액으로 정하여진 임금에 대하여는 그 임금산정 기간에 있어서 도 급의 총액을 당해 임금 산정기간의 총 근로시간으로 나눈 금액을 말한다.

통상임금을 산정기초로 할 필요성

평균임금의 법상 정의는 '산정사유 발생일 이전 3월간에 그 근로자 에 대하여 지급된 임금의 총액을 그 기간의 총일수로 나누며, 취업 후 3월 미만도 이에 준한다' 고 규정하고 있다. 따라서 근무한 일수가 적 어서 수령한 임금총액이 소액일 경우에는 평균임금이 지나치게 낮아 이를 기준으로 근로자에게 지급되는 모든 급여가 너무 낮음으로 인해 생활이 어렵게 되는 결과를 초래하기 때문에, 이를 미연에 방지하기 위하여 법에서 정한 평균임금의 정의에서 단서조항으로 '산출된 금액 이 당해 근로자의 통상임금보다 저액일 경우에는 그 통상임금을 평균 임금으로 한다' 고 규정해 저임금 근로자를 보호하고 있다.

소정근로시간이란?

소정근로시간이란 근로기준법, 산업안전보건법의 규정에 의한 근로시간의 범위 안에서 단체협약 또는 취업규칙 등으로 규정하여 실시하는 통상근로시간으로서 휴게시간이 포함되지 않는 실근로시간이며, 사업장의 근로형태에 따라 그 내용을 달리하고 있다. 즉 소정근로시간은 법의 테두리 안에서 근로자와 사용자 간에 근로하기로 정한 통상적인 시간을 말하는 것이므로, 실제로 근로자가 근로를 하였는지의 여부는 고려의 대상이 되지 않는다.

법정근로시간이란?

근로기준법은 1주간의 근로시간은 휴게시간을 제하고 40시간을 초과할 수 없고, 1일의 근로시간은 휴게시간을 제하고 8시간을 초과할 수 없으며, 15세 이상 18세 미만인 자의 근로시간은 1일에 7시간, 1주일에 40시간을 초과하지 못한다. 다만 당사자 간의 합의에 의하여 1일에 1시간, 1주일에 6시간을 한도로 연장할 수 있다고 규정하고 있고, 산업안전보건법은 유해·위험 작업인 잠함·잠수작업 등 고기압 하에서 행하는 작업에 종사하는 근로자에 대하여는 1일 6시간, 1주 34시간을 초과하여 근로하게 하여서는 아니 된다고 규정하고 있다.

3. 최저 · 최고 보상한도

구 분		고시금액	적용시기
최고보상기준		155,360원(1일)	2005.9~2006.8
최저보상기준		45,700원(1일)	2005.9~2006.8
장의비 최고·최저금액		최고 : 10,814,947원	2005.9~2006.8
		최저 : 7,525,147원	
간병료	간호사	53,880원(1일)	2005.9~2006.8
	간호조무사	39,350원(1일)	
	전문간병인	39,350원(1일)	
	가족간병	37,420원(1일)	
간병급여	상시간병	37,420원(1일)	2005.9~2006.8
	수시간병	24,940원(1일)	

4. 특이한 근로형태의 평균임금

근로형태가 특이한 근로자의 범위

근로형태가 특이하여 평균임금을 적용하는 것이 적당하지 아니하다고 인정되는 경우로서, 대통령령이 정하는 경우라 함은 1일 단위로 고용되거나 근로일에 따라 일당형식의 임금을 지급받는 근로자(일용근로자)를 말한다. 다만, 일용근로자가 다음 각호의 1에 해당하는 경우에는 근로형태가 특이한 근로자의 범위에서 제외한다.

1) 평균임금 산정사유 발생일 당시 당해 사업의 동종업무에 종사하는 다른 일용근로자의 근로조건 등이 다음 각목의 1에 해당하는 경우

① 근로관계가 3월 이상 계속되는 경우
② 평균임금 산정사유 발생일 직전 3개월간 월평균 근로일수가 통상 근로계수의 산정기초가 되는 근로일수를 초과하는 경우
③ 근로조건, 근로계약형식, 구체적 고용실태 등 제반사실관계를 고려할 때 동종업무에 종사하는 상용근로자와 유사하다고 인정되는 경우

2) 평균임금 산정사유 발생일 당시 당해 사업에서 1월 이상 근로한 기간이 있는 일용근로자가 통상근로계수를 적용하는 것이 부적당하다고 신청하는 경우로서, 당해 일용근로자에게 지급된 임금액이 신청인이 제출한 자료 등에 의하여 명확한 경우

근로형태가 특이한 근로자의 평균임금 산정

1) 평균임금 산정사유 발생일 이전 1월간에 당해 사업장에서 지급받

은 임금이 있는 경우에는 당해 1월간에 근로자에게 지급된 임금의 총
액을 그 기간 중에 당해 근로자가 근로한 일수로 나눈 금액에 일용근로
자의 1월간 실제 근로일수 등을 고려해 노동부장관이 고시하는 통상근
로계수(73%)를 곱하여 산정한 금액을 평균임금으로 한다.

2) 평균임금 산정사유 발생일 이전 1월간에 당해 사업장에서 지급 받
은 임금은 없으나 일당이 미리 정해져 있는 경우에는 당해 일당에 통상
근로계수(73%)를 곱하여 산정한 금액을 평균임금으로 한다.

3) 평균임금 산정사유 발생일 이전 1월간에 당해 사업에서 지급받은
임금이 없고 일당도 미리 정하여져 있지 아니한 경우에는 당해 사업에
서 동종업무에 종사하는 일용근로자의 일당을 고려하여 산정한 금액
에 통상근로계수 73%를 곱한 금액으로 한다.

4) ①내지 ③의 규정에 의하여 산정하니 못한 경우에는 당해 지역의 동
종업무에 종사하는 일용근로자의 일당을 고려하여 산정한 금액에 통상
근로계수 73%를 곱하여 산정한 금액을 평균임금으로 한다.

5. 진폐 등 업무상 질병 이환자에 대한 평균임금 산정특례

취지

진폐증 등 업무상 질병 이환자의 경우 직업병이 발견되는 시점에서
는 노동능력이 떨어져 결근·작업능률 저하 등 평균임금의 감소가 우
려되므로 이를 보전해 주기 위해 특례규정을 두게 되었다.

특례대상

1) 진폐 등 업무상 질병 이환근로자의 평균임금이 매월 노동통계조사 보고서상의 임금으로 산정된 평균임금보다 낮은 경우

2) 진폐 등 업무상질병 이환근로자가 소속한 사업장이 휴 · 폐업되거나 퇴직 등으로 평균임금을 산정할 수 없는 경우

산정방법

1) 직업병으로 진단된 날이 속하는 분기의 전전분기 말일부터 이전 1년 간 매월 노동통계 조사보고서상의 유사근로자의 월급여총액을 그 기간의 일수로 나누어 산정한다.

※ '직업병으로 진단된 날'이라 함은 직업병으로 인한 보험급여액 지급대상이 된다고 확인된 당시의 초진소견서 또는 진단서가 발급된 날을 말함

2) 유사근로자 판단기준은 당해 근로자가 소속된 사업장과 업종 및 규모가 같고 당해 근로자와 성별 · 직종(4요소)이 동일한 근로자로 한다.

6. 기준임금

2007. 7. 1.부터 산재보험법 제4조 2에 의거 폐업 도산 등으로 임금 산정 등이 곤란한 경우 등에 있어 평균임금 산정에 적용하던 '기준임금'이 보험료징수법 제정과 함께 산재보험법에서 삭제되면서 2005. 1. 1. 부터는 보험료 산정에 있어서만 기준임금을 적용하고 재해보상을 위한 평균임금의 산정에 있어서는 피재근로자의 실임금을 기초로 평균임금을 산정하여 보험급여를 지급하도록 변경되었다.

7. 최저임금

의의

최저임금법 제1조 목적에서 '이 법은 근로자에 대하여 임금의 최저 수준을 보장해 근로자의 생활안정과 노동력의 질적 향상을 기함으로 써 국민경제의 건전한 발전에 이바지하게 함을 목적으로 한다'고 규정 하고 있다. 임금은 원래 노동조합이 있는 사업장의 경우에는 노사간에 대등한 지위에서 임금협약이나 단체협약 등을 통하여 자주적으로 결 정할 수 있음으로 해서 최저수준 이상의 임금을 보장받을 수도 있겠으 나, 노동조합이 없는 경우는 근로계약의 당사자인 개별근로자와 사용 자 사이에서는 대등한 지위에서의 교섭관계를 기대할 수 없게 되고, 이로 인해 매우 낮은 수준의 임금을 면치 못하여 생활에 어려움을 겪 고 있어도 개별근로자의 힘으로는 이를 해결할 방법이 없었다. 따라서 국가는 이러한 불합리한 점을 개선하기 위하여 '최저임금법'을 제정하 여 근로자에 대하여는 임금의 최저수준을 보장함으로써 근로자의 생 활을 안정시키고, 사용자에게는 노동력의 질적 향상을 도모하게 함으 로써 최저임금제도는 사업의 안정과 크게는 국민경제의 발전에 이바 지하는 데 큰 의의가 있다.

최저임금과 산재보험과의 관계

산재보험법 제41조(휴업급여)는 제1항에서 '업무상 사유에 의하여 부상을 당하거나, 질병에 걸린 근로자에게는 요양으로 취업하지 못한 기간에 대하여 휴업급여를 지급하되, 1일당 지급액은 평균임금의 100 분의 70에 상당하는 금액으로 한다'고 규정하고 동조 제3항에서는 '제 1항의 규정에 의하여 산정한 휴업급여가 최저 임금법 제5조의 규정에

의한 최저임금액에 미달하는 경우에는 그 최저 임금액을 당해 근로자
의 1일당 휴업급여 지급액으로 한다'고 규정해 저임금의 피재근로자
를 보호하고 있다.

※ 2005. 9. 1.~2006. 12. 31. 적용 최저임금은 시간급 3100원, 일급(8시간
  기준) 24,800원

8. 평균임금의 증감(추가)

의의

■ 취지 및 목적

보험급여의 산정에 있어서 그 근로자가 소속된 사업과 동일한 직종
의 근로자에게 지급되는 통상임금이 변동되거나 사업의 폐지 · 휴업
기타 부득이한 사유가 있을 때에는 대통령령이 정하는 기준에 따라 평
균임금을 증감할 수 있다(산재보험법 제38조 제3항)고 규정함으로써 평
균임금 증감제도를 두고 있다.

이는 임금의 경직성과 증가성으로 인해 장기적 요양을 받고 있는 피
재근로자나 연금수급권자에 대하여 재해 당시 평균임금을 기준으로
보험급여를 계속 지급하게 되면 보험급여의 실질적 가치의 하락을 가
져오게 되므로 이를 방지하고 보험급여의 정률보상방식의 단점을 보
완하기 위해 도입된 제도이다.

평균임금 증감에 대한 입법의 기본취지가 같은 사업장에서 재직 중
인 동종근로자의 임금증가에 비례하여 요양 중이거나 연금수급자 등
의 평균임금을 상향 또는 하향조정하여 상대적 불공평을 시정하기 위
한 것이므로 평균임금의 증감사유는 지급된 임금이 실제로 인상된 경

우에 한정하는 것으로 보아야 할 것이다.

임금변동을 수반하지 않은 근무형태의 변경으로 통상임금이 변동되었을 경우에도 평균임금을 증감하는 것은 법의 기본취지에 반하게 됨은 물론 경우에 따라서는 현장근로보다 피재자에게 더 많은 가공의 소득을 인정해주는 불공평을 초래할 수도 있다.

재해발생 이후 교대제의 변경(12시간 2교대 → 8시간 3교대)으로 단지 임금의 구성내용이 종전의 임금(통상임금＋법정수당)에서 법정수당을 흡수한 통상임금으로 전환되었으므로 재해발생월의 통상임금도 교대제 변경 이후의 통상임금처럼 법정수당을 포함토록 환산하여 동일한 조건에서 양자를 비교함이 타당할 것이다.

평균임금의 증감은 보험급여의 수급권자의 신청이 있거나 공단이 필요하다고 인정하는 때에 할 수 있다. 이 경우 보험급여의 수급권자가 평균임금의 증감을 산정하고자 하는 때에는 평균임금증감 신청서를 공단에 제출하여야 한다(시행령 제25조 제2항).

■ 근로기준법상의 평균임금조정과의 비교

현행 근로기준법은 근로기준법상의 휴업보상·장해보상·유족보상·장의비 및 일시보상의 보상금 등을 산정함에 있어서 적용할 평균임금은 그 근로자가 소속한 사업 또는 사업장에서 동일한 직종의 근로자에게 지급된 통상임금의 1인당 1개월 평균액이 그 부상 또는 질병이 발생한 달에 지급된 평균액보다 100분의5를 초과하는 변동이 있는 경우에는 그 변동비율에 의하여 인상 또는 인하하는 금액으로 하되, 그 변동사유가 발생한 달의 다음 달부터 이를 적용하도록 하고 제2회 이후의 평균임금증감을 위한 조정은 직전 회의 변동사유가 발생한 달의 통상임금을 산정기준으로 하도록 하고 있다(근기법시행령 제5조 제1항).

이 때 그 근로자가 소속한 사업 또는 사업장이 폐지된 경우에는 그 근로자의 업무상 부상 또는 질병이 발생한 당시에 그 사업과 같은 종류, 같은 규모의 사업 또는 사업장을 기준으로 하며 그 근로자와 동일한 직종의 근로자가 없는 경우에는 그 직종과 유사한 직종의 근로자를 기준으로 하고 있다(근기법시행령 제5조 제2항, 제3항). 이렇게 증감된 평균임금은 업무상 부상을 당하거나 질병에 걸린 근로자에 대한 퇴직금을 산정함에 있어서도 적용하도록 하고 있다(근기법시행령 제5조 제4항).

산재보험법에 의한 평균임금이 근로기준법상의 평균임금조정제도의 취지를 계승하여 보다 구체적인 기준을 정하고 있고, 근로기준법에는 없는 연금수급권자 등을 위해 전근로자의 월평균정액급여변동률에 의해 증감하는 방법을 새로이 정하고 있다. 다만, 근기법상의 평균임금 조정제도는 100분의5 이상을 조정사유로 하고 있으나 산재보험법상 평균임금 증감은 100분의5를 초과하는 경우를 증감사유로 하고 있는 차이점이 있다.

평균임금 증감방법

■ 통상임금변동률에 의한 증감

1) 적용대상자

통상임금변동률에 의한 평균임금의 증감은 재직근로자를 대상으로 한다. 평균임금증감은 재해근로자의 소속 사업장의 동일직종 근로자의 통상임금 평균액의 변동률을 적용하되, 통상임금평균액의 변동률이 5/100를 초과하거나, -5/100 미만인 경우, 즉 5%를 초과하는 변동이 있는 자에 한하여 적용한다.

소속 사업장의 동일직종 근로자의 통상임금변동률에 의해 증감하므로 재직근로자에 한해 적용될 수밖에 없으며 통상임금평균액의 변동

률이 −5/100 이상, 5/100 이하인 경우, 즉 변동률이 5%까지는 이를 0
으로 보아 증감하지 않는다. 그러나 5%를 초과하는 변동이 생긴 이상
동일인에 대하여 1년 중 수차에 거쳐 증감을 할 수 있다.

2) 동일직종 근로자 판단

평균임금증감의 기초가 되는 통상임금은 당해 근로자가 소속한 사업
에서 동일한 직종의 근로자에게 지급되는 1인당 평균액으로 한다. 이
때 동일한 직종은 통계청장이 고시한 한국표준직업분류상 '세분류'의
구분에 따른다. 다만, 세분류에 의한 동일한 직종의 근로자가 없는 경
우에는 '소분류'의 구분에 따를 수 있다.

대분류	중분류	소분류	세분류	세세분류
0 의회의원, 고위임직원 및 관리자	3	8	34	72
1 전문가	8	33	75	240
2 기술공 및 준전문가	9	29	68	193
3 사무 종사자	2	11	28	58
4 서비스 종사자	4	14	31	75
5 판매 종사자	3	6	9	18
6 농업, 임업 및 어업숙련 종사자	3	10	24	48
7 기능원 및 관련 기능 종사자	5	17	70	282
8 장치, 기계조작 및 조립 종사자	4	23	82	357
9 단순노무 종사자	4	9	23	58
A 군인	1	2	3	3
계	46	162	447	1,404

3) 평균임금 증감의 적용

평균임금 증감은 다음 산식에 의하여 산출한다.

전회의 평균임금±(전회의 평균임금×전회의 평균임금산정이후의 통상임금의 변동률)

소속사업장의 통상임금변동률에 의한 평균임금증감은 통상임금의 변동이 있는 달, 즉 소속사업장의 임금이 변동된 달의 다음 달 평균임금의 산정부터 적용하며, 통상임금평균액의 변동률 산정 시 0.01%미만의 단수는 사사오입한다. 또한, 한 사업장내 동일직종 근로자의 재해가 같은 달에 2건 이상 발생하였을 때에는 1인의 통상임금평균액 변동률을 일괄 적용할 수 있다.

이 방법에 의한 평균임금증감은 통상임금변동률이 5% 초과된 경우에 행하는 것이므로 전회의 평균임금적용일이 속하는 달부터 다음 보험급여의 최초지급사유일의 직전 월까지의 통계자료를 매월 비교하여 최종적으로 증감된 평균임금을 적용한다.

4) 처리절차

평균임금의 증감은 보험급여의 수급권자의 신청이 있거나 공단이 필요하다고 인정하는 때에 할 수 있다. 이 경우 보험급여의 수급권자가 평균임금의 증감을 신청하고자 하는 때에는 평균임금증감 신청서를 공단에 제출하여야 한다(시행령 제25조 제2항).

통상임금변동률에 의한 평균임금증감 신청서는 당해 근로자가 소속한 사업 또는 사업장을 관할하는 지역본부장 또는 지사장이 처리한다(보상업무처리규정 제5조 제1항).

■ 월평균 정액급여변동률에 의한 증감

1) 적용대상자

근로자의 소속사업장이 없어지거나 퇴직, 연금수령자 등은 소속사업장의 임금변동률을 확인할 수 없을 뿐만 아니라 구태여 이전 소속사업장의 임금변동 상황을 따라야 할 이유가 없다. 따라서 이러한 경우 전산업 전근로자의 월평균 정액급여변동률에 의해 평균임금을 증감하며 적용 대상자는 다음과 같다.

- 보험급여 중 장해보상연금 및 유족보상연금의 대상자(상병보상연금은 제외)
- 동일한 직종의 근로자가 당해 사업장에 없는 경우
- 당해 근로자가 소속한 사업의 폐지·휴업 등의 사유로 인하여 통상임금의 변동률을 확인할 수 없는 근로자
- 퇴직한 근로자

2) 증감방법
① 업무상 재해의 발생일로부터 1년간 증감 제한

업무상 재해 발생일 현재의 당해 근로자의 평균임금을 적용하고 증감하지 않는다. 노동부장관이 발행하는 매월노동통계조사표에 의해 전 근로자(전국의 전산업 전직종 근로자)의 정액급여 1년간 평균변동률에 의해 증감되므로 1년에 1회만 증감이 허용된다.

② 업무상 재해 발생일로부터 1년 이후 증감 내용

업무상 재해 발생일로부터 1년 이후 부터는 다음의 산식에 의해 산출하여 증감한다.

$$\text{전회의 평균임금액} \times \frac{\text{2년전 보험년도의 7월 1일부터 1년전 보험년도의 6월 30까지의 전근로자의 월평균 정액급여}}{\text{3년전 보험년도의 7월 1일부터 2년전 보험년도의 6월 30까지의 전근로자의 월평균 정액급여}}$$

여기서 '전근로자의 월평균 정액급여'는 노동부장관이 통계법 제2조의 규정에 의하여 작성하는 매월노동통계조사보고서에 의한 전산업 전근로자의 월별 정액급여의 평균액을 합하여 12로 나눈 금액으로 한다.

또한 전회의 평균임금은 산정하고자 하는 평균임금의 직전의 평균임금을 나타내고 2년전 보험년도 및 3년전 보험년도는 각각 산정하고자 하는 평균임금이 속하는 보험년도의 2년전 또는 3년전 보험년도를 말한다. 전근로자의 월평균 정액급여의 변동률 산정 시 0.01% 미만의 단수는 사사오입한다.

3) 장해연금 선급자의 증감

장해연금 선급기간 동안은 평균임금이 증감되지 아니하나 그 기간이 경과 후 지급하는 경우에는 4년 동안의 임금변동률에 의하여 평균임금을 증감하여야 하며 적용시점은 연금지급이 개시된 달이 된다. 선급기간이 만료되고 연금이 개시되는 때에 적용하는 평균임금의 증감은 재해발생일로부터 1년이 되는 다음날을 기준으로 위의 방법에 의한다.

4) 처리절차

① 처리지사

월평균정액급여변동률에 의한 평균임금증감은 사업장관할지사장 또는 당해근로자가 요양하고 있는 의료기관을 관할하는 지역본부장 또는 지사장, 즉 의료기관 관할지사장 중 평균임금증감 신청서를 접수받은 지사장이 처리한다(보상업무처리규정 제5조 제2항).

② 자동증감

연금인 보험급여의 수급권자가 평균임금증감을 신청한 경우에는 1회의 평균임금증감 신청서를 제출 이후 별도의 신청 없이 매년 평균임금을 증감하도록 한다(동 규정 제5조 제3항).

이는 장해 · 유족보상연금 수급자, 휴 · 폐업 사업장 근로자, 퇴직근로자, 당해 사업장에 동일직종 근로자가 없는 재직근로자에 대하여는 재해 발생일 또는 전회 평균임금증감일로부터 1년이 경과되면 매번 신청에 의하여 평균임금을 증감하였으나 이를 최초의 1회 신청만으로 평균임금을 자동 증감할 수 있도록 하는 제도로서 1995. 8. 1.부터 시행되었다. 자동증감대상자에 대하여는 평균임금증감 신청서 접수시 평균임금자동증감 신청서를 함께 접수받아 자동증감 처리한다.

제2장

산재보험급여

1_ 산재보험급여의 의의

1. 보험급여의 정의

보험급여라 함은 산재보험법의 적용을 받는 사업장에 소속된 근로자가 업무상 재해를 당한 경우 피재근로자나 그 유족에게 지급되는 일체의 금품을 총칭하는 말이다. 보험급여의 종류에는 산재보험법 제38조제1항에서 규정한 요양급여, 휴업급여, 장해급여, 간병급여, 유족급여, 상병보상연금 및 장의비를 말한다.

이 책에서는 편의상 보험급여를 요양중의 보험급여, 요양종결 후의 보험급여, 사망에 따른 보험급여로 분류해 보고, 보험급여에는 해당되지 않지만 피재근로자들의 이해를 돕고자 후유증상 진료제도를 요양종결 후의 보험급여에 포함하여 설명하고자 한다.

2. 보험급여의 원리

첫째, 사용자 또는 근로자의 과실에 따른 보상여부 또는 보상의 정도를 달리하는 과실주의가 아니라 업무상 재해로 인한 근로자의 과실유무와 관계없이 보험급여를 지급하는 무과실책임주의이다. 그 재해가 근로자의 잘못이거나 사업주의 시설관리나 노무관리상 과실없이 발생한 것이라 하더라도 업무상 재해의 경우에는 피재근로자나 그 유족은 최소한도 법에서 정한 기준의 보상을 청구할 권리가 생긴다.

둘째, 사용자와 근로자간 직접 보상방식이 아니라 산재근로자와 보험기관(근로복지공단)간에 보험급여에 대하여 직접청구 및 지급에 관한 권리 · 의무가 발생하며 사회보험방식을 채택하고 있다.

셋째, 보험급여의 산정은 재해발생 직전의 가득능력을 기초로 하므로 근로기준법상의 재해보상과 동일하게 평균임금을 기초로 한 정률보상방식에 의한다. 이와 같이 보험급여의 산정에 있어서 근로기준법상의 평균임금을 기초로 하는 것은 재해발생 직전의 근로자의 생활임금을 사실 그대로 산정하여 일정수준의 보상을 보장하고자 함에 그 기본의도가 있다고 볼 수 있다. 그러나 현재 업무상 질병 이환자에 대한 평균임금 산정특례, 통상근로계수, 최저 · 최고보상기준 등 본래의 평균임금과는 다른 방식의 보험급여 산정기초임금을 산정하는 등 사회보험으로서 형평성 제고와 관련한 제도가 도입되어 있다.

2_ 요양 중의 보험급여

1. 요양급여

요양급여의 의의

요양급여는 근로자가 업무상의 사유에 의하여 부상을 당하거나 질병에 걸린 경우에 당해 근로자에게 지급하는 보험급여를 말한다. 요양급여는 요양비의 전액으로 하되 공단이 설치한 보험시설 또는 공단이 지정한 의료기관에서 요양을 하게 한다. 다만, 부득이한 경우에는 요양에 갈음하여 요양비를 지급할 수 있다.

요양급여는 산재근로자의 노동력을 회복하기 위하여 현물인 진료를 중심으로 제공되고, 다른 보험급여는 손실된 노동력에 대한 수입을 보장하기 위하여 현금으로 제공된다.

요양급여의 지급요건

① 요양급여는 근로자가 업무상의 사유에 의하여 부상을 당하거나 질병에 걸린 경우에 당해 근로자에게 지급된다.

② 당해 근로자가 산재보험 적용사업장에 종사하여야 한다.

③ 요양급여는 요양비의 전액으로 하되 업무상 부상 또는 질병의 요양기간이 4일 이상인 경우에 지급한다. 3일 이내의 요양으로 치유될 수 있는 경미한 재해에 대하여는 근로기준법에 의하여 사업주로 하여금 직접 요양보상을 행하게 함으로써 산재근로자가 신속한 보상을

받도록 하고자 함이다.

간병료

■ 간병료의 의의

산재근로자가 요양 중 상태가 위중하여 간병이 필요한 경우 간병료를 지급한다. 통원, 재가요양환자의 경우에도 간병이 필요하다는 의학적 소견이 있고, 간병의 범위에 해당하는 경우에는 간병료를 지급토록 하고 있다.

■ 간병의 범위

요양 중인 근로자가 간병이 필요하다는 의학적 소견이 있는 다음 각 호에 해당하는 경우 이를 인정한다. 다만 중환자실 및 회복실에 있는 기간은 간병기간에서 제외한다.

① 두 손의 손가락을 모두 잃어 혼자 힘으로 식사를 할 수 없는 자
② 두 눈의 실명 등으로 타인의 조력없이는 거동이 전혀 불가능한 자
③ 두부손상으로 정신이 혼미하거나 착란되어 절대안정을 요하는 자
④ 말하는 기능의 장해 등으로 의사소통이 안됨으로써 치료에 뚜렷한 지장을 초래할 수 있는 자
⑤ 치료면적의 35퍼센트 이상에 걸친 화상 등으로 수시로 적절한 조치를 강구할 필요가 있는 자
⑥ 골절로 인한 견인장치 또는 석고붕대 등을 하여 혼자서 배뇨 · 배변을 할 수 없는 자
⑦ 하반신마비 등으로 배뇨 · 배변을 제대로 가누지 못하거나 욕창방지를 위해 수시로 체위를 변경시킬 필요가 있는 자

⑧ 직업병 이환자로서 신체가 몹시 허약하여 타인의 조력없이는 거동이 전혀 불가능한 자

⑨ 수술 등으로 일정기간 거동이 제한되어 생명유지에 필요한 일상생활의 처리 동작을 혼자 힘으로 할 수 없는 자

⑩ 기타 제1호 내지 제9호에 준하는 상태로 요양 중인 자

요양급여의 지급방법

■ 현물급여

요양급여란 원칙적으로 근로자가 업무상 부상 또는 질병에 걸린 경우 치유될 때까지 소요되는 비용 일체를 근로자가 부담하지 아니하고 공단이 설치한 보험시설 또는 지정된 의료기관에서 무료로 치료를 받게 하는 현물급여이다.

■ 현금급여(이종요양비 지급)

부득이한 사유로 인하여 현물급여인 요양을 제공할 수 없을 때에는 예외적으로 산재환자가 자비로 실시한 요양에 소요되는 비용을 현금으로 지급하는 것을 말한다. 여기에서 부득이한 사유의 구체적 내용은 다음과 같다.

1) 비지정의료기관에서 요양을 받은 경우의 요양비 지급

재해가 발생한 장소 인근에 지정의료기관이 없는 경우, 피재근로자의 상병상태에 따라 지정의료기관이 구비하지 못한 특수한 의료시설 또는 기술을 요하는 경우, 응급치료 등 긴급하게 요양을 할 필요성이 인정되는 경우, 기타 이에 준하는 사정으로 부득이 산재보험비지정의료기관에서 요양을 받은 경우를 말한다.

2) 지정의료기관에서 요양을 받은 경우의 요양비 지급

피재근로자가 부득이한 사유로 요양신청절차를 거치지 않고 지정의료기관에서 요양을 받았을 경우, 피재근로자가 요양신청을 하였으나 공단의 승인이 나지 않은 상태에서 요양비를 부담한 경우, 기타 이송료, 개호료, 의지 기타 보철료 등을 피재근로자가 부담한 경우 등을 말한다.

■ 간병료 지급

간병료는 산재로 승인받은 피재근로자가 요양기간 중 간병인의 도움 없이는 독자적으로 일상생활을 할 수 없을 경우에 한해 주치의사의 소견을 받아 공단 해당지사 보상부에 청구하여 간병료를 지급받을 수 있다. 지급금액은 간병인이 간호사인지, 간호조무사인지, 전문간병인인지, 가족간병인지에 따라 지급금액이 다르다.

■ 요양비청구절차
1) 본인부담치료비, 간병료, 이송료, 보조기대, MRI 등 청구

가까운 공단 지사 또는 산지지정 의료기관에 비치되어 있는 요양비청구서 양식 3부를 교부받고 요양비청구서 양식 3부 모두에 청구건별로 성명과 주민등록번호, 주소, 재해발생일자와 재해발생경위를 정확히 작성하여 사업장과 의료기관의 확인을 받은 뒤, 원무과에서 별도로 진료비명세서와 진료비내역서를 발급받아 진료비 납부영수증과 함께 요양비청구서 1부를 의료기관 주소지를 관할하는 공단 해당지사 보상부에 제출한다(1부는 사업장 보관용이고, 1부는 의료기관 보관용임). 서류접수 후 필요에 따라 공단직원이 사업장 또는 산재환자를 방문해 재해경위를 확인하거나 서류보완을 요청할 수 있으며, 이러한 경우에는 부득이하게 처리가 다소 지연될 수 있다. 청구된 내용을 검토하여 타당성이 있는 경우에 한하여 본인명의의 통장계좌로 입금조치한다.

2) 간병료 청구

가까운 공단 지사 또는 산지지정 의료기관에 비치되어 있는 요양비 청구서 양식 3부를 교부받고 요양비청구서 3부를 작성하고 청구부분 중 '간병료' 란을 체크 후 사업주의 확인을 받고 청구서 뒷부분에 주치의사의 소견을 받아 1부를 의료기관 주소지를 관할하는 공단 해당지사 보상부에 제출한다(1부는 사업장 보관용이고, 1부는 의료기관 보관용임). 요양비청구서(간병료 청구서)가 접수되면 공단 해당지사 보상부에서는 청구된 내용을 검토하여 타당성이 있는 경우에 한하여 재해근로자의 통장계좌로 입금조치한다.

요양급여의 범위

■ 진찰

진찰은 의료인이 산재근로자에 대하여 상병의 확인을 위해 행하는 일체의 진단, 검사 등을 말한다. 진찰은 산재근로자의 직업상 및 환경상의 특수성을 고려해야 하며, 건강진단은 요양급여로 인정하지 않고 각종의 검사는 진료상 필요가 있다고 인정되는 경우에 행하여야 한다.

■ 약제 또는 진찰재료와 의지 기타 보철구의 지급

약제는 산재근로자에 대하여 의학적 필요에 따라 투약복용이나 주사에 의한 방법으로 약물을 투여하는 것을 말한다. 투약은 수시로 증상에 따라 필요 적절하게 행해야 하며, 영양, 안정, 운동, 직장전환, 기타 요양상의 주의를 행함으로써 치료의 효과를 얻을 수 있다고 인정되는 경우에는 적절한 지도를 해야 한다.

진료재료의 지급에는 요양상 필요한 재료인 붕대, 가제, 목발, 부목 등 일체의 재료를 포함하며, 의지 기타 보철구의 지급이란 의수족과 휠체어, 보조기, 치아가 손상된 경우 보철을 한다거나 안구 이상으로 시력이 약해진 경우 안경의 지급, 난청자에게 보청기 등을 지급함으로써 상병이 치유된 후의 신체적 결함을 보충하기 위한 일체의 보조장구의 지급을 말한다.

■ 처치, 수술, 기타의 치료

수술은 필요가 있다고 인정되는 경우에 행하며, 처치는 필요의 정도에 따라 행한다. 업무상 부상 또는 물리요법 등 당해 상병치료에 필요하고 적절한 것이라면 치료비용은 요양급여의 범위에 포함된다. 수술이란 절제술, 절개술, 적출술, 절단술, 봉합술, 접합술 등 일반적으로 환부의 절개 및 봉합 등으로 구성된다. 주의해야 할 점은 최초 재해로 인한 상병으로 성형이 필요하다고 의학적으로 인정되더라도 미용을 위한 성형수술은 산재보험 요양급여의 범위에 해당되지 않는다. 다만 성형을 요하는 상병부위가 성형수술을 함으로써 신체장해등급이 확실히 저하된다는 의학적 소견이 있는 경우에는 산재보험 요양급여 범위에 해당한다.

■ 의료시설에의 수용

의료시설에의 수용이란 산재의료기관 또는 산재보험시설에의 입원을 말한다. 산재근로자에 대한 수용은 요양상 필요가 있다고 인정되는 경우에 행하여야 하며, 단순한 피로회복 또는 통원의 불편 등을 이유로 수용을 할 수는 없다.

■ 이송

이송료의 대상이 되는 이송의 범위는 재해현장에서 의료기관까지의 이송, 공단의 통보 또는 주치의사의 소견에 의한 의료기관까지의 이송 및 의료기관을 변경하기 위한 이송, 재요양을 위한 자택 등으로부터 의료기관에 수용하기 위한 이송, 주치의사의 소견에 의한 퇴원 및 통원의 경우로서 의료기관과 당해 근로자의 거주지(근무처를 포함한다)의 거리가 편도 1킬로미터 이상인 경우와 1킬로미터 미만이더라도 상병상태로 보아 교통수단을 이용하지 않고도 퇴원 및 통원이 불가능한 경우의 그 퇴원 및 통원. 이송료의 내용은 당해 근로자와 동행하는 간호인의 이송에 소요되는 비용으로 한다. 여기서 동행간호인에 대한 이송료는 당해 근로자의 상병상태로 보아 이송에 간호인이 필요하다고 인정되는 경우로서 원칙으로 1인이 동행할 수 있으나 주치의가 특별히 인정하는 경우에는 2인까지 동행할 수 있다.

이송료 중 교통비는 순로에 의해 실제로 소요된 근로자 본인과 동행간호인의 비용이며, 숙박료 및 식대는 당해 근로자와 동행하는 간호인 중 숙식이 필요한 자에 한하여 지급한다. 당해 근로자가 직접 이송비를 지출한 경우에는 요양비청구서에 이송비내역을 첨부하여 청구해야 한다.

■ 기타 노동부령이 정하는 사항

요양급여의 범위 및 요양에 소요된 비용 산정기준은 국민건강보험 요양급여의 기준에 관한 규칙과 국민건강보험법에 의하여 보건복지부장관이 고시하는 요양급여 비용내역에 의한다.

국민건강보험과 달리하는 요양급여 산정기준 등

■ 치과보철

치과보철은 건강보험에서는 인정되지 아니하나 산재보험에서는 인정하고 있으며, 보철시행시 산재로 인한 것이 아닌 환부가 있을 때에는 환자가 희망하면 본인부담으로 할 수 있다. 치과보철 금속재료는 금합금, 팔라디움합금 또는 코발트크롬합금을 사용한다. 보철재료대, 행위진료에 대한 가산율 및 보철진료 중 실시한 국소마취료는 별도 계산하지 않는다.

■ 의지 및 보조기

의지 및 보조기의 수가는 지정의료기관 등급과 관계없이 동일하며, 의지 및 보조기의 장착수수료 및 기타 비용 중 요양급여 산정기준에 따로 정하지 아니한 비용은 수가에 포함된 것으로 간주한다. 의지 및 보조기는 부위별로 2회 지급한다. 다만 휠체어, 보청기, 안경 및 의안은 5년마다, 콘택트렌즈는 3년마다 지급한다.

■ 의지 및 보조기 장착 후 통합재활 훈련

통합재활 훈련대상은 상지 · 하지 의지사용 절단장애인, 휠체어 사용 마비 장애인을 대상으로 하며 훈련료, 훈련내용 및 실시할 수 있는 의료기관의 요건은 산재보험법 요양급여 산정기준 제3절 의지 및 보조기 장착 후 통합재활훈련 부분에 규정하고 있다.

■ 식대

과거에는 국민건강관리공단에서 식대를 급여 대상으로 하지 않았으나 최근 입원환자의 식대가 2006년 6월 1일부터 건강보험으로 적용되었다. 그러나 국민건강보험의 입원환자의 식대는 환자에 따라 다음과 같이 본인부담률이 달라진다.

- 일반입원환자 : 기본가격 20%, 가산가격 50%
- 자(산모) : 기본가격 면제, 가산가격 50%
- 입원환자 : 기본가격 면제, 가산가격 50%
- 중증질환자(암 · 심장질환 · 뇌혈관질환 등) : 기본가격 10%, 가산가격 50%

이에 반해 산재보험은 일반식대 1식 4370원, 영양식대 1식 5240원 (2003.12.30. 개정)을 기준으로 지정의료기관에 지급함을 원칙으로 하고, 지정의료기관에 취사시설이 없을 경우에 한해서만 피재근로자에게 지급한다. 영양식은 고단백식을 실시하지 않고서는 질병의 치유에 지장을 초래하거나 악화될 염려가 있는 경우에 한하여 지급한다.

■ 자기공명영상 촬영(MRI)

자기공명 영상진단에 관한 요양급여의 범위 및 산정기준은 보건복지부장관이 고시한 '요양급여의적용기준및방법에관한세부사항'에 따라서 응급을 요하거나 단순촬영, CT촬영 등 특수촬영 기타 특수 검사방법으로 진단이 곤란하다고 인정되는 경우로서 두경부, 척추, 슬관절, 견관절, 고관절의 손상 및 질환에 대하여 인정된다. 과거에는 1회 촬영을 원칙으로 하되, 추가촬영을 제한적으로 인정하였으나 최근 개정 (2006.2.28.) 내용은 추가촬영 제한기준을 개선하여 회수제한을 삭제하고 1년 경과시 진료방향 결정을 위하여 필요한 경우뿐만 아니라 1년 미경과시에도 의학적으로 촬영의 필요성이 있는 경우에는 추가촬영을 인정하고 있다.

■ **초음파검사**

초음파검사(단 Endo sonography 제외)는 인체에 초음파가 통과할 수 있는 부위에 대하여 실시하되 일반 또는 기타 특수검사방법으로 진단이 곤란하다고 인정되는 경우에 한하여 실시하며 해당부위별로 1인 1회만 인정하는 것을 원칙으로 한다. 다만 장해상태 확인을 위한 특진 또는 촬영시점이 장기간 경과되어 상병상태의 확인을 위하여 검사의 필요성이 있다는 의학적 소견이 있는 경우에 한하여 추가로 일부 지원을 받아 촬영할 수 있다.

요양의 종류

■ **최초요양**

1) 의의

업무상의 사유에 의해 부상을 당하거나 질병에 걸려 4일 이상 요양이 필요한 경우에는 요양신청서를 제출해 업무상 재해로 승인을 받아야 한다. 최초요양신청은 승인 · 불승인 여부에 따라 산재보험에 의한 보상 여부가 결정되기 때문에 중요한 절차이다.

2) 신청절차

가까운 공단 지사 또는 산재지정 의료기관에 비치되어 있는 '요양신청서' 양식 3부를 교부받고 요양신청서 양식 3부 모두 성명과 주민등록번호, 주소, 목격자 인적사항과 재해발생일자와 재해발생경위를 정확히 작성하고, 사업장과 산재지정 의료기관의 확인을 받은 뒤, 1부를 사업장을 관할하는 공단 해당지사 보상부로 제출한다(1부는 사업장 보관용이고, 1부는 의료기관 보관용임). 관할에 대해서는 사업장의 주된 사무소 소재지를 관할하는 공단이 관할 공단이 된다. 예를 들어 서울 영등포구에 사업장이 위치하고 있다면 공단 남부지사가 관할 공단이 된다.

한편 건설현장의 경우에는 당해 건설현장 소재지를 관할하는 해당지사 보상부로 제출한다. 서류접수 후 필요에 따라 공단직원이 사업장 또는 산재환자를 방문하거나 재해경위에 대한 출석조사 또는 서류보완을 요청할 수 있으며, 이러한 경우 처리가 다소 지연될 수 있다. 결정내용은 산재환자, 의료기관, 회사에 통보되며, 공인노무사에게 위임한 경우에는 노무사 사무실로 통보되기도 한다.

■ 요양연기

1) 의의

상병상태가 나빠지거나 계속 치료가 필요한 경우 등으로 승인된 기간 내에 치유되지 아니하여 치료기간의 연장이 필요한 경우에 신청하는 것이 요양연기신청이다.

2) 신청절차

산재지정 의료기관 등에 비치된 '요양연기신청서' 양식을 이용하여 요양연기신청서 양식 2부에 요양중인 의료기관에서 상병상태 및 향후 치료방법에 대한 주치의의 의학적 소견을 받아, 1부를 공단 해당지사 보상부에 제출해야 한다(1부는 의료기관 보관용임). 요양연기신청서는 의료기관에서 작성하며 산재환자는 치료기간 등 기재된 내용을 확인한 후 날인해야 한다. 요양연기신청서가 접수되면 공단 해당지사 보상부에서는 주치의 소견을 참고해 타당성 여부를 검토한 후 요양연기 결정내용을 의료기관 및 산재환자에게 통보한다.

요양연기신청서 제출 후 타당성 여부 검토를 위해 필요에 따라 특별진찰 등을 실시할 수 있다.

■ 전원요양

1) 의의

연고지 또는 수술 등의 이유로 의료기관을 옮기고자 할 때에는 사전에 공단에 신청해 전원 승인을 받은 후 전원하여야 하며, 긴급한 경우에는 공단 담당직원과 사전협의 후 전원할 수 있다. 전원할 수 있는 경우는 다음과 같다.

① 상병상태를 감안하여 적정요양을 위해 필요한 의료기관을 변경하는 경우.

② 요양을 받고 있는 의료기관이 생활근거지가 아니어서 가족들의 간호 또는 통원치료에 지장이 있는 경우

2) 신청절차

산재환자는 사전에 전원하고자 하는 의료기관의 산재지정여부, 입원가능 여부 및 진료과목과 치료를 해줄 수 있는지 여부 등을 확인하고 가까운 공단 지사 또는 산재지정 의료기관에 비치되어 있는 '요양신청서' 양식 3부를 교부받아 요양신청서 양식 3부 모두에 양식내용에 구분란 중 '전원'임을 표시하고, 전면 공란에 전원하고자 하는 산재지정 의료기관의 명칭과 주소, 전화번호 및 담당과를 표시한 후 현재 요양중인 의료기관 주소지 관할 공단 해당지사 보상부에 1부를 제출한다. 전원요양 신청서가 접수되면 공단 해당지사 보상부에서는 전원사유와 상병상태에 따른 전원희망 의료기관의 진료과목 등을 검토해 전원승인 사항을 현재 요양중인 의료기관 및 전원희망 의료기관에 통보하게 된다.

■ 추가상병

1) 의의

요양 중 당초의 업무상 재해와 관련해 새로운 상병이 발견되거나 중대재해로 인한 복합 상병 중 일부 상병이 누락되었을 경우 결정기관인 공단 해당지사에 추가로 승인 신청하는 것을 말한다.

2) 신청절차

의료기관에서 누락된 상병 또는 치료 중 새로운 상병이 발견될 경우, '요양연기신청서' 양식을 이용 구분란 중 '추가상병'임을 표시한 후, 주치의 소견을 받아 추가상병신청서를 현재 요양 중인 의료기관 관할 공단 해당지사 보상부에 제출한다. 추가상병신청서가 접수되면 공단에서는 재해경위 및 최초 승인상병과의 인과관계 여부를 판단해 추가상병 승인사항을 의료기관 및 산재환자에게 통보하게 된다.

■ 재요양

1) 의의

치유 후 사회에 복귀하였으나 업무상의 부상 또는 질병이 재발하거나 치유 당시보다 상태가 악화되어 적극적인 치료가 필요하다는 의학적인 소견이 있는 경우에 다시 치료받기 위해 신청하는 것이다.

2) 재요양의 요건

재요양 신청은 다음의 요건에 해당되는 경우에 승인받아 치료를 받을 수 있다.

① 일반상병으로 당초의 상병과 재요양 신청 상병간에 의학적으로 상당한 인과관계가 인정되고 재요양으로써 치료효과가 기대될 수 있

다는 의학적 소견이 있는 경우

② 내고정술에 의해 삽입된 금속핀 등 내고정물의 제거가 필요한 경우

③ 의지장착을 위해 절단부위 재수술이 필요하다고 인정되는 경우

3) 재요양의 신청 및 결정

재요양신청서는 산재근로자가 재요양 전에 최종적으로 요양을 받았던 의료기관을 판단하는 지사에 제출한다. 공단은 증상경과 임상결과 등에 관하여 자문의사 또는 당해 근로자의 주치의사 의견을 들어 접수일로부터 7일 이내에 재요양 여부를 신청인에게 결정 · 통지하여야 한다. 공단은 재요양 여부를 결정하기 곤란한 경우에는 당해 근로자로 하여금 공단이 지정한 의료기관에서 진찰을 받도록 하여 그 결과에 따라 재요양 여부를 결정해야 한다.

4) 재요양기간 중의 보험급여의 지급

산재보험법에 의해 장해보상연금을 지급받은 자가 그 선급기간 중에 재요양하는 경우 그 선급기간에 대하여는 휴업급여와 상병보상연금은 다음의 계산에 의하여 지급한다. 상병보상연금의 경우 재요양 도중 폐질등급이 상향된 경우에 한하여 지급한다.

휴업급여 = [{(365×0.7)-기존장해보상연금일수}/365] × 평균임금 × 재요양일수

이 경우 당해 근로자가 일정연령에 도달한 이후에는 노동능력 등을 고려하여 휴업급여를 감액해야 할 필요가 있을 때에는 감액분을 감안해 계산한다.

• 상병보상연금 = {(상향조정된 상병보상연금일수-기존장해보상연금일수)/365} × 평균임금 × 재요양일수

이 경우 당해 근로자가 일정연령에 도달한 이후에는 노동능력 등을 고려해 상병보상연금을 감액해야 할 필요가 있을 때에는 감액분을 감안하여 계산한다.

5) 신청절차

가까운 공단 지사 또는 산재지정 의료기관에 비치되어 있는 요양신청서 양식 3부를 교부받는다. 요양신청서 양식 3부 모두에 양식 내용 구분란 중 '재요양' 임을 표시하고 성명과 주민등록번호, 주소, 재해발생일자와 재해발생경위를 정확히 작성하고, 사업장과 마지막으로 치료받았던 산재지정 의료기관의 서명 날일 확인을 받은 뒤 1부를 마지막으로 치료받았던 의료기관 또는 사업장을 관할하는 공단 해당지사 보상부로 제출한다.

재요양신청서가 접수되면 결정기관인 공단 해당지사에서는 현재의 상병상태의 재요양 요건 해당여부를 심사한 후 본인 또는 의료기관으로 결정 · 통보를 하게 된다.

2. 휴업급여

휴업급여의 의의

휴업급여는 업무상의 사유에 의하여 부상을 당하거나 질병에 걸린 근로자가 요양으로 인하여 취업하지 못함으로써 임금을 받지 못하여 생계가 곤란하게 되는 피재근로자와 그 가족의 생활을 보호하기 위하여 임금대신 지급하는 소정의 보험급여를 말한다.

휴업급여의 지급요건

휴업급여는 업무상의 사유에 의하여 부상을 당하거나 질병에 걸린 근로자에게 요양으로 인하여 취업하지 못한 기간에 대하여 지급하되, 1일당 지급액은 평균임금의 70%에 상당하는 금액으로 하되 다만 취업하지 못한 기간이 3일 이내인 때에는 이를 지급하지 아니한다.

구체적인 휴업급여 지급 요건은 다음과 같다.

첫째, 업무상 재해로 요양할 것 – 만일 요양을 하지 아니하거나 업무상 재해 이외의 사유로 요양한 경우에는 휴업급여의 대상이 되지 아니한다.

둘째, 요양기간이 4일 이상일 것 – 업무상 재해로 요양을 하는 경우에도 요양기간이 3일 이내의 요양으로 치유될 수 있는 경우에는 휴업급여가 지급되지 아니한다.

셋째, 요양으로 인하여 취업하지 못하였을 것 – 업무상 재해를 당하여 4일 이상의 요양을 하는 경우라도 요양기간 중 취업을 하였으면 휴업급여를 청구할 수 없다. 산재근로자가 요양으로 인하여 취업하지 못한 경우 사업주에 대한 임금청구권이 없고 이 법에 의하여 공단에 대한 휴업급여 청구권이 존재할 뿐이다.

휴업급여의 청구방법

휴업급여 청구는 휴업급여 청구권이 발생된 때 이후로 근로자 편의에 따라 수시로 청구할 수 있다. 통상적으로는 매월 1회 청구하고 있다. 휴업급여 최초분은 사업주의 확인을 받아 최초 관할 공단에 제출하여 지급받고 제2회 청구분부터는 사업주 확인 날인을 생략하고 받을 수 있다.

휴업급여의 지급액 및 최저임금적용

휴업급여의 지급액은 1일당 평균임금의 70%에 상당하는 금액으로 하되 요양받았던 기간에 근로를 제공하지 않은 경우에 청구할 수 있고 아직 도래하지 못한 기간에 대해서는 청구할 수 없다. 건설 일용근로자의 경우 평균임금 계산특례에 따라서 일당을 통상근로계수에 곱한 금액을 평균임금으로 하고 이 평균임금의 70%를 지급한다.

휴업급여가 최저임금액에 미달하는 경우에는 최저임금법에 의한 최저임금액을 당해 근로자의 1일당 휴업급여 지급액으로 한다. 단 이를 개정한 2000년 7월 1일부터 적용되고 개정 전의 경우에는 최저임금액을 평균임금으로 하여 최저임금의 70%를 지급한다.

휴업급여의 감액지급

65세 미만의 산재근로자가 65세에 도달한 경우에 휴업급여는 65세에 달하는 날까지 평균임금의 70%를 지급하고 도달한 날 이후부터는 평균임금의 65%를 지급한다. 65세 이후에 취업 중인 자가 업무상 재해로 인하여 요양하는 경우 휴업급여는 업무상 재해를 당한 날 이후 2년까지 감액을 하지 않고 평균임금의 70%를 지급하되, 2년 이후에는 평균임금의 65%를 지급한다.

휴업급여와 기타 보상과의 관계

상병보상연금은 요양개시 후 2년이 경과된 날 이후에도 폐질등급 제1급 내지 제3급에 해당하는 상태로 장기요양하는 중환자를 보호하기 위하여 휴업급여 대신 지급하는 급여이므로 상병보상연금을 받고 있는 기간에는 휴업급여가 지급되지 않는다. 근로기준법상 휴업보상은 산재보험에 의한 휴업급여와 달리 평균임금의 60%를 지급한다. 만일 업무상

부상 또는 질병이 3일 이내의 요양으로 치유될 수 있는 때에는 산재보험
법상 휴업급여는 지급되지 아니하며 근로기준법에 의하여 사용자가 지
급하게 된다. 휴업급여는 그 청구사유가 매일 발생하므로 매 취업하지
못한 날의 다음날부터 3년이 경과하면 소멸시효가 완성된다.

3. 상병보상연금

상병보상연금의 의의

상병보상연금이라 함은 요양급여를 받는 근로자가 요양개시 후 2년
이 경과된 날 이후에 당해 부상 또는 질병이 치유되지 아니한 상태에
있고, 그 부상 또는 질병에 의한 폐질의 정도가 폐질등급 기준(폐질등급
1급~3급)에 해당하는 상태가 계속되는 경우 당해 근로자에게 휴업급
여 대신 상병보상연금을 지급한다. 장해보상연금(장해등급 1급~3급)을
받고 있던 자가 재요양하고 있는 경우에는 요양개시 후 2년이 경과된
것으로 본다. 상병보상 연금제도는 업무상 재해로 인하여 2년 이상 장
기 요양이 필요로 하는 폐질의 상태에 있는 근로자에게 장해보상연금
과 동일한 수준의 급여를 지급함으로써 당해 근로자와 가족의 생활안
정을 도모하는 특수한 형태의 보상제도이다.

지급요건

■ 요양급여를 받는 근로자가 요양개시 후 2년이 경과될 것

요양급여를 받는 근로자로서 요양개시 후 2년이 경과되어야 한다.
요양급여를 받는다함은 산재보험법에 의한 요양 중에 있음을 의미한
다. 요양개시 후 2년이라 함은 상병상태가 치유되지 아니한 상태로 계

속하여 2년이 경과된 경우를 말하며, 재요양을 반복하여 요양기간의 합계가 2년 이상인 경우는 해당되지 아니한다.

■ 당해 부상 또는 질병이 치유되지 아니한 상태에 있을 것

요양개시 후 2년이 경과된 시점인 현재에 아직도 치유되지 아니한 상태에 있음을 말하며, 그로 인하여 요양을 계속하고 있고 따라서 노동력을 상실하고 있는 상태를 의미한다.

■ 그 부상 또는 질병의 상태가 폐질등급기준에 해당할 것

치유되지 않은 상병의 상태가 시행령 별표4의 폐질등급기군 제1급~제3급에 해당되어야 한다. 이는 요양개시 후부터 계속하여 폐질등급기준에 해당되어야 한다는 것을 말하는 것이 아니라 당초에는 그에 미달하였으나 2년이 경과한 현시점에서 치유되지 아니한 상병상태가 법에서 정한 폐질등급에 해당되는 경우를 말한다.

폐질등급의 인정기준
■ 폐질등급의 적용시기

폐질등급의 적용시기는 요양이 개시된 후 2년이 경과되어도 치유되지 아니하고 상당한 기간을 같은 상태가 계속된다고 인정되는 경우에 그 2년이 경과된 후 폐질상태를 진단받은 날이 속하는 달의 다음 달부터 한다.

■ 폐질등급의 결정기준

산재보험법에 의한 상병보상연금의 지급을 위한 폐질등급의 결정기준은 요양이 개시된 후 2년이 경과되어도 치유되지 아니하고 상당한 기간을 같은 상태가 계속된다고 인정되는 경우에 그 2년이 경과된 후 폐

질상태진단 당시의 신체부위별 장해등급 결정기준을 준용한다.

상병보상연금의 지급

■ 상병보상연금 지급액

상병보상연금액은 폐질등급에 따라 차등지급된다. 상병보상연금의 금액은 장해보상연금과 균형을 고려하여 장해등급 1급부터 3급까지 장해보상연금의 금액과 같도록 되어 있다.

폐질등급	상병보상연금
제1급	평균임금의 329일분
제2급	평균임금의 291일분
제3급	평균임금의 257일분

■ 청구서 제출 및 처리

상병보상연금 지급요건에 해당되는 산재근로자는 그 사유가 발생한 날부터 14일 이내에 상병보상연금 청구서에 폐질상태를 증명할 수 있는 의사의 진단서를 첨부하여 공단에 제출하여야 한다. 상병보상연금 청구서 및 폐질상태신고서는 의료기관 관할 지사장이 처리한다.

■ 산정방법 및 지급시기

상병보상연금 산정은 다음 같은 방법으로 한다.

> 매월 지급되는 상병보상연금액 = 평균임금 × 해당폐질등급의 지급일수 × 1/12

상병보상연금의 지급시기는 그 지급사유가 발생한 달의 다음 달의 초일부터 개시되며, 그 지급받을 권리가 소멸한 달의 말일에 종료된다. 상병보상연금을 정지할 사유가 발생한 때에는 그 사유가 발생한 달의 다음 달 초일부터 개시되며, 그 지급받을 권리가 소멸한 달의 말일에 종료된다.

■ 상병보상연금의 감액

상병보상연금은 휴업급여의 감액지급과 같이 일정 연령 이후에는 감액하여 지급된다. 즉 65세 미만의 산재근로자가 65세에 달한 경우 상병보상연금은 그 65세에 달하는 날까지 각 폐질등급에 따른 연금일수에 평균임금을 곱하여 지급하고, 도달한 날 이후에는 각 연금액의 93%를 감한다. 그러나 65세 이상의 근로자가 업무상 재해를 당한 경우에는 재해일 이후 휴업급여 지급방법에 따라 2년까지는 휴업급여를 지급하게 되며, 요양개시 후 2년이 경과하여 상병보상연금 대상이 된 경우에는 상병보상연금의 지급요령에 따른다. 상병보상연금 감액에 대한 규정은 2001년 1월 1일 이후 업무상 재해를 당한 근로자부터 적용하며, 2000년 12월 31일 이전 업무상 재해를 입은 산재근로자는 연령에 관계없이 상병보상연금을 감액하지 아니한다.

■ 상병보상연금의 최저임금 적용

종전에는 상병보상연금을 산정함에 있어 근로자의 평균임금이 최저임금에 미달하는 경우에 최저임금을 평균임금으로 하였으나 이를 개정하여 최저임금에 미달하는 임금을 받는 근로자에 대해서는 상병보상연금 지급시 최저임금액에 70분의 100을 곱한 금액을 평균임금으로 산정한다.

■ 장해보상연금 수급권자의 재용시 상병보상연금

장해등급 제1급 내지 제3급에 해당되어 장해보상연금을 수령하고 있던 근로자가 재요양하여 폐질등급 제1급 내지 제3급에 해당되는 경우 재요양개시일의 다음달 초일부터 상병보상연금을 지급하고 장해연금은 지급을 정지한다.

■ 장해보상연금 선급기간 중 재요양시 상병보상연금

장해등급 제1급 내지 제3급에 해당되어 장해보상연금 선급금을 받은 근로자가 재요양을 하는 경우 상병보상연금 대상이 되는데, 이 경우 장해보상연금 선급금 기간 중 상병보상연금을 지급하지 않는다. 다만 폐질등급이 상향조정된 경우에는 다음과 같이 산정하여 상병보상연금을 감액하여 할 경우 감액분을 감안하여 계산한다.

> 상병보상연금액 = {(상향조정된 상병보상 연금일수 – 기존장해 연금일수) / 365}
> × 평균임금 × 재요양일수

상병보상연금 지급효과

■ 상병보상연금과 휴업급여와의 관계

상병보상연금을 지급받고 있는 근로자에게는 필요한 요양급여는 계속 지급되지만 휴업급여는 지급하지 아니한다.

■ 상병보상연금과 해고제한과의 관계

요양급여를 받는 근로자가 요양이 개시된 후 3년이 경과된 날 이후에도 상병보상연금을 지급받고 있는 경우에는 근로기준법 제30조 제2항 단서의 규정을 적용함에 있어서 당해 사용자는 그 후 3년이 경과된 날 이후에는 근로기준법에 규정된 일시보상을 지급한 것으로 본다.

3_ 요양종결 후의 보험급여

1. 장해급여

장해급여의 의의

장해급여라 함은 근로자가 업무상의 사유에 의하여 부상을 당하거나 질병에 걸려 치유 후 신체 등에 장해가 있는 경우에 당해 근로자에게 지급한다. 장해급여는 노동능력상실에 대한 손실전보를 목적으로 하는 것으로서 장해급여대상이 되는 장해는 업무상 재해와 관련된 신체장해이며 신체 또는 정신의 결손의 존재가 의학적으로 인정되어야 하고 장래에 회복이 곤란하다고 인정되는 장해를 말한다. 노동능력의 상실정도를 판정함에 있어 '노동능력' 은 일반적 · 평균적 노동능력을 말하는 것으로서 주로 쓰는 팔, 직종 등 다른 조건은 장해의 정도를 결정하는데 고려의 대상이 되지 않는다.

장해급여의 지급요건
■ 업무상 재해가 치유상태에 있을 것

장해급여를 받으려면 업무상의 사유에 의하여 부상을 당하거나 질병에 걸려 치유의 상태에 있어야 한다. 치유란 부상 또는 질병이 완치되거나 치료의 효과를 더 이상 기대할 수 없게 되고 그 증상이 고정된 상태에 이르게 된 것을 말한다.

■ 장해가 남을 것

장해라 함은 부상 또는 질병이 치유되었거나 신체에 영구적인 정신적 또는 육체적 훼손으로 인하여 노동능력이 손실 또는 감소된 상태를 말한다. 상병상태의 치유시기에 남는 최종적인 장해는 당해 업무상 부상 또는 질병으로 인하여 발생한 최초의 상병과 의학적 · 신체적 · 시기적으로 상당한 인과관계가 있어야 한다.

■ 잔존하는 신체의 장해가 신체장해등급표에 해당하는 상태일 것

잔존하는 신체장해는 적어도 시행령 별표2의 신체장해등급표(장해등급표) 기준의 최하위 장해등급인 제14급 이상의 장해에 해당하여야 한다.

장해등급의 판정시기

장해등급의 판정은 요양이 종료된 때에 증상이 고정된 상태에서 행하고, 요양종료시 증상이 고정되지 아니한 경우 6월 이내에 증상이 고정될 수 있음이 의학적으로 인정되는 경우에는 증상이 고정된 때에 행한다. 다만, 6월 이내에 증상이 고정되지 아니한 경우에는 6월이 되는 날에 고정될 것으로 인정하는 증상에 대하여 장해등급판정을 행한다.

장해급여의 수급권

■ 장해급여의 수급권자

장해급여는 업무상의 사유에 의하여 부상을 당하거나 치유 후 신체 등에 장해가 남은 산재근로자 본인이 수급권자가 된다. 다만, 장해보상연금을 받던 중 산재근로자가 사망하고 장해보상일시금과의 차이가 있을 때에는 그 유족에게 장해보상연금 차액일시금을 지급한다.

■ 장해보상연금 수급권의 소멸

장해보상연금의 수급권자가 사망한 경우, 내국인 수급권자가 국외로 이주하거나 외국인 수급권자가 국내를 떠나게 되어 연금수급권을 포기하는 경우, 장해상태가 변동되어 장해보상연금 지급대상에서 제외되는 경우에는 그 수급권이 소멸하므로 일시금으로 지급하게 된다.

■ 장해보상연금의 지급이 곤란한 경우

장해등급 제1급~제3급의 경우에는 장해보상연금이 의무화되어 있으나 연금의 형태로 지급하는 것이 곤란한 경우에는 연금을 지급하지 않을 수 있으며, 장해보상연금의 내국인 수급권자가 국외로 이주하는 경우 또는 외국인 수급권자가 국내를 떠나게 되는 경우에는 장해보상 일시금의 지급을 공단에 신청할 경우 일시금으로 지급받을 수 있다.

장해급여의 종류

장해급여의 종류는 장해보상연금과 장해보상일시금으로 나뉘며, 수급권자의 선택에 따라 이를 지급한다. 다만, 장해등급 제1급 내지 제3급에 해당하는 노동력을 완전히 상실한 장해등급의 근로자에 대하여는 장해보상연금을 지급한다.

■ 장해보상연금

1) 순수연금

장해보상연금은 산재근로자가 살아있는 평생 지급하는 급여이다. 매년 지급한다는 의미로서의 연금이지만 수급권자의 안정적이고 계획적인 생활 및 자금운용의 원활을 위하여 매월 정기적으로 일정액을 지급한다. 장해보상의 순수연금은 의무적 연금과 선택적 연금으로 나뉜다.

연금 또는 일시금으로 수급권자가 선택할 수 있는 장해등급은 제4급 내지 제7급에 한한다.

2) 장해보상연금 선급금

장해보상연금 선급금이란 장해보상연금을 수령하기로 결정한 상태에서 그 연금의 최초의 1년분 내지 4년분을 미리 지급하는 금액을 말한다. 장해보상연금 중 의무적 연금인 장해등급 제1급 내지 제3급의 경우에는 최초의 1년분 내지 4년분을, 선택적 연금인 제4급 내지 제7급의 경우에는 최초의 1년분 내지 2년분까지 선급금으로 수령할 수 있다.

3) 장해보상연금 차액일시금

장해보상연금 차액일시금(장해차액일시금)이라 함은 장해보상연금을 지급받고 있던 수급권자가 사망한 경우에 이미 지급한 연금의 합계액을 지급 당시의 각각의 평균임금으로 나눈 일수의 합계가 장해보상 일시금일수에 미달하는 경우에는 그 미달하는 일수에 사망당시의 평균임금을 곱하여 산정한 금액을 일시금으로 지급하는 것을 말한다. 이 경우 장해차액일시금 산정은 임금변동순응률에 의하여 증감한 평균임금에 의하여 산정한다. 이는 수급권자가 장기적 생활안정을 위하여 유리한 연금을 선택하도록 하되 일시금상당액도 수령하지 못하고 사망하는 경우를 보장하기 위한 것이다.

【예시】근로자 '갑'이 2000.7.1. 요양을 종결하고 장해 7급에 해당되어 장해보상연금을 수령하여 오던 중 2000.12.2. 사망한 경우 장해보상 연금차액일시금은?

단, 평균임금 30,000원, 장해7급에 해당하는 장해보상 연금일수 138

일, 장해보상 일시금일수 616일분을 기준으로 한다.

$$(장해보상일시금의 일수 - 기 지급한 장해보상 연금일수) \times 평균임금 =$$
$$(616일 - 138일/12 \times 5월) \times 30,000원 = (616일 - 57.5일) \times 30,000원$$
$$= 16,755,000원$$
$$\therefore 16,755,000원을 차액 일시금으로 유족에게 지급$$

■ 장해보상일시금

장해보상일시금이란 장해급여표의 장해등급별로 각 일시금에 해당하는 평균임금 지급일수분의 장해급여 전액을 일시에 지급하는 것이다. 장해등급 제8급 내지 제14급은 장해보상일시금을 지급하고, 장해등급 제4급 내지 제7급은 연금과 일시금 중에서 피재근로자의 선택에 의하여 장해보상일시금을 지급할 수 있다.

장해급여의 청구절차

가까운 공단 지사 또는 산재지정 의료기관에 비치되어 있는 장해보상청구서 양식 3부를 교부받는다. 장해보상청구서 양식 3부 모두 피재근로자 인적사항과 청구내용 등을 정확히 작성하고 사업장의 확인과 의료기관의 장해진단을 받은 뒤, 1부를 사업장 관할 공단 해당지사 보상부나 의료기관 주소지 관할 공단 해당지사 보상부에 제출한다. 장해보상 청구서가 접수되면 공단 해당지사 보상부에서는 피재근로자에게 장해 심사일을 지정·통보하며, 지정일자에 해당 공단지사에서 장해심사를 실시한다.

장해심사 후 결정된 장해등급에 따라 피재근로자 명의의 은행계좌로 장해급여를 입금시킨 후 별도 통지한다. 여기서 장해급여는 평균임금의 장해등급에 해당되는 지급일수를 곱하여 산정한다.

등급별 장해보상연금 및 일시금 기준은 다음과 같다.

장해등급	장해보상연금	장해보상일시금
제 1급	329일분	1474일분
제 2급	291일분	1309일분
제 3급	257일분	1155일분
제 4급	224일분	1012일분
제 5급	193일분	869일분
제 6급	164일분	737일분
제 7급	138일분	616일분
제 8급		495일분
제 9급		385일분
제10급		297일분
제11급		220일분
제12급		154일분
제13급		99일분
제14급		55일분

2. 간병급여

간병급여의 의의

간병급여라 함은 요양급여를 받은 자가 요양종결 후 의학적으로 상시 또는 수시로 간병이 필요하여 실제로 간병이 필요한 자에게 지급하는 보험급여를 말한다. 그동안 간병료는 요양기간 중에만 지급되어 상병상태가 치유 후에도 사실상 간병이 계속적으로 필요한 경우 산재근로자의 부담이 증가되고 이에 따라 일부 불필요한 재요양을 신청하거나 요양의 종결을 기피하는 현상이 나타나기도 하였다. 이에 따라 1999년 12월 31일 산재보험법 개정시 간병급여제도를 도입하여 요양이 끝난 후에도 상병의 특질상 상시 또는 수시로 간병이 필요한 경우로서 간병이 실제로 행하여진 경우 보험급여로 간병료를 지급함으로써 중증장해자를 보호하게 되었다. 간병급여는 우리 나라의 사회보험제도 중 산재보험이 최초로 도입한 보험급여제도로서 산재근로자에 대한 평생보호를 위해 제도를 마련하였다는 데 큰 의의가 있다.

간병급여의 지급대상 및 지급기준

■ 상시간병의 지급대상 및 지급기준

상시간병의 지급대상은

① 신경계통의 기능, 정신기능 또는 흉복부장기기능의 장해가 장해등급 제1급에 해당하는 자로서 상시간병을 받아야 하는 자

② 두 눈, 두 팔 또는 두 다리의 장해가 장해등급 제1급에 해당되는 자로서 동시에 그 외의 부위에 장해등급 제7급 이상에 해당되는 자

상시간병의 지급기준은 법 규정에 의한 간병과 관련하여 노동부장관이 고시하는 금액으로 한다.

■ 수시간병의 지급대상 및 지급기준

수시간병의 지급대상은

① 신경계통의 기능, 정신기능 또는 흉복부장기기능의 장해가 장해등급 제2급에 해당하는 자

② 신경계통의 기능, 정신기능 또는 흉복부장기기능 장해외의 장해가 장해등급 제1급에 해당하는 장해가 있는 자. 제31조 제2항의 규정에 의하여 조정된 장해등급이 제1급인 경우에도 포함

③ 두 눈, 두 팔 또는 두 다리의 장해가 장해등급 제2급에 해당하는

장해와 함께 그 외의 부위에 장해등급 제7급 이상에 해당되는 장해
가 있는 자

④두 손의 손가락을 모두 잃어 혼자 힘으로 식사를 할 수 없는 자
(2003.7.1. 시행)

⑤업무상 질병으로 신체가 허약하여 거동이 전혀불가능한 자
(2003.7.1. 시행)

수시간병의 지급기준은 상시간병급여액의 3분의 2에 해당하는 금액
으로 한다.

■ 간병급여 적용의 예외

간병급여 지급대상자가 무료요양소 등에 입소하여 간병비용을 지출
하지 아니하거나 지출한 간병비용이 간병급여액에 미달함이 명백한 경
우에는 간병급여를 지급하지 아니하거나 실제 지출된 간병비용만 지급
한다. 재요양 중에는 간병료로 지급되므로 재요양종료시까지 간병급
여를 지급하지 아니한다.

간병급여의 청구 및 지급

■ 청구방법

간병급여는 근로자의 신청에 의하여 지급한다. 간병급여를 지급받
고자 하는 자는 간병급여 수급권자의 장해상태, 간병인에 관한 사항
및 간병시설 이용 여부 등을 기재한 간병급여청구서를 제출하되, 간병
급여의 수급도중에 간병급여 수급권자의 장해상태가 변동된 때에는
간병급여청구서에 이를 증명할 수 있는 진단서를 첨부하여야 한다.

■ 간병급여의 지급

1) 간병급여의 지급기준

시행령 별표2의 2의 규정에 의하여 노동부장관이 고시한 다음의 금액으로 한다.

적용기간	상시간병급여	수시간병급여
2000.1.1. ~ 2001.8.31.	26,000원	17,340원
2001.9.1. ~ 2002.8.31.	29,000원	19,330원
2002.9.1. ~ 2003.8.31.	31,900원	21,270원
2005.9.1. ~ 2006.8.31.	37,420원	24,940원

간병급여의 지급은 간병이 실제로 행하여진 날에 대하여 월단위로 지급한다. 간병급여 지급대상자가 재요양을 받는 경우에는 재요양한 날부터 재요양종료시까지 간병급여를 지급하지 아니한다. 다만, 요양기간중 간병료의 지급대상이 되는 경우 요양급여로서의 간병료를 지급한다.

2) 간병급여의 지급시기

간병급여는 법 시행당시 종전의 법 제40조의 규정에 의한 요양 중인 자부터 적용하므로 2000년 7월 1일 현재 요양 중인 자부터 적용한다. 시행일 이전에 치유되었으나 재요양의 사유에 해당되어 재요양 후에 간병급여의 대상이 되는 경우에는 간병급여를 받을 수 있다.

간병급여의 청구절차

가까운 공단 지사 또는 산재지정 의료기관에 비치되어 있는 요양비청구서 3부를 교부받아 요양비청구서 3부를 작성하고 청구부분 중 '간병료' 란을 체크한 후 사업주의 확인을 받고 청구서 뒷부분에 주치의사의 소견을 받아 1부를 의료기관 주소지를 관할하는 공단 해당지사 보상부로 제출한다.

　요양비청구서가 접수되면 공단 해당지사 보상부에서는 청구된 내용을 검토하여 타당성이 있는 경우에 한하여 재해근로자의 통장계좌로 입금조치한다.

3. 후유증상 진료제도

후유증상 진료제도의 의의

　공단은 재요양의 요건에는 해당하지 아니하나 당해 업무상의 부상 또는 질병의 특성상 치유된 후에 후유증상이 발생되었거나 발생될 우려가 있는 자에 대하여 의료기관에서 필요한 조치를 받도록 할 수 있다.

　여기서 후유증상이란 업무상 부상 또는 질병이 치유되었으나, 당해 상병 또는 장해의 특성으로 인하여 발생하였거나 발생할 우려가 있는 후유증상으로서 법 제40조의2의 규정에 의한 재요양의 대상에 해당하지 아니하는 증상을 말한다. 그동안 치유된 산재근로자가 경미한 후유증상 등을 치료하기 위해서는 공단의 승인 등이 필요하였는데 재요양 요건에 해당되지 않을 경우 산재근로자가 자기부담으로 치료를 하여야 하는 문제가 발생하게 되었다. 이에 따라 재요양 대상이 되지 아니하는 경미한 후유증 등에 대해서 신속한 진료를 받을 수 있도록 하기 위하여 2000년 7월 1일부터 후유증상 진료제도를 시행하고 있다. 요양이 종결된 자의 후유증상 예방 및 노동능력 유지회복으로 산재근로자의 원활한 사회복귀를 촉진하는 한편 상병의 악화 또는 재발을 미연에 방지함으로써 불필요한 요양을 억제하고 합리적으로 요양관리를 할 수 있게 된 것이다.

진료의 대상 및 범위

■ 진료의 대상

장해급여를 지급받은 후에 후유증상 관리대상 17개 상병에 해당하는 상병이 있고, 후유증의 예방 및 관리를 위하여 지속적인 관리가 필요한 자를 대상으로 한다. 한편 재요양의 사유에 해당되는 자는 제외한다.

■ 진료대상 후유증상 범위 및 진료기간

① 척수손상에 따른 후유증상 : 척수손상 후 사지 또는 하반신 마비로 인하여 발생하는 욕창, 요로감염 등, 손상부의 동통, 근위축, 감각이상 등의 이차적 증상으로 장해등급 9급 이상의 경우

② 두부외상 후 증후군 및 뇌의 기질적 손상에 따른 후유증상 : 두부외상증후군, 외상에 의한 뇌의 기질적 손상의 치유 후 발생하는 신경, 정신증상 및 기타 후유증상, 뇌혈관질환 치유 후 사지 또는 반신마비 및 신경정신증상으로 장해등급 9급 이상의 경우

③ 만성골수염 또는 관절염 등 골절에 따른 후유증상 : 골절 치유 후에 발생하는 만성화농성골수염 등 염증성 합병증, 관절내골절 등으로 인한 관절염으로 장해등급 12급 이상의 경우

④ 척추재해에 따른 후유증상 : 척수고정술, 재수술 등의 척추수술을 받은 자 중 치료종결 후 재발방지를 위한 주기적인 관찰이 필요한 후유증상으로 장해등급 10급 이상의 경우

⑤ 진동장해에 따른 후유증상 : 진동에 의하여 발생한 질병 치유 후 발생하는 신경증상으로 장해등급 12급 이상의 경우

⑥ 눈의 외상에 따른 후유증상 : 눈의 외상치유 후 이차적으로 발생하는 백내장, 녹내장, 망막박리 등의 안과질환, 외상 후 각막혼탁, 복시, 누선장애, 안검장애 및 기타 합병증으로 장해급여를 받은 경우

⑦ 고관절 · 대퇴골두 및 대퇴골 경부골절 또는 탈구에 따른 후유증상
: 고관절 또는 대퇴골골절 또는 탈구 치유 후 발생할 수 있는 대퇴골두
무혈성괴사에 대한 예방치료 또는 의학적 조치가 필요한 증상

⑧ 인공관절 또는 인공골두 삽입에 따른 후유증상 : 인공관절 치환술
인공관절의 해리, 감염 등에 대한 예방치료 또는 의학적 조치가 필요
한 증상으로 장해등급 8급 이상을 받은 경우

⑨ 요도협착 장해에 따른 후유증상 : 주기적으로 요도확장술이 필요
한 상태임이 인정되어 장해보상을 받은 자의 요도협착증으로 장해급
여를 받은 경우

⑩ 외상성 전간장해에 따른 후유증상 : 외상, 뇌혈관질환 등에 의한
뇌의 기질적 손상때문에 치유 후에도 발생하거나 발생할 우려가 있
는 전간발작으로 장해등급을 받은 경우

⑪ 3도 화상 또는 피부이식에 따른 후유증상 : 3도 화상 또는 피부이
식술 후 발생할 수 있는 관절구축 또는 피부손상으로 장해등급 12등
급 이상의 경우

⑫ 진폐장해에 따른 후유증상 : 진폐증에 의한 치유 및 장해결정 후
결핵 및 만성기관지염, 폐렴, 기관지확장증, 폐기종, 기도폐쇄성과
제한성 장애, 폐암 등에 대한 예방치료 또는 의학적 조치가 필요한
증상으로서 장해등급을 받은 경우

⑬ 흉복부장기 장해에 따른 후유증상 : 심장질환, 식도협착, 기관지
천식 등 치유 후 상병악화 방지를 위해 지속적인 관찰과 약물치료가
필요한 증상으로서 장해급여를 받은 경우. 다만, 만성신부전증, 만성
기관지염 및 간질환은 제외한다.

⑭ 슬관절 손상으로 인한 후유증상 : 관절내 손상으로 인한 관절염에
대한 예방치료 또는 의학적 조치가 필요한 증상으로 장해등급 12급

이상을 받은 경우

⑮ 상지, 족근관절, 족관절 손상에 따른 후유증상 : 관절강직, 관절내 손상으로 인한 관절염에 대한 예방치료 또는 의학적 조치가 필요한 증상으로 장해등급 12급 이상의 경우

⑯ 수상부위의 손상에 따른 완고한 신경증상 : 관절강직 절단 및 건 파열 말초신경 손상 등 타진료대상 후유증상에 속하지 아니한 수상 부위의 손상 치유 후에 발생하는 완고한 신경증상으로 장해등급 12 급 이상의 경우

⑰ 재활보조기구 수리 및 장착에 따른 단순처치 : 의지장착을 위하여 절단부위의 재수술을 요하지 아니하는 단순한 처치가 필요한 증상, 의지 및 보조기 장착 후 보행훈련, 검사 등이 필요한 증상으로서 장 해급여를 받은 경우

※ 2005. 7. 31.까지 신청한 산재근로자에게는 후유증상 상병에 관계없이 '장해급여를 받은 자(제14급 이상)' 이면 서비스카드 발급이 가능하다.

■ 진료기간
1) 다음의 후유증상에 대하여는 상병이 치유된 날부터 3년
① 척수손상에 따른 후유증상(연장 가능)
② 만성골수염 또는 관절염 등 골절에 따른 후유증상(연장 가능)
③ 고관절 · 대퇴골두 및 대퇴골 경부골절 또는 탈구에 따른 후유증 상(연장 가능)
④ 인공관절 또는 인공골두 삽입에 따른 후유증상(연장 가능)
⑤ 요도협착 장해에 따른 후유증상(연장 가능)
⑥ 흉복부장기 장해에 따른 후유증상. 다만, 만성신부전증, 만성기관 지염 및 간질환은 제외(연장 가능)

2) 다음의 후유증상에 대하여는 상병이 치유된 날부터 2년

① 두부외상 후 증후군 및 뇌의 기질적 손상에 따른 후유증상(연장 가능)

② 척추재해에 따른 후유증상(1회 연장 가능)

③ 진동장해에 따른 후유증상(1회 연장 가능)

④ 눈의 외상에 따른 후유증상(연장 가능)

⑤ 외상성 전간장해에 따른 후유증상(연장 가능)

⑥ 진폐증에 따른 후유증상(연장 가능)

⑦ 슬관절 손상으로 인한 후유증상(1회 연장 가능)

⑧ 상지, 족근관절, 족관절 손상에 따른 후유증상(1회 연장 가능)

⑨ 수상부위의 손상에 따른 단순 동통(1회 연장 가능)

3) 다음의 후유증상에 대하여는 상병이 치유된 날부터 1년

3도 화상 또는 피부이식에 따른 후유증상(연장 가능)

4) 다음의 후유증상에 대하여는 상병이 치유된 날부터 5년

재활보조기구 수리 및 장착에 따른 단순처치(연장 가능)

후유증상진료의 결정 및 서비스카드 발급 등

■ 관리대상 결정

공단은 장해등급 심사시 요양상병 및 장해의 특성에 의한 17개 상병에 해당하는 후유증으로 지속적인 관리가 필요하다고 인정되는 경우 자문의사 자문 후 서비스카드를 직권결정하여 발급한다. 한편 산재장해자로 요양종결 당시 후유증상관리 대상이 되지 않았거나, 서비스카드를 발급받지 못하였으나 이후 후유증의 관리가 필요하여 서비스카드의 발급을 신청하는 경우 주치의 소견 및 자문의 자문 후 후유증상

관리 대상자를 결정한다. 후유증상 진료제도의 시행일인 2000년 7월 1일 이전에 요양이 종결된 경우 또는 장해 판정시 후유증상 진료카드가 발급되지 아니한 경우 등으로서 후유증상이 있어 진료를 받고자하는 때에는 후유증상 진료카드 발급신청서를 공단에 제출하여야 한다.

■ 진료카드의 발급

1) 진료카드 발급

진료를 행하기로 결정한 때에는 당해 근로자에게 진료카드를 발급하여야 한다. 신청서를 제출한 자에 대하여 진료를 행하지 아니하기로 결정한 때에는 그 사유를 명시하여 신청인에게 통보하여야 한다. 진료카드의 유효기간은 후유증상별 진료기간으로 한다. 진료기간을 연장하거나 진료카드의 멸실, 훼손 기타의 사유로 진료카드의 재발급이 필요하다고 인정하는 때에는 이를 재발급할 수 있다.

2) 진료의료기관의 결정

진료의료기관은 산재요양 담당계약이 된 산재지정 의료기관에서 행한다. 진료의료기관은 당해 근로자가 희망하는 의료기관으로 하되, 진료의료기관에 관한 근로자의 희망이 명시되지 아니한 때에는 당해 근로자가 최종적으로 요양을 받은 의료기관으로 할 수 있다.

■ 진료기준

상병별 후유증상의 예방 또는 완화를 위하여 필요한 진찰, 검사, 약제, 처치 및 의료기관에의 수용, 기타 필요한 의학적 조치를 실시한다. 진료기간은 후유증상별로 정한 진료기간(1년~5년)으로 하되 의학적으로 필요하다고 인정되는 경우에만 인정 가능하다. 진료는 외래 통원을 원칙으로 하고 후유증상의 진료대상이더라도 재요양의 요건에 해당하는 경우에는 재용으로 처리한다.

■ 진료비용의 지급

공단은 진료비용을 진료의료기관 또는 약국에 펌뱅킹을 이용하여 직접 지급한다. 진료비용은 산재보험법 규정에 의한 요양비산정기준에 의하여 산정한다.

 4_ 사망에 따른 보험급여

1. 유족급여

유족급여의 의의

유족급여라 함은 근로자가 업무상 사유로 인하여 사망한 경우에 유족의 생활보장을 목적으로 지급하는 보험급여를 말한다. 근로자가 사망하는 경우 그의 수입에 의하여 생활하던 가족은 생계유지에 어려움을 겪게 되므로 이들을 위한 보험급여가 필요하다. 유족급여는 근로자가 업무상의 사유에 의하여 사망한 경우에 그 유족에게 지급한다. 유족급여는 사망근로자를 대신하여 유족이 그 손해를 받거나 상속받는 것이 아니라 유족이 이 법에 의하여 독립적으로 급여를 받는 것이다. 즉 사망근로자에 의하여 부양되던 유족의 경제적 생활안정과 복리향상을 도모하고자 마련된 사회보험적 제도로서 유족급여제도의 목적, 보호의 대상 및 수급자격, 유족급여의 종류, 산정 및 지급방법 등이 민법상의 상속 또는 손해배상제도와는 본질적으로 다르다. 유족의 생활보장을 위하여 유족급여는 연금으로 지급하는 것을 원칙으로 하고, 일시금은 연금으로 지급하는 것이 곤란한 경우에 한하여 예외적으로 지급하도록 됨에 따라 유족보상연금 수급권자가 국외에 거주하는 경우 등 연금수급이 곤란한 경우에는 일시금을 지급할 수 있도록 하였다.

유족급여의 지급요건

■ 업무상 사유에 의한 사망

산재보험 적용사업장 소속 근로자가 업무상의 사유로 인하여 사망하여야 한다. 여기서 사망이라 함은 근로현장에서 사망은 물론 부상 또는 질병으로 인한 사망을 말한다. 즉 요양 중 또는 치유 후 당초 업무상 부상 또는 질병이 악화되거나 재발되어 사망한 경우를 포함한다. 다만 자살의 경우 고의 · 자해행위 또는 그것이 원인이 되어 발생한 것이라 할 것이므로 원칙적으로 업무 외 재해가 될 것이나 업무상 스트레스로 인하여 정신과 치료를 받은 자 또는 업무상 재해로 인하여 요양 중인 자가 정신장해로 인하여 정상적인 인식능력이나 행위선택능력 또는 정신적 억제력이 현저히 저하된 상태에서 자살행위로 인하여 사상하였다는 의학적 소견이 있는 경우에는 업무상 사망으로 인정된다.

■ 사망의 추정

사고가 발생한 선박 또는 항공기에 탔던 근로자의 생사가 불명하거나 항해 중의 선박 또는 항공기에 있던 근로자의 행방불명, 기타의 사고로 생사가 불명한 때에는 그 사고가 발생한 때에는 그 사고가 발생한 날로부터 3개월간, 생사가 불명한 때에는 당해 근로자를 사망으로 추정하여 그 유족에게 유족급여 및 장의비를 지급한다. 사망의 추정제도는 근로자의 생사가 불명한 상태에서 장기간 유족급여가 지급되지 않는 경우, 그 근로자가 생전에 부양하던 가족들의 생계를 보장하기 위한 동법에 의한 독특한 제도이다.

유족

유족이라 함은 사망한 자의 배우자(사실상 혼인관계에 있는 자를 포함한다) · 자녀 · 부모 · 손 · 조부모 또는 형제자매를 말한다. 산재보험에서의 유족은 민법에 의한 상속자 순위와는 다르며, 배우자의 경우 사실상의 혼인관계에 있는 경우도 포함된다.

유족간 수급권의 순위

유족보상연금 수급자격자가 없는 경우의 유족보상일시금 및 미지급 보험급여, 유족 · 장해보상연금 차액일시금의 수급권 순위는 다음과 같이 결정된다.

1) 유족의 순위

유족간의 수급권의 순위는 다음 각호의 순서로 하되, 각호의 자간에 있어서는 각각 그 기재된 순서에 의한다. 이 경우 같은 순위의 수급권자가 2인 이상인 경우에는 당해 유족에게 등분하여 지급한다.

① 1순위로 근로자의 사망당시 그에 의하여 부양되고 있던 배우자 · 자녀 · 부모 · 손 · 조부모의 순이다.
② 1순위 다음으로는 근로자의 사망당시 그에 의하여 부양되고 있지 아니하던 배우자 · 자녀 · 부모 · 손 · 조부모와 근로자 사망당시 그에 의하여 부양되고 있던 형제자매의 순이다.
③ 마지막 순위로는 제2순위에 해당되지 아니하는 형제자매이다.

이때 부모에 있어서는 양부모를 선순위로, 실부모를 후순위로 하고, 조부모에 있어서는 양부모의 부모를 선순위로, 실부모의 부모를 후순위로, 부모의 양부모를 선순위로, 부모의 실부모를 후순위로 한다. 수급권자인 유족이 사망한 경우 그 보험급여는 같은 순위자가 있는 때에는 같은 순위자에게, 같은 순위자가 없는 때에는 다음 순위자에게 지급한다.

2) 유언으로 유족의 지정

근로자가 특히 유언으로 보험급여를 받을 유족을 지정한 경우에는 그 지정에 따른다. 이는 근로자가 생존시에 유언에 의하여 유족 중 특정인을 지정하여 그 자로 하여금 보험급여를 수령하게 한 때에는 유족의 순위에 관계없이 이 유언에 의한 수급권자가 보험급여를 수령하게 할 수 있게 한 것이다. 결국 유족 중에서 특정인을 정함으로써 순위를 변경하는 것에 해당한다.

3) 유족급여 수급권의 변동

유족급여의 연금우선 원칙에 따라 유족급여 수급권자 중 유족연금수급자격자가 있는 경우에는 수급권의 순위에 따라 연금을 지급하고, 유족보상연금을 받던 자가 그 수급자격을 잃은 경우 다른 수급자격자가 없고 이미 지급한 연금액을 지급당시의 각각의 평균임금으로 나눈 일수의 합계가 1300일분에 미달하는 경우에는 그 미달하는 일수에 수급자격상실 당시의 평균임금을 곱하여 산정한 금액을 유족보상연금 수급자격자가 아닌 다른 유족에게 일시금으로 지급한다.

유족급여의 종류

■ 유족보상연금

1) 유족보상연금

유족보상연금은 연금수급을 원칙으로 하였으므로 유족보상연금의 수급자격이 있는 수급권자는 유족보상연금을 지급받게 되며, 수급권자의 선택에 따라 일시금의 50%를 일시금으로 미리 지급받는 경우 연금액의 1/2을 지급받게 된다.

2) 유족보상연금차액일시금

유족보상연금차액일시금이라 함은 유족보상연금을 받던 자가 그 수급자격을 잃은 경우 다른 수급자격자가 없을 때 유족보상연금 수급자격자가 아닌 다른 유족에게 지급하는 유족보상일시금을 말한다. 이미 지급한 연금액을 지급 당시의 각각의 평균임금으로 나눈 일수의 합계가 1300일에 미달하는 경우에는 그 미달하는 일수에 수급자격 상실 당시의 평균임금을 곱하여 산정한 금액을 유족보상연금 수급자격자가 아닌 다른 유족에게 일시금으로 지급한다.

■ 유족보상일시금

유족급여를 연금형태로 지급하는 것이 곤란한 경우로서 대통령령이 정하는 경우에 한하여 유족보상일시금 전액을 지급하는 것으로 유족보상 전액일시금이라 할 수 있다. 공단은 근로자의 사망당시 유족보상연금 수급자격자가 없는 경우나 유족보상연금 수급권자가 외국에 거주하는 자인 경우에는 유족보상일시금을 지급한다. 다만, 동일순위에 있는 수급권자 중 근로자의 사망당시 유족보상연금 수급권자가 외국에 거주하는 자가 아닌 자는 그러하지 아니한다.

유족보상연금의 지급방법

연금인 보험급여의 지급은 그 지급사유가 발생한 달의 다음 달의 초일부터 개시되며, 그 지급받을 권리가 소멸한 달의 말일에 종료된다. 유족보상연금은 매년 이를 12등분하여 월별로 지급하되, 당월분의 금액을 다음달 10일까지 지급한다. 종전에는 연금을 4등분하여 3개월마다 지급하였으나 이를 매월 지급하되 지급시기까지 명시함으로써 수급권자의 안정적인 생활을 도울 수 있도록 하였다.

유족보상연금의 수급자격자

■ 유족보상연금 수급자격자의 범위

유족보상연금 수급자격자라 함은 유족보상연금을 받을 수 있는 자격이 있는 자를 말하며, 유족으로서 근로자의 사망당시 그에 의하여 부양되고 있던 자 중 처(사실상 혼인관계에 있는 자를 포함한다)와 다음 각 호에 해당하는 자로 한다.

① 남편(사실상 혼인관계에 있는 자를 포함한다) · 부모 또는 조부모로서 60세 이상인 자

② 자녀 또는 손으로서 18세 미만인 자

③ 형제자매로서 18세 미만이거나 60세 이상인 자

④ 제1호 내지 제3호의 1에 해당하지 아니하는 남편 · 자녀 · 부모 · 손 · 조부모 또는 형제자매로서 법 제42조 제2항의 규정에 의한 장해등급 중 대통령령이 정하는 등급이상에 해당하는 신체장해가 있는 자. 여기서 대통령령이 정하는 등급 이상에 해당하는 신체장해라 함은 시행령 별표2의 규정에 의한 제3급 이상에 해당하는 신체장해를 말한다. 근로자의 사망당시 태아였던 자녀가 출생한 경우에는 출생

한 때부터 장래에 향하여 그 근로자의 사망당시 그에 의하여 부양되고 있던 자로 본다.

■ 유족보상연금 수급자격자의 실격 및 지급정지 등

1) 수급자격자의 실격

유족보상연금 수급자격자인 유족이 다음 각호의 1에 해당하게 된 때에는 그 자격을 잃는다.

① 사망한 때
② 재혼한 때(사망근로자의 배우자에 한하며, 사실상 혼인관계에 있는 경우를 포함한다)
③ 사망근로자와의 친족관계가 종료한 때
④ 자녀 · 손 또는 형제자매가 18세에 달한 때
⑤ 제3급 이상의 신체장해가 있었던 자로서 그 상태가 해소된 때

2) 연금의 지급정지 등

유족보상연금 수급권자가 1년 이상 행방불명인 경우에는 대통령령이 정하는 바에 따라 연금의 지급을 정지하고 다음 순위자에게 이를 지급한다. 유족보상연금 수급권자가 1년 이상 행방불명인 경우에는 같은 순위자(같은 순위자가 없는 경우에는 다음 순위자)의 신청에 의하여 행방불명된 날의 다음 달부터 그 행방불명인 기간의 연금의 지급을 정지한다. 유족보상연금의 지급이 정지된 때에는 같은 순위자(같은 순위자가 없는 때에는 다음 순위자)의 신청에 의하여 법규정에 의한 산정금액의 유족보상연금을 지급할 수 있다. 이 경우 행방불명이 된 유족보상연금 수급권자는 법 별표2의 규정에 의한 가산금액이 적용되는 유족보상연

금 수급자격자의 범위에서 제외된다. 유족보상연금의 지급이 정지된 자는 언제든지 그 지급정지의 해제를 신청할 수 있다.

■ 수급자격자 요건 등의 확인

유족보상연금 수급자격자를 결정하는 경우에는 다음 각호에 해당하는 사항을 확인하도록 한다.

① 연령의 확인이 필요한 경우에는 주민등록등본
② 장해등급 제3급 이상에 해당하는지 여부
③ 근로자가 사망당시 태아였던 자가 출생하여 수급자격자로 결정하는 경우에는 주민등록등본에 의한 사실관계 확인

■ 유족보상연금 수급권자의 순위

유족보상연금 수급권자라 함은 유족보상연금 수급자격자 중 유족보상연금을 청구 · 수령할 권리가 있는 자를 말한다. 유족보상연금 수급권자가 그 자격을 잃은 경우에 유족보상연금을 받을 권리는 같은 순위자가 있는 때에는 같은 순위자에게, 같은 순위자가 없는 때에는 다음 순위자에게 이전된다. 유족보상연금을 받을 권리가 이전된 경우 유족보상연금을 새로이 지급받고자 하는 자는 공단에 이를 신청하여야 한다. 유족보상연금 수급자격자가 유족보상연금을 받을 권리의 순위는 배우자 · 자녀 · 부모 · 손 · 조부모 및 형제자매의 순서로 한다.

■ 대표자의 선임 및 해임 등

유족보상연금 수급권자가 2인 이상 있을 때에는 그 중의 1인을 유족보상연금의 청구와 수령에 관한 대표자로 선임할 수 있다. 대표자를 선임하

거나 그 선임된 대표자를 해임한 때에는 지체없이 그 선임 또는 해임을 증명할 수 있는 서류를 첨부하여 공단에 신고하여야 한다.

유족보상의 지급

■ 유족급여의 산정방법

유족급여의 종류	유족급여의 금액
유족보상연금	유족보상연금액은 다음의 기본금액과 가산금액을 합산한 금액으로 한다. ① 기본금액-급여기초연액(평균임금에 365를 곱하여 얻은 금액)의 100분의 47에 상당하는 금액 ② 가산금액-유족보상연금 수급권자 및 그에 의하여 부양되고 있는 유족보상연금 수급자격자 1인당 급여기초연액의 100분의 5에 상당하는 금액의 합산액. 다만, 그 합산금액이 급여기초연액의 100분의 20을 넘을 때에는 급여기초연액의 100분의 20에 상당하는 금액으로 한다.
유족보상일시금	평균임금의 1300일분

유족보상연금 및 일시금은 원칙적으로 다음과 같이 산정·지급된다.

$$유족보상연금액 = 기본금액 + 가산금액$$
$$= 급여기초연액 \times 47/100 + 가산금액$$
$$= 평균임금 \times 365 \times 47/100 + 부양가족에 따른 가산금액(급여기초연액의 5\% \sim 20\%)$$

【예 시】 평균임금 70,000원인 사망근로자의 처가 부양되는 18세 미만 자녀 2명과 함께 유족보상연금을 청구하면서 반액일시금을 선택한 경우

• 유족보상 반액일시금 = 70,000원 × 1,300일 × 1/2 = 45,500,000원

- 유족보상연금 = 70,000원 × 365일 × 0.62 × 1/2 = 7,920,500원
- 매월 지급되는 연금액 = 7,920,500 ÷ 12 = 660,040원

■ 유족보상연금액의 개정

공단은 다음 각호의 사유가 발생한 경우에는 직접 또는 유족보상연금 수급권자의 신청에 의하여 그 사유가 발생한 달의 다음 달분부터 유족보상연금의 금액을 개정한다.

① 근로자의 사망 당시 그 태아였던 자녀가 출생한 경우
② 유족보상연금 수급자격자가 사망, 재혼(사망근로자의 배우자에 한하며, 사실상 혼인관계에 있는 경우 포함), 사망근로자와의 친족관계가 종료, 자녀 · 손 또는 형제자매가 18세에 달하여 자격을 잃은 경우, 장해등급 3급 이상으로서 유족보상연금 대상자이었던 남편 · 자녀 · 부모 · 손 · 조부모 또는 형제자매가 장해등급 제3급 이상에 해당하지 아니하게 된 경우
③ 유족보상연금 수급권자가 1년 이상 행방불명되어 유족보상연금이 지급정지된 자의 신청에 의하여 지급정지가 해제된 경우
④ 유족보상연금 수급자격자가 행방불명이 된 경우

2. 장의비

의의

장의비라 함은 근로자가 업무상 사유로 사망한 경우의 장제에 소요되는 비용으로 지급하는 보험급여이다. 장의비는 근로자가 업무상의

사유에 의하여 사망한 경우 장제를 실행한 자로 즉, 장제비용을 부담한 자에게 지급하며 이는 평균임금의 120일분에 해당하는 금액(최저 · 최고금액 범위 내에서)을 그 장제를 실행한 데 대한 실비를 지원하는 비용이다.

장의비의 수급권자 및 청구

장제는 유족뿐만 아니라 사업주가 실행하기도 하고, 유족이 없는 경우에는 사회단체에서 실행하기도 한다. 따라서 장의비의 수급권자는 유족에 한정되지 않고 실제로 장제를 실행하는 자가 된다. 대부분의 장제는 유족이 실행하므로 장의비는 유족보상청구서의 하나의 서식으로 청구할 수 있게 되어 있다. 유족이 장제를 실행한 경우에는 유족급여를 청구하면서 장의비 청구란을 기재하여 청구하면 유족급여와 장의비가 함께 지급된다. 그러나 사업주 등 유족이 아닌 자가 장제를 실행하고 장의비를 청구하는 경우에는 장의비청구서에 사업주가 해당 사항을 기재하여 장의비만을 청구하면 된다.

장의비의 지급

■ 지급액

장의비는 산재근로자의 평균임금의 120일분에 상당하는 금액으로 한다. 장의비가 대통령령이 정하는 바에 따라 노동부장관이 고시하는 최고금액을 초과하거나 최저금액에 미달하는 경우에는 그 최고금액 또는 최저금액을 각각 장의비로 한다.

장의비는 평균임금의 120일분을 원칙으로 산정하되 장의비 최고금액과 최저금액을 초과하거나 미달하지 않도록 지급한다. 적용기간에 따른 최고금액과 최저금액은 다음과 같다.

적용기간	최고금액	최저금액
2005.9.1. ~ 2006.8.31.	10,814,947원	7,525,147원
2004.9.1. ~ 2005.8.31.	10,360,275원	7,078,875원
2003.9.1. ~ 2004.8.31.	9,932,840원	6,669,440원
2002.9.1. ~ 2003.8.31.	9,264,595원	6,279,595원
2001.9.1. ~ 2002.8.31.	8,904,939원	6,022,419원
2000.7.31. ~ 2001.8.31.	8,599,940원	5,638,130원

■ 장의비 최고 · 최저금액의 산정

1) 장의비 최고 · 최저금액제도의 취지

장의비는 장제를 실행하는 자에게 지급되는 실비보전적 성격인 비용임에도 불구하고 획일적으로 평균임금의 120일분을 지급함으로써 평균임금의 수준에 따라 장제실행의 행사에서도 수급자간 현저한 격차가 발생하고 위화감이 조성되는 등 문제점을 개선하기 위하여 1999년 12월 31일 법 개정시 장의비에 대하여 최고 · 최저금액의 한도를 정하도록 하였다.

2) 장의비 최고 · 최저금액의 산정

장의비의 최고 · 최저금액을 산정함에 있어 전년도 장의비 수급권자에게 지급된 1인당 평균장의비 일액의 90일 분에 최고금액은 최고보상 기준금액의 30일분을, 최저금액은 최저보상 기준금액의 30일분을 각각 합하여 산정한다.

3) 장의비의 지급시기

장의비는 그 장제를 행하는 자가 청구하는 경우에 지급한다. 장의비의 최고금액 및 최저금액의 적용기간은 당해연도 9월 1일부터 다음 연도 8월 31일까지로 하며, 장의비 최저금액은 기존 최저보상기준금액에 연동된다.

3. 유족보상 및 장의비 청구절차

가까운 공단 지사 또는 산재지정 의료기관에 비치되어 있는 유족보상, 장의비 청구서 1부를 교부받고, 유족보상 장의비 청구서를 작성한 후 사업주의 확인과 아래의 구비서류를 첨부하여 사업장 주소지를 관할하는 공단 해당지사 보상부로 제출한다.

이때 첨부해야할 서류는 다음과 같다.

- 피재근로자의 사망진단서 또는 사체검안서 1부
- 근로자의 사체부검소견서(부검을 한 경우에 한함) 1부
- 재해발생경위서 1부
- 사업주와의 합의서 및 영수증(사업주와 합의한 경우) 각 1부
- 해당 의료기관의 소견서나 진단서 1부
- 주민등록등본 또는 호적등본(주민등록등본만으로 수급권자 확인이 어려운 경우) 1부
- 피재근로자 제적등본 1부
- 수급권자 인감증명 1부
- 수급권자 은행통장 사본 1부
- 재해를 입증하는 데 필요한 서류
- 기타 필요한 서류

5_ 보험급여의 소멸시효

1. 시효의 의의

시효에는 취득시효와 소멸시효 두 가지가 있는데 일정한 사실상태가 장기간 계속되는 경우에 진실의 권리관계를 불문하고 그 사실상태를 존중하여 이를 권리관계로 인정하는 제도이다. 산재보험법에서는 보험료나 보험급여 등의 권리는 3년간 행사하지 아니하면 소멸시효가 완성된다고 규정하고 동법에 규정된 것을 제외하고는 민법의 규정에 의한다고 되어 있다. 민법의 경우 일반채권은 10년, 단기소멸시효 채권은 3년 또는 1년이 소멸시효기간으로 되어 있다.

2. 산재보험료 등의 소멸시효

산재보험법상의 수급권자, 사업주 및 공단의 보험료, 가산금, 연체금, 보험급여액의 징수금, 부정이득금에 대한 징수권과 요양급여, 간병급여, 휴업급여, 상병보상연금, 장해급여, 유족급여, 장의비 등의 보험급여 청구권은 3년간 행사하지 아니하면 소멸시효로서 소멸한다.

3. 소멸시효의 기산 및 중단

소멸시효의 기산

■ 요양급여

요양비용의 지급을 받을 권리는 비용을 지출할 때마다 발생, 각각 그 다음 날로부터 당해 비용마다 지급청구의 시효가 진행된다.

■ 휴업급여

휴업급여를 받을 권리는 업무상 상병에 의한 요양을 위해 근로할 수 없기 때문에 임금을 받지 않는 날마다 발생하고 수급권에 대해서는 각각 그 다음 날부터 시효가 진행된다.

■ 상병보상연금

상병보상연금을 받을 권리에 대해서는 연금지급일의 다음 날부터 시효가 진행한다.

■ 장해급여

장해급여 및 장해특별급여를 받을 권리에 대해서는 당해 상병이 치유된 날의 다음 날부터 시효가 진행한다.

■ 유족급여

유족급여 및 유족특별급여를 받을 권리에 대해서는 근로자가 사망한 날의 다음 날부터 시효가 진행한다.

■ 장의비

장의비는 장제에 소요된 비용에 대한 실비보상으로서 지급되는 것이 아니라 장제를 행하는 자에게 그 비용으로 지급되는 것이므로 장제가 행해질 때까지 기다릴 것 없이 근로자가 사망한 날의 다음 날부터 시효가 진행된다.

■ 확정보험료

확정보험료의 소멸시효는 다음 보험연도의 초일부터 진행한다.

소멸시효의 중단

■ 소멸시효 중단의 의의

소멸시효의 중단이란 소멸시효의 기초인 '권리의 불행사' 라는 사실 상태와 다른 사실 발생으로 시효의 진행이 중단되어 이미 경과한 시효 기간이 그 효력을 상실하는 것을 말한다. 이러한 소멸시효의 중단은 이미 진행한 시효기간의 효력을 상실시키지 않는 소멸시효의 정지와 는 다른 것이다.

■ 산재보험법에 규정된 소멸시효 중단사유

① 보험급여 수급권자의 청구

② 보험가입자에 의한 보험료 초과 납부액의 반환청구

③ 공단에 의한 보험료 기타 징수금의 독촉

④ 공단에 의한 보험료 기타 징수금의 납부통지

⑤ 공단이 보험료 기타 징수금의 체납으로 인해 국세체납처분의 예 에 따라 행하는 교부청구

■ 소멸시효의 중단 후의 시효진행 기산일

① 보험료 기타 장수금의 납부에 관한 독촉을 받은 경우 독촉장에 의한 납부기간 만료일의 다음 날부터 새로운 시효가 진행

② 보험료 기타 장수금의 납부통지를 한 경우에는 납부통지서에 의한 납부 기간만료일의 다음 날부터 새로운 시효가 진행

③ 교부청구의 경우 그 납부기간 만료일의 다음 날부터 새로운 시효가 진행

제3장

장해등급

 1_ 장해의 기초지식

1. 장해보상의 의의

산재보험법에서 '장해'란 업무상 부상 또는 질병이 치유된 후에도 그 부상 또는 질병이 완치되지 않아 영구적으로 남아 있는 육체적, 정신적 훼손상태를 말한다. 장해보상은 앞으로 회복될 가능성이 없다고 인정되는 육체적, 정신적 훼손, 즉 노동력의 상실에 대한 보상으로 이러한 노동력 상실정도는 의학적으로 증명되어야 하는 것이기 때문에 단순히 본인이 느끼는 증상의 호소만으로는 장해보상을 받기 어렵다. 산재보험에서 인정되는 장해보상은 자동차보험이나, 민사손해배상소송 등에서 일반적으로 적용되는 기준과는 다르다. 잘 사용하는 손(발)을 장해를 입었는지, 재해 이전 직종이 무엇이었는지 등 개인의 능력을 기준으로 하는 것이 아니라 일반인의 평균적인 노동능력을 기준으로 이미 정해진 장해등급 기준에 따라 결정되는 것이다. 따라서 피재근로자의 연령, 성별, 지식, 경험, 과실여부 등도 전혀 고려되지 않는다.

장해등급의 판정은 요양이 종료된 때에 증상이 고정된 상태에서 행하여야 하며, 다만 요양종결시 증상이 고정되지 아니한 경우에는 다음의 방법에 따라 행한다(시행규칙 제40조 제10항).

① 6월 이내에 증상이 고정될 수 있음이 의학적으로 인정되는 경우에는 그 증상이 고정된 때에 행한다. 다만 6월 이내에 증상이 고정되

지 아니한 경우에는 6월이 되는 날에 고정될 것으로 인정하는 증상
에 대하여 행한다.

② 6월 이내에 증상이 고정될 수 없음이 의학적으로 인정되는 경우
에는 요양이 종료되는 때에 장차 고정될 것으로 인정되는 증상에 대
하여 행한다.

산재보험법은 장해등급을 14단계로만 구분하고 있으므로 사람에게
발생할 수 있는 복잡한 장해상태와 노동력상실도를 정확하게 반영할
수는 없다. 이러한 한계 때문에 산재보험법에서는 노동력 상실도가 약
간 차이가 있더라도 일정한 범위 이내에 있는 것을 모아서 같은 장해
등급으로 평가하도록 하고 있다. 따라서 같은 장해등급으로 평가되는
장해 사이에도 노동력 상실도를 정확히 따져 보면 어느 정도 차이가
있을 수 있다. 이와 같이 같은 장해등급으로 판정되는 장해 사이에 실
제로는 노동력 상실도에 약간의 차이가 있다고 하더라도 산재보험에
서는 노동력상실도가 같다고 인정되는 것이다.

2. 신체장해등급표의 구성체계

장해등급표는 신체를 해부학적으로 구분한 장해부위로 나뉘고 다
시 각각의 부위에 있어서의 신체장해를 기능면에서 중점을 둔 생리학
적 관점에서 일종 또는 수종의 장해군으로 구분한 장해계열로 나뉘며,
다시금 각 장해를 그 노동능력의 상실정도에 따라 일정한 순로로 배열
한 장해서열로 구성되어 있다.

장해부위란 신체를 해부학적인 관점에서 구분한 것을 말하는 것으로

장해부위는 다음과 같이 나뉜다.

① 눈(안구와 눈꺼풀²)

② 귀(내이 등과 귓바퀴²)

③ 코

④ 입

⑤ 신경계통 또는 정신

⑥ 두부(머리)·안면부(얼굴)·경부(목)

⑦ 흉복부장기(심장, 폐, 간, 대장, 소장, 위, 쓸개 등을 말하며, 비뇨기계의 신장, 요도, 방광, 생식기를 포함한다)

⑧ 체간부(척주와 기타의 체간골이 있으며 기타의 체간골에는 흉골, 늑골, 견갑골, 골반골 등이 있다)

⑨ 팔(팔²과 손가락²)

⑩ 다리(다리²와 발가락²)

다만 안구와 내이는 좌·우로 존재하나 하나의 기능을 이루는 상대성기관의 특질 때문에 동일부위로 취급하며, 반면 눈꺼풀, 귓바퀴, 팔과 손가락, 다리와 발가락은 좌·우를 각기 별개의 부위로 취급한다. 위에 나열된 각 장해부위 오른쪽 위의 '²' 표기는 좌·우측을 다른 부위로 보는 경우의 2개 부위를 표시한 것이다.

장해계열은 신체를 해부학적으로 10개 부위로 구분한 것을 다시 생리학적인 관점에서 기질적 장해와 기능적 장해로 구분한 것을 말한다. 장해계열은 산재보험법 시행규칙 [별표2]의 장해계열표에 총 25계열로 세분되어 있는데 장해계열도 장해부위와 마찬가지로 상대성기관은 양측이 하나의 계열로 인정되고, 양측성기관은 좌·우 양측이 각각 다른 계열로 취급되는 점에 유의하여야 한다. 장해등급을 결정할 때에는 장해계열보다 장해부위가 우선적인 기준이 되며, 이와 같은 기준은 장해등급결정에 영향을 미치기도 한다. 여기서 기질적 장해란 각 기관의 기틀을 이루는 세포의 요서에 의하여 발생하는 변화, 정서적 반응의 이상, 신체의 손실(결손) 및 기능장해가 장기간에 걸쳐 지속됨으로써 신체의 외적 모양이 정상과 다르게 나타나는 기형 또는 변형을 말하며, 기능적 장해란 귀가 소리를 듣는 기능, 관절의 운동범위 등 신체의 각 기관이 갖고 있는 고유의 기능 또는 활동능력이 손상에 의하여 제 기능을 하지 못하거나 감소된 것을 말한다.

이미 설명한 대로 산재보험법은 노동력상실도에 따라 장해등급을 14단계로 구분하고 있으며, 장해서열은 이 장해등급 상호간의 상 · 하위 질서, 즉 노동력상실도가 크고 작은 신체장해 상호간의 관계를 말한다. 장해서열은 원칙적으로 동일계열의 장해에 대하여 적용되는데, 부위(계열)를 달리하는 신체장해 상호간에는 이 서열의 비교평가가 곤란하기 때문이다.

장해등급을 결정함에 있어서 장해서열이 무시되어서는 안 된다. 특히, 2이상의 장해가 동시에 남았을 때의 장해등급 결정, 즉 조정이나 준용등급의 결정에서 서열문란이 발생할 가능성이 있으나 '조정'이나 '준용'의 결과가 장해서열을 문란하게 할 때에는 그보다 높은 등급 혹은 낮은 등급으로 결정하여 서열문란이 발생하지 않도록 하여야 한다. 또, 장해등급표에 정해져 있는 동일계열의 장해를 비교해 보면 장해등급 사이에 일정한 간격이 있는데 중간등급이 따로 정해지지 않은 경우가 있다. 이런 때에는 그 장해가 상위등급에 해당되지 않는 한 하위등급을 적용하여야 한다.

시행규칙〔별표2〕장해계열표(제40조 제3항 관련)

부위		기질적 장해	기능적 장해	계열번호
눈	안구 【양안】		시력장해 운동장해 조절기능장해 시야장해	1 2 3 4
	눈꺼풀 【우 또는 좌】	결손장해	운동장해	5
귀	내이 등 【양이】		청력장해	6
	귓바퀴 【우 또는 좌】	결손장해		7
코		결손 및 기능장해		8
입		치아장해	음식물을 씹는 기능 및 언어기능장해	9 10
두부, 안면, 경부		흉터장해		11
신경, 정신		신경장해 정신장해		12 13
흉복부장기장해 【외부생식기포함】		흉복부장기장해		14
체간	척주	기형장해	운동장해	15
	기타의 체간골	기형장해(쇄골, 흉골, 늑골, 견갑골 또는 골반골)		16
팔	팔【우 또는좌】	결손장해 기형장해(상완골 또는 전완골) 흉터장해	기능장해	17 18 19
	손가락 (우 또는 좌)	결손장해	기능장해	20
다리	다리 【우 또는 좌】	결손장해 기형장해 (대퇴골 또는 하퇴골) 단축장해 흉터장해	기능장해	21 22 23 24
	발가락 【우 또는 좌 또는】	결손장해	기능장해	25

3. 장해등급 인정의 원칙

의의

장해등급표에는 141가지의 전형적인 장해만을 부위별로 정하고 있으므로 사람에게 발생할 수 있는 모든 장해형태를 정한 것은 아니다. 이러한 한계를 보완하기 위한 방법으로 '조정'과 '준용'이 있는데, '조정'은 2개 이상의 계열에 장해가 남은 경우 장해등급을 결정하는 방법으로 즉, 신체의 여러 곳에 장해가 남았을 때 장해등급을 종합적으로 평가하는 것이 조정이다. 조정에 관하여는 산재보험법 시행령 제31조 제2항에 원칙이 정해져 있다.

조정

조정은 제5급 이상의 장해가 2 이상 있으면 그중 높은 장해로부터 3개 등급을 인상하고, 제8급 이상이 2 이상 있으면 2개 등급, 제13급 이상의 장해가 2 이상 있으면 1개 등급을 인상하는 방법으로 행하게 된다. 물론 조정의 결과로 나온 장해등급이 장해서열을 문란하게 하면 직하위등급 또는 직상위등급으로 결정한다. 유의해야 할 것은 조정은 부위와 계열이 다른 장해가 2 이상 있어야 하는 것이므로, 2 이상의 장해가 모두 동일계열인 경우에는 조정을 할 수 없다는 점이다. 조정은 여러 개의 장해가 있다고 하더라도 한 번만 할 수 있다. 이와는 달리 준용시에 사용하는 '조정의 방법'은 2회 이상도 할 수 있으며, 이것은 '조정'과 '준용'의 가장 뚜렷한 차이이기도 하다.

준용

장해보상을 받기 위해서는 어떤 방법으로든 장해등급이 결정되어야 하는데, 장해등급표에 없는 장해에 대하여는 노동력상실도가 장해등급표에 정해진 장해와 비슷하거나 같은 등급으로 결정할 수밖에 없다. 이와 같이 장해등급표에 정해진 장해에 준하여 장해등급을 결정하는 것을 '준용'이라 한다. 준용으로 장해등급이 정해지는 경우는 다음과 같은 두 가지의 경우가 있다.

첫째는 장해등급표에 같은 계열의 장해가 전혀 정해져 있지 않은 경우로서, 예를 들면, 냄새를 맡지 못하는 장해(후각장해)나, 숨 쉬는 기능의 장해, 코의 기능장해에 해당하는데, 장해등급표에는 코의 기능장해에 대한 장해가 전혀 정해져 있지 않다. 이런 때는 어쩔 수 없이 그와 노동력상실도가 유사한 장해를 준용하여 장해등급이 결정되는 것이다. 이때 후각장해는 신경계의 장해는 아니지만, 신경계통의 기능장해와 유사하므로 모두 신경장해에 해당하는 장해등급을 준용하여 결정하는 것이다.

다른 하나는 장해등급표에 같은 계열의 장해가 정해져 있기는 하지만 정확히 일치하는 장해유형이 없는 경우이다. 이런 때에는 앞에서 설명한 '조정'의 방법을 이용하여 준용등급을 결정하게 되는데 준용은 하나의 장해를 평가하는 것이며, 그 장해등급을 정하기 위한 방편으로 조정의 방법을 사용하는 것에 불과하므로 조정과는 그 성질이 전혀 다르다. 따라서 준용으로 장해등급이 결정되면 그 외의 다른 장해와 다시 준용 또는 조정을 할 수 있다. 앞에서 이미 설명한 조정은 1회만 할 수 있는 것과 대조되는 내용이다.

가중

이미 신체에 장해(앞으로는 '기존장해'라 하겠다)가 있었던 사람이 동일부위(계열)에 다시 업무상 재해를 입어 장해가 더욱 중해진 것을 '가중'이라 한다. 여기서 기존장해는 그것이 선천성이든 후천성이든 또는 업무상 재해로 발생한 것이든 아니든 상관없이 새로운 업무상 재해가 발생하기 이전에 있었던 모든 장해를 말한다. 또한, '동일한 부위'는 대체로 '동일계열'을 의미하는 것이지만, 반드시 '동일계열'의 장해만 가중으로 인정되는 것은 아니다.

동일부위에 다른 계열의 장해가 더해진 것 가운데도 가중으로 취급되는 것이 있기 때문이다. 팔의 관절에 기능장해가 있던 사람이 같은 팔의 절단장해를 입은 경우, 기능장해와 결손(기질)장해는 계열이 다른 데도 가중으로 취급되는 것이 한 예이다. 기존장해는 장해등급표에 정해진 정도의 장해를 말하므로 기존장해가 있었다고 하더라도 그 정도가 장해등급표의 최저기준인 제14급에 미달하는 정도의 장해였다면, 기존장해로 취급되지 않는다. 또 가중은 장해가 더해진 결과 장해등급이 기존장해보다 높아진 것이어야 하므로, 장해가 조금 중해졌더라도 장해등급이 높아지는 정도가 아니면 가중에 해당되지 않는다.

가중장해 제도는 두 가지의 목적이 있는데 하나는 업무상 재해로 장해가 중해진 한도 안에서만 보상을 하고자 하는 데 있고, 다른 하나는 기존장해에 다시 장해가 가중되면 최종적인 장해상태는 기존장해가 없었던 때보다 중하게 되고, 결과적으로는 근로자의 노동력 상실에 미치는 영향이 더 크므로 그에 따른 적절한 보상을 하는 데 있다고 하겠다.

4. 장해진단서의 작성

앞에서 말한 것처럼 장해등급은 의학적인 소견으로 증명되는 장해상태를 평가하여 결정된다. 그러므로 장해진단서가 자세히 작성되어야 장해등급이 정확하게 결정될 수 있다. 산재보험에서 사용하고 있는 장해진단서 서식은 국민연금 장해진단서 서식과 동일한 서식이며, 근로자와 의료기관의 편의를 위하여 서식을 동일하게 만든 것으로 산재보험 장해진단서는 국민연금에서도 인정하고 있다.

장해진단서에 포함되어야 할 사항은 근로복지공단의 장해진단서 서식에 정하고 있으므로 서식란을 잘 채우면 된다. 특히, '치유일(요양종결일), 상병명, 요양경위, 수술명, 수술횟수, 관절운동각도, 신경증상이 있는 경우 그 증상의 구체적인 내용, 현재 장해상태에 대한 자세한 설명, 장해의 원인 등'은 빠짐없이 기재되는 것이 좋다. 장해진단서의 기재 내용이 소홀하면 근로자의 장해가 실제로는 장해가 있는 데도 이를 빠뜨리고 평가될 수도 있기 때문이다.

장 해 진 단 서

성 명	홍 길 동	주민등록번호	550501-4567897

주 소	서울특별시 영등포구 당산동4가 92-5 ☎ 2202 - 5785		

장해의 원인이 되는 상병명	좌측 종골 골절	부상(발병)일	2006년 7월 30일
		① 초진일 (장해의 원인이 되는 상병에 대하여 처음으로 의사의 진찰을 받은 날)	2006년 7월 30일
장해부위	좌측 족관절	② 치유일 (상병이 완치된 날 또는 치료 효과를 기대할 수 없게 되고, 상병 및 증상이 고정된 상태에 이르게 된 날)	2006년 10월 15일

③기존장해 (질병포함)	(유 · 무) 없음	기존장해상태	
	발생시기 년 월 일		

④ 각종 검사소견 및 치유일까지의 주요 치료내용(치료기간,경과,수술명, 수술일 포함)	2006. 8. 8. 본원에 전원와 8. 25. 수술적 가료후 9. 25. 까지 입원치료함

⑤ 장해상태(모든 임상증상 등 장해상태를 상세히 기재. 필요한 경우 도표,그림으로 표시)

좌측 종골 관절함몰형 BOHLER 결절 관절각이 0도로 감소되어 있고 거골하 관절의 함몰, 반흔화, 외상성 관절염에 의한 거골하 관절통, 비골건의 협착성 건활막염등으로 보행 및 족관절 운동시 동통으로 인한 파행을 보이고 있음. 족배부에 반흔 형성 및 족배부 외측에 무감각을 호소함

운동범위	배굴	적굴	내번	외번
좌측족관절 (AMA식)	10	20	10	5

※ 관절운동장해, 척추 및 사지마비장해자는 해당소견서를 함께 첨부하시기 바랍니다.

⑥향후장해 상태에 대한 의견	일상생활 또는 노동능력에 관한 의견		
	단기간(6개월정도)이내 악화 또는 재발 가능성 여부		영구 · 비영구

위와 같이 장해상태를 진단함

2006 년 10 월 20 일

의료기관   명 칭 : ◇◇◇ 정형외과의원
의료기관   소 재 지 : 서울시 ◇◇구 ◇◇동 93-10
           지정번호 : 010-×-×××

발 행 일 :
의사면허번호 : 25253
전 문 과 목 : 정형외과
의 사 성 명 : ◇◇◇

※이 청구서는 아래와 같이 처리됩니다.

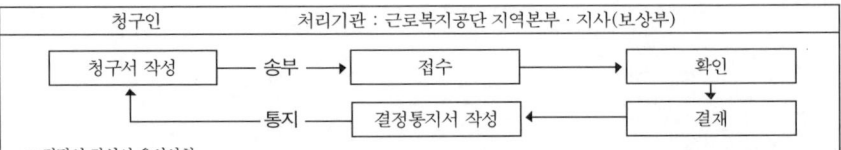

청구인   처리기관 : 근로복지공단 지역본부 · 지사(보상부)

청구서 작성 — 송부 → 접수 → 확인

통지 — 결정통지서 작성 ← 결재

※ 진단서 작성시 유의사항
"장해상태"란에는 1.부상부위 및 정도 2.그동안의 치료내용, 수술명 및 경과 3.현재의 자각적 및 타각적 증상유무 및 그 내용과 정도 4.현재의 장해가 본 재해와 관련하여 발생한 것인지 여부, 병적증상의 원인이 되는 기존질환이 있었는지 여부 및 그 내용과 정도 5.의학상 그 효과를 기대할 수 없는 상태라고 하더라도 종결하는 경우 악화되어 단시일내에 재요양 또는 사망에 이르게 되는지 여부 6.향후 항상 또는 수시 개호의 필요성 여부 등을 상세하게 기재하여 주시기 바랍니다.

2_ 부위별 장해등급의 인정

1. 눈의 장해

눈의 장해등급

눈의 장해에 대하여는 신체장해등급표상 다음과 같이 안구의 장해로 서 시력장해, 조절기능장해, 운동장해, 시야장해, 또한 눈꺼풀의 장해 로서 결손장해, 운동장해로 구분하여 정하고 있다.

장해 구분 (계열번호)			등 급	장 해 정 도
안구의 장해	기능적 장해	시력장해 (1)	제 1급 1호	두 눈이 실명된 사람
			제 2급 1호	한 눈이 실명되고 다른 눈의 시력이 0.02 이하로 된 사람
			제 2급 2호	두 눈의 시력이 각각 0.02 이하로 된 사람
			제 3급 1호	한 눈이 실명되고 다른 눈의 시력이 0.06 이하로 된 사람
			제 4급 1호	두 눈의 시력이 각각 0.06 이하로 된 사람
			제 5급 1호	한 눈이 실명되고 다른 눈의 시력이 0.1 이하로 된 사람
			제 6급 1호	두 눈의 시력이 각각 0.1 이하로 된 사람
			제 7급 1호	한 눈이 실명되고 다른 눈의 시력이 0.6 이하로 된 사람
			제 8급 1호	한 눈이 실명되거나 한 눈의 시력이 0.02 이하로 된 사람
			제 9급 1호	두 눈의 시력이 각각 0.6 이하로 된 사람
			제 9급 2호	한 눈의 시력이 0.06 이하로 된 사람
			제10급 1호	한 눈의 시력이 0.1 이하로 된 사람
			제13급 1호	한 눈의 시력이 0.6 이하로 된 사람
		조절기능 장해(3)	제11급 1호	두 눈이 모두 안구의 조절기능에 뚜렷한 장해가 남은 사람
			제12급 1호	한 눈의 안구의 조절기능에 뚜렷한 장해가 남은 사람
		운동 장해(2)	제11급 1호	두 눈이 모두 안구에 뚜렷한 운동기능장해가 남은 사람
			제12급 1호	한 눈의 안구에 뚜렷한 운동기능장해가 남은 사람
		시야 장해(4)	제 9급 3호	두 눈에 모두 반맹증, 시야협착 또는 시야변상이 남은 사람
			제13급 2호	한눈에 반맹증, 시야협착 또는 시야변상이 남은 사람

장해 구분 (계열번호)			등 급	장 해 정 도
눈꺼풀의 장해	기질적장해	결손장해(5)	제9급 4호	두 눈의 눈꺼풀에 뚜렷한 결손이 남은 사람
			제11급 3호	한 눈의 눈꺼풀에 뚜렷한 결손이 남은 사람
			제13급 3호	두 눈의 눈꺼풀의 일부에 결손이 남거나 또는 속눈썹에 결손이 남은 사람
			제14급 1호	한 눈의 눈꺼풀의 일부에 결손이 남거나 또는 속눈썹에 결손이 남은 사람
	기능적장해	운동장해(5)	제11급 2호	두 눈의 눈꺼풀에 뚜렷한 운동기능장해가 남은 사람
			제12급 2호	한 눈의 눈꺼풀에 뚜렷한 운동기능장해가 남은 사람

장해등급 인정기준

■ 안구의 장해

1) 시력장해

① 시력의 측정

시력장해등급의 판정기준이 되는 시력은 원칙적으로 국제식 시력표를 사용하여 측정하도록 되어 있다. 또 이와 비슷하거나 같은 정도의 문자, 도형 등의 검사표를 사용하는 시시력표 또는 시력측정방법을 이용한 것도 인정된다. 건강진단을 할 때나 안과 등에서 시력검사를 할 때 흔히 볼 수 있는 시력검사방법이라고 생각하면 된다.

시력장해는 안경을 착용한 상태에서 측정된 것(교정시력)을 기준으로 하므로 시력의 측정도 교정시력을 측정하여야 한다. 여기에서 교정시력은 안경에 의하여 교정된 시력을 말하는 것이므로 콘택트렌즈로 교정된 시력은 인정되지 아니하며, 안경으로 교정이 되지 않는 경우(교정불능)에는 나안시력과 교정시력이 동일하므로 나안시력을 기준으로 장해를 판정할 수 있다. 안경에 의하여 시력이 교정된다고 하더라도 안경을 착용하면 두 눈에 비치는 물체의 크기와 형태가 다르게 나타나기 때문에, 두 눈을 뜨고 보기가 곤란한 경우에는 예외적으로 나안시력을 기준으로 장해등급이 결정된다.

② 시력장해의 인정기준

상대성기관인 두 눈의 안구는 모두 동일한 부위, 동일한 계열이다. 그래서 두 눈의 시력장해는 하나의 장해등급으로 평가된다. 장해등급 표에 한 눈의 시력장해 뿐만 아니라 두 눈의 시력장해까지도 하나의 장해로 정해져 있는 것도 그 때문이다. 이것은 두 눈에 각각 시력장해 가 남았다고 하더라도 한 눈의 시력장해에 대하여 각각 장해등급을 정 한 다음 조정의 방법을 이용하여 준용등급으로 정할 수 없다는 것을 말해 주는 것이다. 두 눈에 각각 시력장해가 남은 때에는 준용등급을 정하는 것이 아니라, 두 눈의 시력장해에 해당하는 장해등급표상의 등 급을 결정하는 것이다.

장해등급표는 시력장해의 정도를 일정한 간격으로 정하고 있기 때문 에 정해진 장해등급 사이의 중간에 해당하는 장해등급이 있다. 그러나 시력장해에 있어서는 평가 대상인 장해가 장해등급표에 정해진 어느 등급에 미치지 못하는 정도이면 장해등급표에 정해진 하위등급으로 결정한다. 예를 들어 '한 눈의 교정시력이 0.2인 장해'는 장해등급 제 13급1호의 0.6 보다는 중한 장해이지만, 제10급1호의 0.1에는 미치지 못하므로 제13급1호를 적용하는 것이다. 제13급과 제10급 사이에는 제11급과 제12급의 장해가 있으나, 이들 중간의 등급을 적용할 수는 없다. 두 눈의 시력장해에 대한 장해등급이 한 눈의 시력장해만을 평 가한 장해등급보다 낮은 경우가 있다. 예를 들면 '좌측 눈의 시력이 0.01이고, 우측 눈의 시력이 0.4'인 경우는 두 눈의 장해등급을 평가하 면 제9급1호(두 눈 모두 0.6 이하) 보다는 중하지만 제7급1호(한 눈 실명, 다른 눈 0.6 이하)에는 미치지 못하므로 제9급1호에 해당되는데, 우측 눈의 시력(0.01)만 따로 평가하면 제8급1호에 해당되어 두 눈의 장해를 모두 평가하는 것보다 높은 등급에 해당된다. 이러한 때 즉, 두 눈에 해당하는 장해등급이 한 눈에 해당하는 장해등급보다 낮은 때에는 그 한 눈에만 장해가 있는 것으로 보아 장해등급을 인정하는 것이므로 위 예에서 장해등급은 제8급1호로 결정되는 것이다.

> **실명이란?**
> 안구 적출술 등으로 안구를 망실(亡失)한 경우, 또는 명암을 전혀 분별할 수 없게 되거나, 명암을 가릴 수 있다고 해도 겨우 분별할 수 있는 경우를 말한다. 한 눈이 실명되면 제8급1호, 두 눈 모두 실명되면 제1급1호가 되고, 눈의 장해에서 '실명'보다 중한 장해는 없다. 그러므로 한 눈의 장해등급은 제8급보다는 상위의 등급으로 결정될 수 없으며, 조정 또는 준용의 결과 한 눈의 장해등급이 제8급 이상이 되더라도 제8급보다 높은 등급으로 정하는 것은 서열문란이 되어 인정되지 않는다.

2) 조절기능장해

'조절기능'은 눈의 수정체가 카메라의 렌즈와 같은 역할을 하는 기능으로, 원근의 조절작용을 말한다. 멀고 가까운 물체를 똑똑히 볼 수 있는 것은 수정체의 이 조절기능 때문이다. 물체를 똑똑히 볼 수 있는 가장 먼 점에서 가장 가까운 점까지의 공간을 조절령이라 하는데, 이것을 수치로 표시한 것이 '조절력'이다. 조절력의 단위는 '디옵터(Diopter)'인데 영문자 'D'로 표시된다. '조절기능장해'는 이 조절력이 정상에 비해 제한되어 제 기능을 다할 수 없게 된 것을 말한다. 장해등급표에서 말하는 '조절기능의 뚜렷한 장해'라 함은 조절력이 정상에 비해 절반 이하(2분의1)로 감소된 상태를 말한다.

조절력은 사람의 나이와 대단히 밀접한 관계가 있는데 일반적으로 나이가 어릴 때 좋다가 나이가 많아지면 감소한다. 특히, 50세가 넘으면 어릴 때에 비해 1/10에도 못미치는 1(D) 이하로 감소되어, 조절력이 1/2 이하로 저하되었더라도 0.5(D) 정도의 감소만 발생하게 된다. 이런 정도의 조절력 감소는 무시해도 될 정도이므로 나이가 50세 이상인 근로자에게 발생한 조절기능장해는 장해급여의 대상에서 제외된다. 장해등급을 결정함에 있어서 거의 유일하게 나이를 따지는 부분이기도 하다.

* 조절력은 연령과 밀접한 관계가 있으며 다음과 같이 되어 있다(단위는 디옵터(D)임).

10세	20세	30세	40세	50세	60세
12	8	7	4	1	0.5

3) 안구운동장해

안구운동기능은 머리를 고정시킨 채로 안구를 운동하여 주위를 볼 수 있는 기능으로, 머리를 고정하고 안구의 운동기능으로만 직접 볼 수 있는 범위를 '주시야 또는 주시범위' 라고 한다. 안구의 운동은 안구 주변의 근육(이것을 '외안근' 이라 한다)들이 안구를 각 방향으로 움직이는 역할을 해주기 때문에 가능한 것이며 외안근에는 모두 6개가 있는데, 상직근, 하직근, 내측직근, 외측직근, 상사근, 하사근 등이 그것이다. 이 6개의 근육 중에서 어느 것이 마비되어 균형을 잃게 되면 안구가 마비된 근육의 반대 방향으로 치우치게 되는데 이것을 '마비성 사시' 라고 한다. 마비된 근육이 제 역할을 못하므로 그만큼 안구의 운동에 장해가 남게 되는 것이다. 또한, 한 눈의 안근 일부가 마비되면 두 눈을 떴을 때 '복시' 가 생기게 되는데, 복시는 하나의 물체가 둘로 보이거나 겹쳐보이는 현상을 말하는 것으로, 안근이 마비된 쪽의 눈에 보이는 물체가 정상인 눈에 보이는 물체와 다른 점에 상(像)이 맺히기 때문이다.

장해등급표에서 '안구의 뚜렷한 운동기능장해' 는 주시야의 넓이가 정상에 비해 1/2 이하로 감소된 것을 말한다. 개인차가 있기는 하지만 일반평균인의 주시야는 한 눈을 떴을 때(1안시) 상 · 하 · 좌 · 우 등 각 방향 약 50도이고, 두 눈을 모두 떴을 때(양안시)는 약 45도이며 한 눈의 안구에 뚜렷한 운동기능장해가 남으면 제12급1호, 두 눈 모두에 남으면 제11급1호가 적용된다.

운동기능장해와 조절기능장해는 장해등급표에서 같은 등급, 같은 호로 분류되어 있다.

4) 시야장해

한 점을 보면서 동시에 볼 수 있는 외곽의 넓이를 '시야' 라고 한다. 시야는 희스넬시야계에 의하여 측정하며 8방향 시야 각도의 합계가 정상 시야 각도의 합계에 비해 60% 이하로 된 경우에 '시야장해(반맹증, 시야협착, 시야변상)' 가 인정된다. 한 눈의 시야장해가 인정되면 제13급 2호, 두 눈 모두의 시야장해가 인정되면 제9급3호가 적용된다.

반맹증이란?
시야의 반쪽이 보이지 않는 장해를 말하는 것으로 주시하는 한 점을 경계로 두 눈의 시야 중 좌측 또는 우측의 반쪽이 결손되어 보이지 않게 된 것이다. 두 눈의 같은 쪽이 결손된 것을 동측반맹, 다른 쪽이 결손된 것을 교차반맹이라 한다. 반맹증은 시신경섬유가 시신경과 교차하거나, 시신경보다 후방에 침범된 때 발생한다.

시야협착이란?
시력이 좋더라도 시야주변의 협착으로 보는 것에 방해를 받으면 주위의 상황을 제대로 살피지 못하게 되는데, 이러한 장해를 시야협착이라고 한다. 시야협착에는 시신경의 위축으로 발생하는 동심성협착과 맥락망막염 등으로 발생하는 불규칙협착이 있으며, 동심성협착이 있으면 시기능이 방해를 받아 보행이나 동작에 제한을 받게 된다.

반맹증, 시야협착, 시야결손, 암점 등을 통틀어 '시야변상'이라고 하는데, 장해등급표에서는 시야변상과는 별도로 반맹증과 시야협착을 명시하고 있으므로 장해등급표 상의 시야변상은 시야결손과 암점만을 가리키는 것이라고 할 수 있다.

망막의 일정부분에 문제가 있으면 그에 상당하는 시야결손이 생기게 되는데, 생리적인 시야결손의 주된 것은 맹점(마리어트 盲斑)이다. 생리적인 시야결손(맹점) 이외에 병적으로 시야결손이 발생한 것을 암점이라 하고 중심성망막염, 망막출혈, 맥락막망염, 동맥판색전 등으로 인하여 암점이 발생하게 되는데, 암점에는 비교암점과 절대암점이 있으며, 장해등급의 시야변상 장해의 인정은 절대암점을 기준으로 한다.

■ 눈꺼풀의 장해

눈꺼풀의 장해에는 결손장해와 운동장해가 있다. 이것이 장해보상의 대상으로 인정되기 위해서는 어느 정도 이상의 장해가 남아 있는 경우이어야 하는데 그 내용은 다음과 같다.

1) 눈꺼풀의 뚜렷한 결손

보통으로 눈을 감았을 때 각막이 완전히 덮히지 않을 정도로 눈꺼풀이 결손된 경우 인정하는 장해로, 한 쪽 눈꺼풀의 뚜렷한 결손이 남았으면 제11급3호, 양쪽 모두에 남았으면 제9급4호가 적용된다.

2) 눈꺼풀 일부의 결손

보통으로 눈을 감았을 때 각막을 완전히 덮을 수는 있으나 흰자위(구결막)가 노출되어 있을 정도로 눈꺼풀이 결손된 경우 인정하는 장해이며, 한 쪽 눈꺼풀의 일부에 결손이 남았으면 제14급1호, 양쪽 모두에 남았으면 제13급 3호가 적용된다.

3) 속눈썹의 결손

눈 주변의 속눈썹이 나는 부분의 절반 이상에 결손이 남은 경우에 인정되며, 한 눈의 속눈썹에 결손이 남으면 제14급 1호, 양쪽 모두에 남았으면 제13급 3호가 적용된다.

4) 눈꺼풀의 뚜렷한 운동기능장해

보통으로 눈을 떴을 때 동공령을 완전히 덮어 버리거나, 또는 눈을 감았을 때 완전하게 덮을 수 없을 정도로 눈꺼풀의 움직임에 장해가 남은 경우에 인정되며, 한 눈의 눈꺼풀에 뚜렷한 운동기능장해가 남으면 제12급2호, 두 눈에 남으면 제11급2호가 적용된다.

2. 귀의 장해

귀의 장해등급

귀의 장해는 신체장해등급표상 두 귀의 청력장해, 한 귀의 청력장해, 귀바퀴의 결손장해로 구분되어 있다. 신체장해등급표에 정하여져 있지 않은 귀의 장해에 대해서는 영 제31조 제3항의 규정에 의하여 그 장해의 정도에 따라 신체장해등급표에 정하여져 있는 다른 장해에 준하여 등급을 결정한다.

장해 구분 (계열번호)			등급	장 해 정 도
귀 의 장 해	기 능 적 장 해 청 력 장 해 (6)	두 귀	제4급 3호	고막의 전부의 결손이나 그 외의 원인으로 인하여 두 귀의 청력을 완전히 잃은 사람
			제6급 3호	고막의 대부분의 결손이나 그 외의 원인으로 인하여 두 귀의 청력이 모두 귓바퀴에 대고 말하지 아니하고서는 큰 말소리를 알아듣지 못하게 된 사람
			제6급 4호	한 귀가 전혀 들리지 아니하게 되고 다른 귀의 청력이 40센티미터 이상의 거리에서는 보통의 말소리를 알아듣지 못하게 된 사람
			제7급 2호	두 귀의 청력이 모두 40센티미터 이상의 거리에서는 보통의 말소리를 알아듣지 못하게 된 사람
			제7급 3호	한 귀가 전혀 들리지 아니하게 되고 다른 귀의 청력이 1미터 이상의 거리에서는 보통의 말소리를 알아듣지 못하게 된 사람
			제9급 7호	두 귀의 청력이 모두 1미터 이상의 거리에서는 큰 말소리를 알아듣지 못하게 된 사람
			제9급 8호	한 귀의 청력이 귓바퀴에 대고 말하지 아니하고서는 큰 말소리를 알아듣지 못하게 되고 다른 귀의 청력이 1미터 이상의 거리에서는 보통의 말소리를 알아듣지 못하게 된 사람
			제10급 5호	두 귀의 청력이 모두 1미터 이상의 거리에서는 보통의 말소리를 알아듣지 못하게 된 사람
			제11급11호	두 귀의 청력이 모두 1미터 이상의 거리에서는 작은 말소리를 알아듣지 못하게 된 사람
		한 귀	제9급 9호	한 귀의 청력을 영구적으로 완전히 잃은 사람
			제10급 4호	한 귀의 청력이 귓바퀴에 대고 말하지 아니하고서는 큰 말소리를 알아듣지 못하게 된 사람
			제11급 4호	한 귀의 청력이 40센티미터 이상의 거리에서는 보통의 말소리를 알아듣지 못하게 된 사람
			제14급11호	한 귀의 청력이 1미터 이상의 거리에서는 작은 말소리를 알아듣지 못하게 된 사람
	기질적 장해(7)	귓바퀴	제12급 4호	한 귀의 귓바퀴의 대부분이 결손된 사람

장해등급 인정기준

■ 청력장해

1) 난청의 종류

청력장해, 즉 난청은 원인에 따라 고막 천공 또는 두부 외상에 의한 뇌(청신경)손상 또는 측두골골절 등에 기인하여 발생하는 '외상성 난청', 장기간 동안 일정한 강도 이상의 소음에 노출된 것이 원인이 되어 발생하는 '소음성 난청', 고도의 소음에 순간적으로 폭로되어 급성으로 발생하는 재해성의 '음향외상성 난청', 음향외상성 난청과는 달리 뚜렷한 유발인자 없이 갑자기 감각신경성 난청이 나타나는 '돌발성 난청' 등으로 분류될 수 있으며, 그 외에 이상기압으로 인한 난청, 약물중독 또는 독성물질(중금속, 화학물질 등) 노출에 의한 난청, 노인성 난청, 기타 다른 질병에 의하여 발생하는 난청 등이 있다.

이중 외상성 난청과 음향외상성 난청 등은 재해성 난청으로, 소음성 난청은 직업성 난청, 즉 업무상 질병으로 분류될 수 있으며, 돌발성 난청은 재해성 보다는 직업성으로 분류될 수 있으나 업무와의 인과관계를 증명할 수 있는 경우가 많지 않으므로 업무상 재해로 인정되기에는 어려움이 많다.

2) 소음성 난청

① 업무상 재해 인정기준

외상성 난청이나 음향외상성 난청 등 재해성 난청은 업무와의 상당 인과관계 여부, 즉 업무상 재해 여부를 가리는 것이 비교적 쉽다. 그런데 직업성 난청, 즉 소음성 난청은 가장 대표적인 직업병임에도 불구하고 업무상 여부를 판단하는 것은 그리 쉬운 일이 아닌데, 소음성 난청은 노인성 난청 등과 분명한 구분이 어려운 경우가 있고, 실제 다른 원인에 의한 난청과 병합되어 혼합성 난청으로 나타나기도 하기 때문이다. 따라서 소음성 난청이 업무상 재해에 해당되기 위하여는 다음과 같은 요건들을 충족하여야 한다.

- 근로자의 작업환경이 '연속음으로 85dB(A) 이상의 소음'이 발하는 장소일 것
- 소음 작업장에서의 근무경력이 3년 이상일 것
- 감각신경성 난청으로서 청력손실이 40dB 이상일 것
  청력손실이 40dB에 이를 때부터 난청을 자각하게 되고 따라서 이때부터 장해로 취급되기 때문이다.
- 고막 또는 중이에 뚜렷한 병변이 없을 것
- 순음청력검사결과 기도청력역치와 골도청력역치 사이에 뚜렷한 차이가 없을 것
- 청력장해가 저음역보다 고음역에서 클 것
- 소음 이외의 다른 원인에 의하여 발생한 난청이 아닐 것. 여기에서 '소음 이외의 다른 원인에 의하여 발생한 난청'으로는 내이의 염증에 의한 난청, 약물중독에 의한 난청, 열성질환 또는 매독에 의한 난청, 유전성·가족성 난청, 노인성 난청 등과 화학물질에의 노출에 의한 난청, 두부외상 또는 폭발음에의 노출 등으로 인한 재해성 난청, 돌발성 난청 등을 들 수 있다.

업무상 재해 여부의 결정시에는 이와 같은 여러 가지 요건과 함께 개별근로자의 신체조건과 작업환경 등이 종합적으로 고려된다.

② 소음성 난청의 특성
소음성 난청은 다음과 같은 여러 가지 특성을 가지고 있는데, 이것은 업무상 질병 여부를 판단하는 데 참고가 될 수 있는 특징들이다.

- 소음성 난청은 내이의 손상 때문에 발생하는 감각신경성 난청이다. 따라서 외이 또는 중이(고막)의 손상으로 인하여 발생하는 전음성 난청 또는 혼합성 난청과 구별된다.

- 소음성 난청은 대부분 두 귀에 모두 난청이 초래(양측성)되며, 양측의 청력 손실도는 거의 비슷하게 나타난다. 한 쪽 귀에만 난청이 오는 경우도 있으나, 작업자세나 환경에 의하여 소음이 한 쪽 귀에만 집중적으로 노출되는 경우로서 드문 일이며, 한 쪽 귀에만 오는 난청의 대표적인 예로는 폭발음이나 충격음에 노출되는 경우와 같이 재해성에 가까운 난청을 들 수 있다.

- 소음성 난청은 대부분 고도의 난청으로 나타나지는 않으며, 저음역에서는 40dB, 고음역에서는 75dB 이상의 손실을 보이지 않는 것이 일반적인 양상이다. 따라서 양측 귀가 농에 가까운 상태라면 소음 이외의 다른 원인이 개입되었을 가능성을 배제할 수 없는 것이다.

- 소음성 난청은 소음에의 노출이 중단되면 더 이상의 청력손실은 진행되지 않는 것이 대부분이다. 그렇다고 소음노출을 중단하거나 요양을 하면 청력이 회복되는 것은 아닌데, 소음성(직업성) 난청의 치유시기를 '직업성 난청이 유발될 수 있는 장소에서의 업무를 떠났을 때'로 한 것은 소음성 난청의 이러한 특성 때문이다.

- 소음성 난청은 고음역에서의 청력손실이 저음역의 청력손실 보다 큰 양상으로 나타난다. 청력의 손실은 초기에 3000헤르쯔(Hz)~6000헤르쯔(Hz) 사이에서 발생하며, 청력손실이 가장 현저하게 나타나는 음역은 4,000Hz 전후이고, 점차 고음역과 저음역으로 확대되는데 고음역(3000Hz~6000Hz)의 청력손실이 저음역(500Hz~2000Hz)의 청력손실보다 높은 것이 특징이다.

- 지속적인 소음과 간헐적인 소음중 지속적인 소음에 노출된 경우 청력손실이 더 심하다.

이 밖에도 소음성 난청의 경우 고음역의 청력손실이 최대치에 이르기까지는 약 10년 내지 15년이 걸린다든지 이미 소음성 난청이 있다고 하더라도 소음에 더 민감해지지는 않는 특성이 있다. 또한 소음성 난청으로 인한 청력손실 자체의 특성으로는 '누가현상'이 있는데, 이것은 자극음의 강도를 일정하게 증가시킬 때 환자가 느끼는 음의 크기가 비정상적으로 크게 느껴지는 현상이다. 청력손실이 심해지면 회화청취력이 떨어지고 자음을 잘 구분하지 못하며, 소음성 난청에 동반되는 이명(귀울림)은 일반적으로 고주파의 울림인데 이것은 불안감이나 수면부족의 원인이 되기도 하는 것 등도 특성 중의 하나이다.

③ 소음성 난청에 대한 보험급여청구 사유발생일

소음성 난청은 장기간의 소음노출에 의하여 발생하는 질병으로, 현재 의학적으로 치료방법이 없으며, 치료효과를 기대할 수 없으므로 요양을 받을 이유가 없다.

앞에서 말한 것과 같이 소음성 난청은 소음작업에 종사하는 한 증가하고, 소음작업을 떠나면 더 이상 진행되지 않고, 요양을 하더라도 치료효과를 기대할 수 없는 특성을 가지고 있으므로 그 소음작업을 떠난 때를 '치유'된 시기로 간주한다. 요양급여를 받을 필요없이 장해급여를 받을 수 있는 것이다. 따라서 소음성 난청에 대한 보험급여, 즉 장해급여청구사유발생일은 '소음작업을 떠난 날'(직업성 난청이 유발될 수 있는 장소에서의 업무를 떠났을 때)이고, 평균임금산정사유발생일도 마찬가지이다.

소음성 난청에 대한 보험급여를 받을 권리는 소음작업을 떠난 때에 발생하는 것이므로 소음작업을 떠난 때부터 3년이 경과하면 소멸시효가 완성된다. 소음성 난청 이외의 업무상 질병에 대하여는 보험급여의

대상이 된다고 확인될 당시의 초진소견서 또는 진단서발급일을 평균
임금산정사유발생일로 간주하는 것이 원칙인 것과는 다르다는 점에
유의할 필요가 있다.

3) 청력장해의 인정기준

귀의 내이는 눈의 안구와 같이 상대성 기관 중의 하나이다. 그러므로
양쪽 귀의 내이는 모두 동일한 부위이면서 동일한 계열로서 노동력상
실도의 평가, 즉 장해등급의 판정에 있어서 양쪽을 하나로 보는 것이
다. 이는 눈과 귀는 양쪽으로 나뉘어 있지만 보거나 듣는 기능적인 측
면에서는 하나처럼 연계되어 기능하고 있기 때문이 아닌가 생각된다.
장해등급표에 두 귀의 청력장해를 하나의 장해로 정하고 있는 것도 그
때문이다. 이것은 두 귀에 각각 청력장해가 남았다고 하더라도 한 귀의
청력장해에 대하여 각각 장해등급을 정한 다음 조정의 방법을 이용하
여 준용등급으로 정할 수 없다는 것을 말해 주는 것이다. 두 귀에 모두
청력장해가 남은 때에는 조정의 방법을 이용하여 준용등급을 정하는
것이 아니라, 그에 해당하는 장해등급표상의 등급을 결정하는 것이다.

그러나 귓바퀴는 팔다리처럼 양측성 기관이므로 좌 · 우측 귓바퀴는
부위와 계열이 각각 다르다는 점에 유의하여야 한다. 따라서 귓바퀴의
결손장해 상호간에는 이를 조정하여 등급을 결정한다. 청력장해에 관
하여 장해등급표는 등급 사이에 간격을 두고 있다. 그 장해등급 사이
에는 중간 등급이 있지만 중간등급을 적용할 수는 없으며, 장해등급표
에 정해진 어느 등급에 미치지 못하면 장해등급표상의 하위등급으로
결정되는 것이다.

청력장해의 정도는 순음(純音)에 의한 청력레벨(순음청력검사)과 어
음에 의한 청력검사결과(어음명료도검사)를 기초로 하여 평가한다. 순

음청력레벨은 보통 오디오미터(Audio-meter)에 의하여 측정하는 청력
으로서 그 결과는 데시벨(dB : decibel)로 표시되며, 어음에 의한 청력검
사 결과는 '어음명료도'를 말한다. 청력장해의 구체적인 인정기준은
다음과 같다.

■ 두 귀의 장해
'두 귀의 청력을 완전히 잃은 사람'이 여기에 해당된다.
① '두 귀의 평균청력손실치가 모두 90dB 이상인 사람'과 ② '두 귀의
평균청력손실치가 모두 80dB 이상이면서 동시에 최고명료도가 모두
30% 이하인 사람'을 말한다.
'두 귀의 청력이 모두 귓바퀴에 대고 말하지 아니하고서는 큰 말소
리를 알아듣지 못하게 된 사람'이 여기에 해당된다.
① '두 귀의 평균청력손실치가 모두 80dB 이상인 사람'과 ② '두 귀의
평균청력손실치가 모두 50dB 이상 80dB 미만이면서 동시에 두 귀의
최고명료도가 모두 30% 이하인 사람'을 말한다.
'한 귀가 전혀 들리지 아니하게 되고, 다른 귀의 청력이 40센티미터
이상의 거리에서는 보통의 말소리를 알아듣지 못하게 된 사람'이 여기
에 해당된다.
'한 귀의 평균청력손실치가 90dB 이상이면서 동시에 다른 귀의 평
균청력손실치가 70dB 이상인 사람'을 말한다.
'두 귀의 청력이 모두 40센티미터 이상의 거리에서는 보통의 말소리
를 알아듣지 못하게 된 사람'이 여기에 해당된다.
① '두 귀의 평균청력손실치가 모두 70dB이상인 사람'과 ② '두 귀의
평균청력손실치가 모두 50dB 이상이면서 동시에 두 귀의 최고명료도
가 모두 50% 이하인 사람'을 말한다.

'한 귀가 전혀 들리지 아니하게 되고 다른 귀의 청력이 1미터 이상의 거리에서는 보통의 말소리를 알아듣지 못하 게 된 사람' 이 여기에 해당된다.

'한 귀의 평균청력손실치가 90dB 이상이면서 동시에 다른 귀의 평균청력손실치가 60dB 이상 70dB 미만인 사람' 을 말한다.

'두 귀의 청력이 모두 1미터 이상의 거리에서는 큰 말소리를 알아듣지 못하게 된 사람' 이 여기에 해당된다.

① '두 귀의 평균청력손실치가 모두 60dB 이상인 사람' 과 ② '두 귀의 평균청력손실치가 모두 50dB 이상이면서 동시에 두 귀의 최고명료도가 모두 70% 이하인 사람' 을 말한다.

'한 귀의 청력이 귓바퀴에 대고 말하지 아니하고서는 큰 말소리를 알아듣지 못하고, 다른 귀의 청력이 1미터 이상의 거리에서는 보통의 말소리를 알아듣지 못하게 된 사람' 이 여기에 해당된다.

'한 귀의 평균청력손실치가 80dB 이상이고 동시에 다른 귀의 평균청력손실치가 50dB 이상 60dB 미만인 사람' 을 말한다.

'두 귀의 청력이 모두 1미터 이상의 거리에서는 보통의 말소리를 알아듣지 못하게 된 사람' 이 여기에 해당된다.

① '두 귀의 평균청력손실치가 모두 50dB 이상인 사람' 과 ② '두 귀의 평균청력손실치가 모두 40dB 이상이면서 동시에 두 귀의 최고명료도가 모두 70% 이하인 사람' 을 말한다.

'두 귀의 청력이 모두 1미터 이상의 거리에서는 작은 말소리를 알아듣지 못하게 된 사람' 이 여기에 해당된다.

'두 귀의 평균청력손실치가 모두 40dB 이상인 사람' 을 말한다.

■ 한 귀의 장해
'한 귀의 청력을 영구적으로 완전히 잃은 사람' 이 여기에 해당된다.

'한 귀의 평균청력손실치가 90dB 이상인 사람'을 말한다.

'한 귀의 청력이 귓바퀴에 대고 말하지 아니하고서는 큰 말소리를 알아듣지 못하게 된 사람'이 여기에 해당된다.

'한 귀의 평균청력손실치가 80dB 이상 90dB 미만인 사람'을 말한다.

'한 귀의 청력이 40센티미터 이상의 거리에서는 보통의 말소리를 알아듣지 못하게 된 사람'이 여기에 해당된다.

① '한 귀의 평균청력손실치가 70dB 이상 80dB 미만인 사람'과 ② '한 귀의 평균청력손실치가 50dB 이상이면서 동시에 최고명료도가 50% 이하인 사람'을 말한다.

'한 귀의 청력이 1미터 이상의 거리에서는 작은 말소리를 알아듣지 못하게 된 사람'이 여기에 해당된다.

'한 귀의 평균청력손실치가 40dB 이상 70dB 미만인 사람'을 말한다.

■ 귓바퀴의 장해

귓바퀴의 장해는 '결손장해'로서 1개의 등급만 정해져 있으며, '귓바퀴의 대부분의 결손'이 남은 경우에 제12급4호가 적용되고, '귓바퀴의 대부분의 결손'이란 귓바퀴 연골부를 1/2 이상 잃은 경우를 말한다. 그런데 귓바퀴는 흉터장해의 판단에 있어서 '외모'에 해당하는 부위이기도 하다. 따라서 귓바퀴의 결손장해는 흉터장해와 비교해서 높은 등급에 해당하는 것이 장해로 인정된다. 즉 귓바퀴의 대부분이 결손되면 제12급4호에 해당되지만, 흉터장해로 취급하는 경우 남자, 여자 동일하게 제7급12호에 해당하므로 상위등급인 제7급을 적용하는 것이다.

또 귓바퀴 연골부의 1/2 미만이 상실되어 귓바퀴의 결손장해에 미달하는 경우에도 10원짜리 동전 크기 이상 결손되었다면 흉터장해로 취

급하여 남자, 여자 동일하게 제12급14호를 적용할 수 있다. 그러나 이
때 '귓바퀴의 결손'과 '흉터' 장해는 하나의 장해를 복수의 관점에서
평가하는 것에 불과하므로 조정하지 아니한다.

3. 코의 장해

코의 장해와 장해등급

코의 장해에 대하여는 장해등급표상 다음과 같이 1등급의 장해만 정
하고 있다.

장해 구분 (계열번호)		등급	장 해 정 도
코의 장해	기질, 기능적 장해	결손, 기능 장해(5)	제9급 5호	코가 결손되어 그 기능에 뚜렷한 장해가 남은 사람

코의 결손을 수반하지 않는 기능장해에 대해서는 시행령 제31조 제3
항에 의하여 그 장해의 정도에 따라서 장해등급표상 정해져 있는 다른
장해에 준하여 등급을 인정한다.

장해등급 인정기준

■ 코의 장해 인정

장해등급표에는 코의 장해를 결손장해에 의한 기능장해 1개의 장해
등급(1개구분)만을 정하고 있다. 그러므로 코의 결손으로 인한 기능장
해 이외의 장해는 그 정도에 따라 준용등급을 결정하거나, 다른 계열
의 장해(흉터)로 인정할 수밖에 없다.

1) 코의 결손, 뚜렷한 기능장해

코의 결손이란 코 연골부의 전부 또는 대부분을 상실한 경우를 말하며, 뚜렷한 기능장해는 코로 숨쉬는 것이 곤란하거나, 냄새를 맡지 못하는 장해가 남은 것을 의미한다. 그러므로 장해등급 제9급5호 '코가 결손되어 기능에 뚜렷한 장해가 남은 사람'을 적용하기 위하여는 코의 전부 또는 대부분이 상실되고 기능장해가 수반되어야 한다.

2) 흉터장해와의 관계

코의 결손이 포함된 흉터장해는 코 이외의 안면부 흉터도 하나의 흉터장해로 보아 외모의 흉터장해에 해당하는지 여부를 판단한다. 이와 같이 코의 결손은 코의 장해 외의 외모의 흉터장해로도 인정할 수 있으나, 흉터장해를 별도로 인정하여 코의 장해와 조정할 수 있는 것은 아니다. 코의 장해는 이 흉터장해를 전제로 하여 인정되는 것이기 때문이다. 다만, 흉터장해로 인정하는 것이 코의 결손으로 인한 기능장해로 취급하는 것보다 장해등급이 높은 경우에는 흉터장해에 해당하는 장해등급을 인정한다. 두 가지 장해 중 상위등급을 인정하는 것이다.

예를 들면, '코의 전부를 잃어 호흡이 곤란한 사람'은 코의 장해로 취급하는 경우, 남녀를 불문하고 제9급5호에 해당되지만, 코의 결손으로 인한 흉터장해가 '외모의 뚜렷한 흉터(10원짜리 동전 크기 이상의 조직함몰)'로 인정되면 남자, 여자 동일하게 장해등급 제7급12호에 해당되어 흉터장해등급이 더 높게 되므로 제7급12호를 적용한다.

또한 코의 일부가 결손되어 코의 장해의 요건인 '전부 또는 대부분의 결손'에는 미치지 아니하는 정도이더라도, 그것이 '외모의 흉터'에 해당되는 정도라면 외모의 흉터에 해당하는 장해등급 남자, 여자 동일하게 제12급14호를 적용한다.

■ 준용

코 연골부의 결손이 없는 상태에서도 호흡곤란 및 후각탈실 또는 후각감퇴 등 노동력상실이 수반되는 기능장해가 있을 수 있다. 그러나 장해등급표에는 이러한 장해에 대하여는 따로 정하지 않고 있으므로 그 정도에 따라 준용등급으로 결정하여야 한다.

① 냄새를 전혀 맡을 수 없는 사람[후각상실] 또는 코로 숨쉬기가 곤란한 사람(비호흡곤란)에 대하여는 제12급12호를 준용하고,
② 냄새 맡는 기능이 감퇴된 사람에 대하여는 제14급9호를 준용하도록 정해져 있다.

■ 비중격천공장해에 대한 등급 결정요령

크롬등 유해물질(유기용제)을 취급하는 업무에 종사하는 근로자에게는 비중격천공이 발생할 수 있다. 비중격천공이란 코의 양쪽을 나누고 있는 연골의 일부에 구멍이 생기는 것을 말한다. 비중격천공과 후각 또는 호흡기능장해와는 직접적인 관계는 없다. 그러나 크롬 등 유해물질 때문에 발생하는 후각기능장해 또는 비호흡기능장해는 유해물질이 후역 또는 비강내의 점막을 침범하여 생기는 것이고, 유해물질에 의하여 비중격천공이 발생하였다면 유해물질에의 폭로 정도가 높아 통상 상기도점막의 반흔, 위축을 수반하는 것이므로 후각 및 호흡기능에 영향을 줄 수 있다. 그러므로 비중격천공에 의한 장해는 다음과 같은 요건을 고려하여 인정된다.

① 크롬 등 유해물질 등의 분진, 흄을 흡입하는 작업에 종사한 경력
② 비중격천공이 있는 경우에는 통상 상기도점막의 반흔 · 위축을 동

반하고 있으나, 이 상태에 까지 이른 것이라면 이미 후역 및 비강내 점막도 침범되어 있기 때문에 각각 정상적으로 기능하지 못하고 후각이상과 함께 단독으로 비호흡이상이 발생하는 것이므로 장해등급은 이러한 점에 유의하여 결정한다.

③ 후각기능의 저하 정도가 후각상실에 이르지 않은 것에 대하여는 유해물질에 의하여 후각감퇴가 발생한 것으로 인정된다.

④ '상기도점막의 반흔 또는 위축'은 의사의 비경검사 소견에 의하고 '후각상실' 유무에 대하여는 의사의 아리나민 정맥주사에 의한 검사소견에 의하여 확인되는 것을 인정한다.

4. 입의 장해

입의 장해등급

입의 장해에 대하여는 신체장해등급표상 다음과 같이 음식물을 씹는 기능 및 말하는 기능장해, 치아장해로 구분하여 등급이 정하여져 있으며, 연하(삼킴)장해, 미각상실 등 신체장해등급표에 정하여져 있지 않은 입의 장해에 대해서는 영 제31조 제3항의 규정에 의거 장해의 정도에 따라 신체장해등급표에 정하여져 있는 다른 장해에 준하여 등급을 인정한다.

장해 구분 (계열번호)		등 급	장 해 정 도
입의 장해	기능적 장해	말하는 기능 (언어) 및 씹는 기능 (저작) 장해(9)	제 1급 2호	말하는 기능과 음식물을 씹는 기능을 모두 영구적으로 완전히 잃은 사람
			제 3급 2호	말하는 기능 또는 음식물을 씹는 기능을 영구적으로 완전히 잃은 사람
			제 4급 2호	말하는 기능과 음식물을 씹는 기능에 뚜렷한 장해가 남은 사람
			제 6급 2호	말하는 기능 또는 음식물을 씹는 기능에 뚜렷한 장해가 남은 사람
			제 9급 6호	말하는 기능과 음식물을 씹는 기능에 장해가 남은 사람
			제10급 2호	말하는 기능 또는 음식물을 씹는 기능에 장해가 남은 사람
	기질적 장해	치아 장해 (10)	제10급 3호	14개 이상의 치아에 대하여 치과보철을 한 사람
			제11급 10호	10개 이상의 치아에 대하여 치과보철을 한 사람
			제12급 3호	7개 이상의 치아에 대하여 치과보철을 한 사람
			제13급 4호	5개 이상의 치아에 대하여 치과보철을 한 사람
			제14급 2호	3개 이상의 치아에 대하여 치과보철을 한 사람

입의 장해등급 인정기준

■ 말하는 기능 및 음식물을 씹는 기능장해

1) 말하는 기능(언어기능) 장해

말소리는 음성기관 즉 성대(인후), 입(구강), 코(비강) 등을 통하여 나온다. 말소리를 정확히 내기 위해서 필요한 기관은 이외에도 혀와 이 등이 있다. 이들 기관에 문제가 발생하면 말소리를 제대로 내지 못하게 되는데 이것이 말하는 기능의 장해이다.

음성은 가장 대표적으로 '자음'과 '모음'으로 분류하는데, 자음은 성대를 통과한 소리가 어디에선가 장애를 받는 소리이고, 모음은 장애 없이 나오는 소리를 말한다. 또 자음은 장애를 받는 곳에서 음이 만들어지는데 이것을 조음위치라고 하며, 그 위치에 따라 다음의 4종류로 분류될 수 있다.

- 구순음 : 'ㅁ, ㅂ, ㅍ' 등 조음위치가 입술인 자음
- 치설음 : 'ㄴ, ㄷ, ㅌ' 등 조음위치가 치아와 혀인 자음
- 구개음 : 'ㅈ, ㅊ' 등 조음위치가 입천정인 자음
- 후두음 : , 'ㅇ, ㅎ' 등 조음위치가 목과 발성기관의 입구인 자음

말하는 기능의 장해는 위 4종류의 소리 중 전부 또는 일부를 발음하지 못하는 것을 말한다(중추신경, 즉 뇌의 손상으로 발생하는 언어장해도 이 기준에 따라 판단한다).

2) 말하는 기능을 완전히 잃은 장해

구순음, 치설음, 구개음, 후두음 등 자음의 분류 4종류 중 3종류 이상의 발음을 할 수 없는 상태를 말한다. 이런 경우는 말을 전혀 할 수 없거나, 음성을 낸다고 하더라도 상대방이 전혀 알아들을 수 없다. 벙어리가 여기에 해당되고, 장해등급 제3급2호에 해당하므로 노동력상실도가 100%인 장해로 간주된다.

3) 말하는 기능의 뚜렷한 장해

자음의 분류 4종류 중 2종류의 발음을 할 수 없는 장해 또는 철음장해, 즉 모음과 자음이 합해서 소리를 낼 수 없는 상태이다. 이런 경우에는 의사의 표현이 언어만으로는 불가능하므로 몸짓 등을 함께 이용하여 소통하여야 하고, 뚜렷한 언어기능장해는 제6급2호가 적용된다.

4) 말하는 기능의 장해

자음의 분류 4종류 중 1종류의 발음을 할 수 없는 장해를 말한다. 어느 정도 의사의 소통은 가능하지만 말소리가 불분명하여 소통에 약간의 지장을 받고, 단순한 언어기능장해는 제10급2호가 적용된다.

■ 음식물을 씹는 기능(저작기능) 장해

음식물을 씹는 데 지장이 있는 장해이다. 상악골 또는 하악골 골절후에 상 · 하악골이 비정상적으로 붙어(부정교합) 윗니와 아랫니가 마주칠 수 없게 되거나, 하악[턱]이 상하개폐운동을 못할 때, 또는 치아의 결손 등이 저작장해의 주요한 원인이다. 음식물을 씹는 기능에 장해가 발생하면 소화장해가 발생할 확률이 높고, 위장에도 영향을 미치게 되는 등 신체건강을 정상적으로 유지하기 어렵게 된다. 그런 이유로 언어장해와 함께 장해등급이 높게 정해져 있다. 그러므로 저작장해의 등급을 결정할 때에는 상하 교합, 배열, 하악 개폐운동의 정도 등을 종합하여 판단되어야 한다. 저작장해와 같은 정도의 노동력상실을 초래하는 음식물을 삼키는 기능의 장해(연하장해)도 저작장해에 준하여 준용 등급을 결정한다.

1) 음식물을 씹는 기능을 완전히 잃은 장해

입으로는 음식물을 전혀 섭취할 수 없어 주사 기타의 방법으로 영양을 공급하거나, 물과 같은 액체로 된 음식물 외에는 섭취가 불가능한 정도의 장해를 말한다. 산재보험법 시행규칙에는 이에 대한 기준을 '유동식 이외에는 섭취할 수 없는 사람'으로 정하고 있다. 유동식은 사전적으로는 미음, 죽 등을 의미하지만, 여기에서는 고체인 음식이 전혀 섞이지 않았거나 농도가 대단히 약한 음식물을 말하는 것이라고 이해하여야 한다. '음식물을 씹는 기능의 뚜렷한 장해'에 대한 기준인 '미음 또는 이에 준하는 음식'과 구별되어야 하고, 장해상태가 그보다는 중한 정도이어야 하기 때문이다. 저작기능의 전폐는 장해등급 제3급2호에 해당하고, 산재보험법에서는 이 정도의 장해가 남은 경우는 노동력을 100% 상실한 것으로 간주한다.

2) 음식물을 씹는 기능의 뚜렷한 장해

미음 또는 이에 준하는 정도의 음식물 이외에는 섭취할 수 없는 장해이다. 미약하지만 음식물을 씹는 기능이 남아 있어 미음이나 죽과 같은 음식물을 섭취할 수 있는 상태이며, 물론 밥을 먹는 데도 지장이 있다. 이러한 정도의 장해는 제6급2호가 적용된다.

3) 음식물을 씹는 기능장해

어느 정도의 고형식은 섭취할 수 있는 상태이다. 그러나 저작기능에 일정한 제한이 있어 씹는 기능이 충분하지 못한 장해를 말한다. 예를 들어, 밥을 먹는 데는 지장이 없으나, 깍두기를 씹는 것은 충분하지 못한 상태라 하겠으며, 단순한 저작기능장해는 제10급2호가 적용된다.

4) 언어장해와 저작장해의 인정원칙

장해등급표는 언어장해와 저작장해를 조합하여 정한 것도 있고, 각각 별도로 정한 것도 있다. 조합하여 등급을 정한 것은 제1급2호, 제4급2호, 제9급6호이고, 별도로 정한 것은 제3급2호, 제6급2호, 제10급2호이다. 원칙적으로 장해등급표에 언어 및 저작장해가 조합된 등급에 해당하는 장해가 남은 경우에는 그 해당하는 장해등급으로 결정하고, 조합되어 있지 않은 장해는 각각의 장해등급을 정한 다음 조정의 방법을 이용하여 준용등급을 결정한다. 이러한 원칙은 양측 눈[안구]과 귀[청력] 등 상대성기관의 장해등급 결정에 적용되는 원칙, 즉 '상위등급에 미치지 못하면 하위등급으로 결정' 하는 원칙과는 다르다는 점에 유의하여야 한다. 물론 언어장해와 저작장해 둘 중 한 가지의 장해만 남아 있으면 그 등급을 결정한다.

■ **치아장해**

장해등급표에는 치아장해를 '치과보철'을 한 치아의 수를 기준으로 정하고 있다. 여기에서 '치과보철'을 하였다 함은 현실적으로 상실하였거나, 뚜렷하게 결손된 치아만을 말한다. 그러므로 결손된 치아에 대한 보철을 위하여 만들어 넣는 의치(유상의치, 가교의치), 지대치 등 현실적으로 결손된 치아가 아닌 것은 보철치아 수에 포함되지 않는다. 또한 장해등급의 결정에 인정되는 보철치아 수는 '의치의 수'가 아니라 실제로 '잃은 치아의 수'이다. 따라서 잃은 치아가 크거나, 간격이 넓어서 결손된 치아의 수보다 많은 수의 의치를 하였더라도 결손된 치아의 수만을 장해등급결정의 기준으로 하는 것이다.

> **치과보철을 한 자란?**
> 현실적으로 상실 또는 현저하게 결손된 치아에 대하여 보철을 행한 경우를 의미하며, 현저하게 결손된 치아라 함은 치근을 포함한 치질이 결손 또는 파절된 경우를 의미한다.

5. 신경계통의 기능 또는 정신기능의 장해

신경 · 정신기능의 장해등급표

신경계통의 기능 또는 정신기능장해에 대하여는 신체장해등급표상 신경계통의 기능 또는 정신기능장해, 국부의신경계통의 장해로 구분하여 정해져 있다.

장해 구분 (계열번호)	등급	장 해 정 도
신경 (12) · 정신 (13) 장해	제1급 3호	신경계통의 기능 또는 정신기능에 뚜렷한 장해가 남아 항상 개호를 받아야 하는 사람
	제2급 5호	신경계통의 기능 또는 정신기능에 뚜렷한 장해가 남아 수시로 개호를 받아야 하는 사람
	제3급 3호	신경계통의 기능 또는 정신기능에 뚜렷한 장해가 남아 일생동안 노무에 종사할 수 없는 사람
	제5급 8호	신경계통의 기능 또는 정신기능에 뚜렷한 장해가 남아 특별히 손쉬운 노무외에는 종사할 수 없는 사람
	제7급 4호	신경계통의 기능 또는 정신기능에 장해가 남아 손쉬운 노무 외에는 종사하지 못하는 사람
	제9급 15호	신경계통의 기능 또는 정신기능에 장해가 남아 노무가 상당한 정도로 제한된 사람
국부의 신경장해(12)	제12급 12호	국부에 완고한 신경증상이 남은 사람
	제14급 9호	국부에 신경증상이 남은 사람

장해등급 인정기준

■ 신경 · 정신장해의 기본사항

신경 · 정신장해는 장해등급의 결정이 가장 까다로운 부분 중의 하나이다. 노동력상실 정도에 따라 장해등급이 결정되는데 그 노동력상실 정도를 결정하는 것이 어려운 때가 많기 때문이다. 신경장해는 신체 각부의 기능장해와 함께 남는 때가 많아 이들 장해를 어떻게 취급하여야 할 것인지 결정하기도 쉽지 않다.

신경계는 중추신경계와 말초신경계로 나눌 수 있으며, 중추신경계는 뇌와 척수로 구성되고, 중추신경에 들어가거나 나오는 신경섬유(축색돌기)가 말초신경이다. 산재보험 장해등급의 결정에 있어서는 신경계통을 뇌, 척수 및 말초신경 등 세 가지로 나누어 생각한다. 중추신경(뇌), 척수, 말초신경계의 손상으로 각각 장해가 남은 때에는 원칙적으로 각각의 장해를 원인별로 나누어 장해등급을 정하고, 그 등급에 따라 조정의 방법을 이용하여 준용등급을 정하도록 되어 있다. 그러나 온몸의 신경은 모두 하나로 연결되어 있고, 장해의 발생원인이 중복되는 경우가 많아 뇌, 척수, 말초신경계로 명확히 나눌 수 없는 경우가 많다. 이렇게 신경계를 나누기가 어려운 때에는 남은 장해 전체를 종합적으로 판단하여 노동력상실도를 평가하고 그에 따라 장해등급을 결정하여야 한다. 현실적으로 신경 · 정신장해의 등급을 결정할 때에는 이와 같이 노동력상실 정도를 종합 평가하는 경우가 많다.

■ 중추신경계(뇌) 장해등급의 결정

뇌의 손상으로 발생하는 여러 계열의 장해는 각각 따로 평가하는 것이 아니라, 남은 장해 전체를 하나의 장해로 취급하여 그에 따른 노동력상실 정도를 종합적으로 평가하여 등급을 결정하는 것이 원칙이다.

왜냐하면 중추신경, 즉 뇌의 부상이나 질병으로 인한 장해는 흔히 신경계통의 장해와 정신계통의 장해가 함께 남는 경우가 많고, 이 정신 · 신경장해와 함께 신체 각 부위의 기능장해 또는 마비 등 다양한 형태의 장해가 남게 되기도 하는데, 정신장해와 신경장해 그리고 기능장해는 각각 계열이 다르기는 하지만 이들을 별개의 장해로 구분하여 그 등급을 각각 결정하는 것은 의학적인 측면에서 합리적이지도 않고 사실상 구분할 수도 없는 경우가 많기 때문이다. 또한 뇌손상이 원인이 되어 한꺼번에 나타난 장해를 별도의 장해로 취급하는 것은 올바른 평가 방법이라고 할 수도 없을 것이다.

예를들면 제2뇌신경의 손상으로 한 쪽 눈의 시력을 상실(제8급)한 경우, 단순히 시력상실장해만 남았다면 준용등급 제8급으로 결정할 수 있겠지만, 뇌 손상으로 시신경에 손상을 입을 정도라면 거의 대부분 어느 정도의 신경장해를 동반하므로 그에 대한 평가도 함께 이루어져야 한다. 즉, 한 눈의 시력상실 외에 제12급12호에 해당하는 신경증상이 동시에 남은 경우에는 시력장해와 신경장해를 조정하는 것이 아니라, 시력상실을 포함하여 전체적인 노동력 상실 정도가 50% 정도 이상으로 인정된다면 제7급4호를 적용하여야 한다. 시력장해는 눈의 기능장해로서 신경장해와 계열이 다르지만, 원인을 중심으로 한 측면에서는 모두 뇌의 손상에 따른 신경장해이기 때문이다. 이와 같은 원칙은 뇌 손상으로 인한 장해 이외의 신경장해, 즉 척수장해, 외상성 전간, 평형기능장해를 평가하는 데도 동일하게 적용된다.

■ 신경 · 정신장해의 장해등급결정 기준

신경 · 정신계통의 장해는 앞에서도 말한 바와 같이 크게 중추신경(뇌)계 장해(정신계통의 장해 포함), 척수 장해, 말초신경(근성) 장해로 나뉘어진다. 여기에 신경 · 정신장해로서 특별히 분류될 수 있는 장해로는 외상성 전간(간질), 실조, 현기증 및 평형기능장해, 동통 등 감각이상 등이 있다.

신경 · 정신장해의 장해등급은 일반적으로 다음과 같은 기준에 의하여 결정된다.

【제1급3호】 또는 【제2급5호】: 노동력 100% 상실
◎ '항상' 또는 '수시' 로 타인의 '개호' 가 필요한 사람이다.
• 항상 개호가 필요하면 제1급3호, 수시로 개호가 필요하면 제2급5호이다.
• 여기에서 '개호' 는 치유의 상태에 이르러 요양이 종료된 사람에 대한 제3자의 보살핌이나 보호, 감시 등을 말하는 것이므로 의료기관에서 의사 또는 간호사가 담당하는 의료적 측면의 간호와는 내용

이 다르다. 의사 또는 간호사의 간호를 중단하면 상병이 악화되거나 생명유지가 위험해지는 사람은 치유 상태에 이르렀다고 할 수 없기 때문이다.

◎ 뇌(중추신경계)의 장해에 있어서는

• 신경 · 정신계통의 중한 장해 때문에 생명유지에 필요한 일상생활의 처리동작(예 : 대소변, 식사, 보행 등)에 대하여 항상(수시로) 다른 사람의 개호를 받아야만 하는 정도의 장해가 남은 사람

• 정신계통의 중한 장해, 즉 고도의 치매, 정의(감정과 의지)의 황폐화로 인하여 다른 사람이 상시(수시) 감시하거나 보살피지 않으면 안 되는 정도의 장해가 남은 사람을 말한다.

• 예를 들면, 뇌손상으로 인하여 고도의 편마비와 실어증이 동시에 남은 경우 또는 뇌간의 손상 때문에 사지가 폐용된 것과 다름없는 정도로 마비되고, 여기에 구음장해가 합병된 경우 등 본인의 일상적인 용무를 스스로는 전혀 처리할 수 없는 사람이 제1급3호에 해당되며,

• 뇌손상으로 인한 운동기능장해, 실어, 인식능력 상실 때문에 자택 내에서의 일상적인 행동은 가능하지만 집 밖에서는 수시로 타인의 개호를 받아야 하는 경우 또는 치매, 정의의 장해, 환각, 망상, 발작성 의식장해의 다발 등으로 인하여 수시로 감시와 보살핌이 필요한 사람은 제2급5호가 적용된다.

◎ 척수장해에 있어서는

• 척수손상으로 인하여 생명유지에 필요한 일상생활의 처리동작에 대하여 항상(수시로) 타인의 개호가 필요한 사람을 말한다.

◎ 말초신경장해, 외상성 전간, 평형기능장해, 동통 등 뇌, 척수장해 이외의 신경 · 정신장해에 대하여는

• 특별한 사정이 없는 한, 그 자체만으로는 '개호'를 요하는 정도의

장해가 남는 경우가 없거나, 또는 개호가 필요한 정도라면 요양의 대상이 되므로 장해등급을 결정할 필요가 없기 때문에 제1급 및 제2급에 대한 결정기준은 없다.

※ 이들 장해에 대한 등급결정 기준은 제3급부터 정해져 있으나, '동통'에 대하여는 제7급부터 기준이 정해져 있다.

【제3급3호】: 노동력 100% 상실

◎ 노동력을 완전히 잃어 '일생동안 노무에 종사할 수 없는 사람'이다.

◎ 뇌(중추신경계)의 장해에 있어서는

• 생명유지에 필요한 일상생활의 처리동작은 가능하나, 고도의 신경·정신계통 장해 때문에 일생동안 노무에는 전혀 종사할 수 없게 된 사람이다.

• 예를들면, 뇌손상으로 인한 사지(불완전)마비, 감각이상, 추체외로 증상, 실어 등 고도의 '대뇌소증상' 또는 감각둔마 및 의식감퇴 등 고도의 '인격변화'가 남거나, 고도의 '기억장해'가 남아 노무에의 종사가 불가능한 상태라면 제3급3호에 해당한다.

◎ 척수, 외상성 전간, 평형기능장해에 있어서도 중추신경장해의 경우와 같이

• 생명유지에 필요한 일상생활의 처리동작은 가능하지만 일생동안 전혀 노무에 종사할 수 없는 사람이 제3급에 해당된다.

• 외상성 전간의 경우는 흔히 간질발작 회수에 따라 등급이 결정되는데, 충분한 치료에도 불구하고 '평균 1주일에 1회 이상 발작'을 하면 제3급3호를 적용한다.

소증상(巢症狀)이란?

뇌출혈, 뇌종양, 뇌연화 등 국소적인 병변으로 그에 대응한 신체 부위에 발현하는 특수한 증상을 말한다. 뇌전두엽 병변에 의한 운동성 실어증, 성격변화 두정엽병변에 의한 운동장애, 인식능력 상실, 후두엽병변에 의한 시각장해 등을 예로 들 수 있다.

【제5급8호】: 노동력 75% 이상 상실

◎ 신경 · 정신계통의 기능에 뚜렷한 장해가 남아 특별히 손쉬운 노무 외에는 종사할 수 없는 사람이다.

◎ 여기서 노동력 상실도의 판단은 당해 근로자를 기준으로 하는 것이 아니라 일반평균인을 기준으로 평가하며, 이를 위해서는 각종 검사 결과 등 의학적인 타각 소견을 기초로 하고 잔존 노동력, 노동의 지속능력 등이 종합적으로 고려된다.

◎ 뇌(중추신경계)의 손상으로 인한 신체적 능력 또는 정신 기능의 현저한 저하, 마비 기타 뚜렷한 척수증상, 뚜렷한 실조 또는 평형기능 장해로 인한 노동력 저하 등으로,

• 노동능력이 일반평균인의 1/4정도밖에 남아 있지 않은 사람이 제5급8호에 해당된다.

◎ 또한 외상성 전간에 있어서는

• 발작의 빈도, 발작형의 특징 등으로 인하여 노동력을 75% 이상 잃은 사람

• 전간의 특수성으로 보아 취업 가능한 직종이 극도로 제한된 사람 등이 여기에 해당된다.

【제7급4호】: 노동력 50% 이상 상실

◎ 신경 · 정신계통의 기능에 장해가 남아 손쉬운 노무외에는 종사할 수 없는 사람이다.

◎ 뇌(중추신경계)의 손상으로 인한 중등도의 신경 · 정신계통의 장해로 정신 · 신체적인 노동능력의 명백한 저하, 명백한 척수증상, 중등도의 실조 또는 평형기능장해로 인한 노동력 저하, 손쉬운 노무외에는 노동에 항상 지장이 있을 정도의 동통 등으로,

• 노동능력이 일반평균인의 1/2정도밖에 남아 있지 않은 사람이 제7급4호에 해당된다.

◎ 또한 외상성 전간에 있어서는

• 1개월에 1회 이상의 의식장해를 동반하는 발작이 있는 경우

• 발작형의 특징 등으로 일반평균인에 비해 노동력을 50% 이상 잃은 경우

• 전간의 특수성으로 보아 취업 가능한 직종이 현저히 제한되는 경우 등이 여기에 해당된다.

【제9급15호】: 노동력 상당 정도 제한

◎ 일반적인 노동능력은 어느 정도 남아 있으나 신경 · 정신계통의 기능에 장해가 남아 노무가 상당한 정도로 제한된 사람이다.

◎ 뇌(중추신경계)의 손상에 의한 정신적 결손증상 또는 경도의 사지의 단(單)마비, 명백한 척수증상, 자각증상이 강하고, 타각적으로도 인정, 기타 평형기능검사 결과 이상 소견이 인정되는 현기증, 때때로 노동에 종사할 수 없을 정도의 동통 등으로,

• 취업 가능한 직종의 범위가 상당한 정도로 제한되어 있는 사람이 제9급15호에 해당된다.

◎ 또한 외상성 전간에 있어서는

• 약물을 계속 복용하여야만 발작을 수 개월에 1회 정도로 또는 완전히 억제할 수 있는 경우

• 발작은 나타나지 않지만 뇌파상 명백한 전간성 극파가 인정되는 경우

6. 흉터장해

흉터장해등급

장해 구분 (계열번호)			등 급	장 해 정 도
흉터장해 (11)	외모	남·녀 동일함	제7급12호	외모에 뚜렷한 흉터가 남은 자
			제12급14호	외모에 흉터가 남은 자
	노출면	팔	제14급 3호	팔의 노출된 면에 손바닥 크기의 흉터가 남은 사람
		다리	제14급 4호	다리의 노출된 면에 손바닥 크기의 흉터가 남은 사람

장해등급 인정기준

■ 흉터장해 인정 의의

업무상 재해로 인하여 신체에 남은 흉터는 다른 사람에게 혐오감을 주거나, 사회생활에 정신적 고통을 주게 되므로 노동력의 손실을 인정할 수 있다. 흉터 자체가 원인이 되어 신체의 기능을 정상적으로 하지 못하는 경우는 많지 않고, 신체 기능에 장해를 초래하더라도 그 기능장해에 해당하는 등급을 인정하게 되어 있으므로 흉터장해는 사실상 노동력 상실도가 크다고 할 수는 없다. 그럼에도 불구하고 흉터장해를 별도의 항목으로 정하여 장해등급표에 정한 것은 사회생활 및 노동과정에서 받을 수 있는 정신적인 고통을 고려한 것이라고 하겠다.

외모의 흉터는 보통 선상흔, 반흔, 조직함몰 등의 모양으로 나타나는데, 그것이 사람의 눈에 띄는 정도 이상의 것을 가리킨다는 점에 유의하여야 한다. 다른 사람이 보아 흉하다고 느낄 수 있는 것을 장해라고 할 수 있기 때문이다. 그러므로 흉터가 남아 있다고 하더라도 턱밑에 있어서 다른 사람에게는 보이지 않거나, 눈썹 또는 머리카락으로 가리워지는 흉터 등은 흉터장해로 취급되지 않는다.

반흔이란?

외상이 치유된 후 그 자리의 피부부위에 남는 변성부분으로 진피로부터 피하조직까지의 결손, 즉 창상이나 피부병이 치유된 후 그 조직결손부를 메운 육아조직의 표면을 표피가 덮어서 생긴 면을 말하며, 다소 융기되어 있거나 움푹 패어져 있다. 진피와 표피와의 경계는 한 번 파괴되면 정상상태로 재생되지 못하며, 정상적인 피구나 피절이 없으면 광택이 있다. 또 멜라노사이트(Melanocyte : 멜라닌 색소를 피부에 분산시키는 물질)가 정상으로 재생되지 못하면 색소침착이나 색소탈실을 초래하기도 한다. 융기성일 때에는 이것을 증식성 반흔이라고 하며, 켈로이드(Keloid)가 생겼을 때는 반흔성 켈로이드라고 한다. 관절부에 걸치게 되면 구축이 생겨 신전운동을 저해한다.

---

1) 흉터의 크기 결정

흉터장해는 흉터의 크기로 결정된다. 선상흔의 경우는 길이, 반흔이나 조직함몰은 그 면적이 장해등급을 결정하는 기준이 되는 것이다.

흉터가 여러 개로 나뉘어 있을 때는 어떻게 결정할 것인가에 대하여 문제가 제기될 수 있다. 이런 경우에는 흉터가 여러 개로 형성되어 있더라도 이것들이 모아져 있어 하나로 보이는 것은 그 길이 또는 면적을 합산하여 흉터의 크기를 결정한다. 즉, 2개 이상의 반흔 또는 선상흔이 서로 인접하여 있거나 모여 있어 1개의 흉터처럼 보일 때에는 이들을 모두 하나의 흉터로 보아 합산된 크기를 기준으로 장해등급을 결정하는 것이다. 그러나 흉터가 각각 따로 떨어져 있는 경우에는 그 크기를 합산하지 않는다는 점에 유의하여야 한다.

외모란?

머리와 얼굴 그리고 목을 말하며, 밖으로 노출되는 부분을 가리킨다. 팔과 다리의 노출 부위는 따로 취급되므로 외모로 분류되지는 않는다. 그러므로 외모의 흉터장해는 머리, 얼굴, 목에 남은 흉터만을 말한다.

노출면이란?

손을 포함한 팔의 팔꿈치관절 이하, 발등(발바닥은 제외된다)을 포함한 다리의 무릎관절 이하의 부위를 말한다. 반팔 상의나 반바지를 입었을 때 외부에 노출되는 부위로서, 노출면의 흉터장해는 이와 같은 부위에 남은 흉터를 말한다.

■ 외모의 흉터

1) 일반적인 외모의 흉터

앞에서 말한 것과 같이 외모는 머리, 얼굴, 목을 가리키는데, 이들 부위에 남은 흉터는 각각 노동력 상실 또는 사회생활에 지장을 주는 정도가 다르므로 기준을 별도로 정하고 있다.

① 머리에 남은 흉터, 즉 반흔 또는 결손된 두개골의 크기가 손바닥 크기(수장대) 이상이면 '외모의 뚜렷한 흉터'로 인정되고, 계란 크기 이상이면 '단순한 흉터'로 인정된다.

② 얼굴(안면부)에 남은 흉터는 선상흔, 반흔, 조직함몰 등 세 종류로 나누어지며, 각 종류마다 장해등급 인정기준이 다르다. 첫째, 안면부 선상흔의 길이가 5cm 이상이면 남·여 동일하게 제7급 12호로 인정

되고, 3cm 이상이면 남·여 동일하게 제12급13호로 인정된다. 둘째, 안면부 반흔의 크기가 계란 크기 이상이면 '뚜렷한 흉터'로, 10원짜리 동전 크기 이상이면 '단순한 흉터'로 인정된다. 셋째, 안면부의 함몰된 조직의 크기가 10원짜리 동전 크기 이상이면 '뚜렷한 흉터'로 인정되어 제7급12호가 된다.

③ 목(경부)에 남은 흉터는 목부위 반흔의 크기가 손바닥 크기 이상이면 남·여 동일하게 제7급12호로 인정되고, 목부위 반흔의 크기가 계란크기 이상이면 남·여 동일하게 제12급13호로 인정되는 것이다.

이와 같은 외모의 흉터도 모두 사람의 눈에 띄는 정도 이상이어야 하므로 머리카락이나 눈썹으로 감추어지는 것은 장해등급을 인정하지 않는다. 또한 선상흔, 반흔, 조직함몰 형태의 흉터 외에 화상치료 후 피부가 흑갈색이나 백색으로 변한 경우가 있다. 이러한 흑갈색의 변색이나 색소탈실에 의한 백반도 영구적으로 남게 될 것으로 인정되면 일정한 보상을 할 필요가 있다고 할 것이다. 그러나 이것은 추한 정도가 일반적인 형태의 흉터보다는 덜하기 때문에 장해등급의 인정기준은 다르게 적용한다. 얼굴은 10원짜리 동전크기, 목과 머리는 계란크기 이상이면 '단순한 흉터'로 인정하되, 그보다 크더라도 '뚜렷한 흉터'로 인정하지는 않는 것이다. 이때에도 변색(색소탈실)된 부분이 사람의 눈에 띄는 정도 이상인 경우에만 인정함은 물론이다.

2) 일반적인 외모의 흉터 이외로 인정되는 흉터장해
앞에서 본 바와 같이 머리, 얼굴, 목 등 외모에 남은 흉터는 주로 반흔, 선상흔, 조직함몰과 같은 형태이다. 그러나 이와 같은 일반적인 형태와 다르게 나타나는 흉터도 있고, 흉터장해 외에 다른 장해로도 취급될 수 있는 것도 있다.

① 안면신경마비

안면신경마비로 인해서 입이 비틀어지거나, 얼굴이 정상적으로 펴지지 않아 흉하게 보이는 경우가 그것이다. 안면신경마비로 인한 '입비틀어짐'은 '외모의 단순한 흉터'로 인정된다. 안면신경이 마비된 결과 눈을 감지 못하게 되는 경우도 있는데, 이와 같은 경우에는 눈꺼풀의 장해로 취급하여 장해등급을 결정한다.

② 다른 장해와의 관계

외모의 흉터로 인정되는 동시에 다른 장해로도 인정할 수 있는 경우가 있는데, 위에서 말한 바와 같이 안면신경마비로 인한 눈꺼풀의 장해는 흉한 정도가 흉터장해에 해당될 정도는 아니지만 눈을 감지 못하게 된 장해는 남았으므로 눈꺼풀의 장해로 취급하는 것이 하나의 예이다. 또 귓바퀴나 코의 연골부가 결손된 경우에는 흉터장해에도 해당되고 귀(귓바퀴) 또는 코의 결손장해로도 인정할 수 있다. 이는 하나의 장해를 각각 다른 관점에서 평가하는 것에 불과하므로 조정의 대상은 아니며, 두 가지 장해 중 어느 것이든 상위등급에 해당하는 것만 인정하는 것이다.

◎ 귓바퀴의 결손에 대하여

- 귀의 장해로 취급하는 경우에는 '한귀의 귓바퀴의 대부분이 결손' 되어야 제12급 4호가 인정되지만,
- 흉터장해로 취급하는 경우 '귓바퀴 연골부의 1/2 이상만 결손' 되면 '뚜렷한 흉터'로 인정되므로 제7급이 되고, '그 일부만 결손' 된 경우에도 '단순한 흉터'로서 제12급이 되므로 귀의 장해보다는 흉터장

해로 취급하는 경우가 많다.

◎ 코의 결손에 대하여

• 코의 장해로 취급하는 경우에는 '코 연골부의 전부 또는 대부분이 결손' 되고 동시에 냄새를 맡지 못하거나 숨쉬기가 곤란하게 되는 등 '뚜렷한 기능 장해'가 남은 경우에는 장해등급 제9급5호가 인정되지만,

• 흉터장해로 취급하는 경우에는 '코 연골부의 전부 또는 대부분'이 결손 되면 '기능장해'와 관계없이 '뚜렷한 흉터'로 인정되어 제7급으로 코의 장해등급보다 높게 되므로, 당연히 코의 장해로 취급하지 않고 흉터장해로 인정하여야 한다.

• 또한 코 연골부 중 코의 날개부위만 결손된 경우에는 코의 장해로 정해진 장해등급이 없고, 흉터장해로서 제12급으로 인정되므로 흉터장해로 취급해야 한다.

그 외에도 흉터장해가 남은 동시에 같은 부위에 다른 계열의 장해가 남게 되는 경우가 있다. 두개골이 결손되어 두부(머리)에 조직함몰로 인한 흉터가 남은 동시에 뇌의 압박으로 신경증상이 남는 경우가 그것인데, 이 경우는 흉터장해와 신경장해가 각각 계열이 다르기는 하지만 장해 상호간에 통상 수반 내지 파생하는 관계(파생장해)이므로 조정을 하지 않으며, 두 가지 장해 중 어느 것이든 높은 등급만 인정되는 것이다.

■ 노출면의 흉터

팔에 있어서는 손을 포함하여 팔꿈치관절 이하, 다리에 있어서는 발등을 포함하여 무릎관절 이하의 부위를 '노출면'이라고 한다는 것은 이미 언급하였다. 팔의 노출면에 손바닥 크기 이상의 흉터가 남은 경우는 장해등급 제14급3호에, 다리의 노출면에 손바닥 크기 이상의 흉

터가 남게 되면 제14급4호에 해당한다.

　노출면에 2개 이상의 반흔 또는 선상흔이 남은 경우는 그것들이 모여 있어 하나의 흉터로 보이면, 그 크기를 합산하여 손바닥 크기 이상이 되면 장해등급 제14급으로 인정한다. 또한 화상 치료 후에 남은 흑갈색 변색 또는 색소탈실로 인한 백반에 대하여는 그것이 사람의 눈에 띄는 정도 이상이고, 손바닥 크기 이상이면 장해등급 제14급이 인정된다. 그러나 눈에 띄지 않는 정도의 변색이나 백반은 장해로 인정되지 않음은 물론이다. 노출면의 흉터는 손바닥 크기 이상인 경우에만 장해가 인정되므로 흉터가 남았다고 하더라도 손바닥 크기보다 작은 것은 장해급여의 대상에서 제외된다.

7. 흉복부장기의 장해

흉복부장기의 장해등급

　흉복부장기의 장해에 대하여는 신체장해등급표상 다음과 같이 흉복부장기, 비장, 신장 또는 생식기의 각각의 장해에 대하여 구분하여 정해져 있다.

장해 구분 (계열번호)	등 급	장 해 정 도
흉 · 복부 장기 장해 (14)	제1급 4호	흉복부장기의 기능에 뚜렷한 장해가 남아 항상 개호를 받아야 하는 사람
	제2급 6호	흉복부장기의 기능에 뚜렷한 장해가 남아 수시로 개호를 받아야 하는 사람
	제3급 4호	흉복부장기의 기능에 뚜렷한 장해가 남아 일생동안 노무에 종사할 수 없는 사람
	제5급 7호	흉복부장기의 기능에 뚜렷한 장해가 남아 특별히 손쉬운 노무외에는 종사할 수 없는 사람
	제7급 5호	흉복부장기의 기능에 장해가 남아 손쉬운 노무 외에는 종사하지 못하는 사람

장해 구분 (계열번호)	등 급	장 해 정 도
흉 · 복부 장기 장해 (14)	제7급 13호	양쪽의 고환을 잃은 사람
	제8급 11호	비장 또는 한 쪽의 신장을 잃은 사람
	제9급 14호	생식기에 뚜렷한 장해가 남은 사람
	제9급 16호	흉복부장기의 기능에 장해가 남아 노무가 상당한 정도로 제한된 사람
	제11급 9호	흉복부장기의 기능에 장해가 남은 사람

흉복부장기의 장해정도에 대한 판단은 필요한 검사의 결과에 대하여 전문의의 의견참고와 기존의 장해 등을 조사한 후 노동능력에 미치는 영향을 종합적으로 판단하여 등급을 인정하여야 하며, 흉복부장기의 여러 기관에 2종 이상의 장해가 남았다고 하여 조정의 방법에 의해 준용 등급을 인정해서는 안된다.

신체장해등급표에 정하여져 있지 않은 흉복부장기의 장해에 대해서는 제31조 제3항 규정에 의하여 그 장해의 정도에 따라서 신체장해등급표에 정하여져 있는 다른 장해에 준하여 등급을 인정한다.

흉복부장기장해의 장해등급 인정기준

흉복부장기의 장해는 흉부장기, 복부장기, 비장, 신장 또는 생식기 등에 남는 장해를 말한다. '흉복부장기'는 흉복부 및 흉복막 내부의 장기를 말하는데, 여기에는 심낭·대동맥 및 대정맥·기관지·식도·폐·간장·담낭·췌장·부신·늑막(흉막)·횡경막·위·대장·소장 등이 있으며, 특히 흉복부장기 중 비장·신장 및 생식기의 장해는 신체장해등급표에 각각 별도로 등급을 정하고 있다. 흉복부장기의 변화가 증명되고 그 기능에도 장해가 증명되는 경우, 즉 심전도, 엑스선 투시, 내시경, 소화액검사, 뇨 및 대변검사·혈액검사 등 각종 검사에서 이상이 확인되는 경우에 장해로 인정된다. 또한 흉복부장기의 경우 치유된 후에 증상이 악화되거나 재발 가능성이 높은 점을 고려하여 장해 급여 지급여부 등을 결정하여야 한다.

다만, 진폐증으로 인한 폐기능 장해에 대하여는 별도로 장해등급 기준이 정해져 있으므로 여기에서 설명하는 흉복부장기 장해의 등급기준을 적용하지 아니한다. 흉복부장기는 위와 같이 흉부장기, 복부장기, 생식기, 비뇨기 등으로 나뉘어지지만 이들은 모두 계열이 같다. 따라서 흉부 및 복부장기중 2개 이상의 장기에 각각 장해가 남았다고 하더라도 이를 따로 취급하여 조정등급이나, 조정의 방법을 이용한 준용등급을 결정하지 않는 점에 유의하여야 한다. 흉복부장기에 남은 장해 모두를 종합적으로 판단하여 노동력 상실정도를 평가하고 그에 따른 장해등급을 결정하는 것이다.

예를 들면, 한 쪽 신장에 대하여 적출술(제8급11호)을 시행하고, 동시에 다른 흉복부장기의 기능에 장해가 남은(제11급9호) 경우에는 이들 장해를 조정(의 방법을 이용)하여 조정(또는 준용)등급 제7급을 결정하는 것이 아니라, 이 두 개의 장해를 종합평가하여 제7급5호 '흉복부장기의 기능에 장해가 남아 손쉬운 노무 외에는 종사하지 못하는 사람'을 적용하는 것이다. 비장, 신장 및 생식기 등과 같이 신체장해등급표상 게기되어 있는 것을 제외한 흉복부장기의 장해에 대하여는 다음과 같은 기준으로 장해등급을 결정하는데, 이 기준은 노동력상실도의 평가에서 신경정신계통의 장해와 같다.

【제1급4호】
◎ 흉복부장기에 뚜렷한 기능장해가 남아 '항상 개호'를 받아야 하는 사람이다.
◎ 생명유지에 필요한 기본동작(일상생활의 처리동작, 예를들면 배뇨 ·

배변, 식사, 자택내 보행 등)을 자력으로는 전혀 처리할 수 없어 항상 다른 사람의 개호를 받아야 하는 경우가 여기에 해당된다.

【제2급6호】
◎ 흉복부장기에 뚜렷한 기능장해가 남아 '수시로 개호'를 받아야 하는 사람이다.
◎ 생명유지에 필요한 일상생활의 처리동작에 수시로 다른 사람의 개호를 받아야 하는 경우로서 주로 병상에 한정된 일상생활을 하면서 짧은 시간 동안은 병상을 떠날 수도 있고, 용변·식사 등을 어느 정도 자력으로 처리할 수 있는 경우가 여기에 해당된다.

【제3급4호】
◎ 흉복부장기의 뚜렷한 기능장해가 남아 일생동안 노무에 종사할 수 없는 사람이다.
◎ 일상생활의 처리 동작은 자력으로 가능하지만 고도의 흉복부장기 장해 때문에 일생동안 노무에는 전혀 종사할 수 없는 상태로서, 자택 주변의 보행에 지장이 없는 정도의 장해가 남은 경우가 여기에 해당된다.
◎ 비뇨기장해 중 '방광의 기능을 완전히 잃은 경우'는 독립적으로도 제3급4호를 적용한다.

【제5급7호】
◎ 흉복부장기의 뚜렷한 기능장해가 남아 특별히 손쉬운 노무 외에는 종사할 수 없는 사람이다.
◎ 신체적 능력 등의 저하 때문에 노동능력이 일반평균인의 1/4정도

밖에 남지 않은 경우가 여기에 해당된다.

【제7급5호】

◎ 흉복부장기의 기능장해가 남아 손쉬운 노무 외에는 종사하지 못하는 사람이다.

◎ 신체적 능력 등의 저하 때문에 노동능력이 일반평균인의 1/2정도 밖에 남지 않은 경우가 여기에 해당된다.

◎ 비뇨기 장해에 있어서는

• 한쪽의 신장에 신염이 있는 사람이 다른 한쪽의 신장에 대한 적출술(제8급11호)을 시행함으로써 전신피로, 두통 등이 발생하여 가벼운 노무 외에는 종사할 수 없다고 인정되는 경우

• 업무상 부상에 기인하는 만성신우신염(신장염), 수신증이 남은 경우

• 부득이한 사유로 시행한 요로변경술로 인하여 신루, 신우루, 요관피부문합, 요관장문합을 남긴 채로 치유된 경우

• 방광의 용량이 50cc 이하로 되는 위축방광 때문에 카테터(Catheter)를 삽입하여야만 배뇨가 가능한 경우 등이 여기에 해당된다.

신우신염, 수신증이란?

신우신염은 신우 및 신실질에 생기는 염증을 말하며, 주로 대장균 등의 세균에 의해 발생한다. 만성신우신염은 대부분 선천적 · 후천적인 요로통과장애로 인한 요의 정체나 결석 등 기초질환에 기인하는 것이 많으므로 충분한 확인이 필요하다. 한편 수신증이란 신장에 물이 차는 증세로서 주로 뇨관의 선천적 협착 또는 결석, 염증 등에 의한 후천적 협착에 의하여 발생하며, 방광뇨관역류나 하부뇨로통과장해가 원인이 되는 경우도 있다.

259

신루, 신우루, 요관피부문합, 요관장문합이란?
요로변경술 시행 후 상태를 말한다. '문합술' 은 장기와 장기를 접합시키는 수술이다.

【제7급 13호】
◎ 양쪽 고환이 결손된 사람이다.
 ※ '한쪽 고환이 결손되거나 결손에 준하는 정도의 위축' 이 남은 경우는 제11급9호를 준
  용한다.

【제8급 11호】
◎ 비장 또는 한 쪽의 신장이 결손된 사람이다.

【제9급 16호】
◎ 흉복부장기의 기능에 장해가 남아 노무가 상당한 정도로 제한된
사람이다.
◎ 일반적인 노동능력은 남아 있지만 흉복부장기의 장해로 인하여
사회통념상 취업가능한 직종의 범위가 상당한 정도로 제한된 경우가
여기에 해당된다.

【제9급 14호】
◎ 생식기에 뚜렷한 장해가 남은 사람이다.
◎ 여기에서 '생식기의 뚜렷한 장해' 라 함은 생식능력의 뚜렷한 제
한으로 성교불능의 장해가 남은 경우를 말하는 것인데, 그 성교불능
의 원인이 '음경 대부분의 결손' , '질구의 협착' 인 경우를 말하는 것
임에 유의하여야 한다.
◎ 그러므로 성교가 불능인 상태라 하더라도 단순한 음경의 지배경
변화나 반흔 등으로 음위가 생긴 경우에는 제9급14호를 적용할 수

없는 것이다.

【제11급9호】

◎ 흉복부장기의 기능에 장해가 남은 사람이다.

◎ 일반적인 노동능력은 남아 있으나 흉복부장기의 기능에 장해가 남아 있음이 명백하여 노동에 지장이 있는 경우가 여기에 해당된다.

◎ 비뇨기 및 생식기 장해에 있어서는

• 방광괄약근의 변화에 의한 것이 명백한 '요실금'이 남은 경우

• 요도루, 방광루공 및 수회의 수술 후에도 루공이 그대로 남아 근본적인 치료를 위하여는 일정기간 경과 후에 다시 수술이 필요하다고 인정되지만 그 상태에서 치유된 경우

• 상시 요루를 동반하는 경도의 방광기능부전 또는 방광경련으로 인한 지속적인 배뇨통이 남은 경우

• 요도협착으로 사상부지를 필요로 하는 경우 또는 발기부전증 등으로 음경보철물삽입술을 시행한 경우 등이 여기에 해당된다.

> **부지(Bougie)란?**
> 협착된 요도, 식도, 항문 등을 확장하는 데 주로 사용하는 고무관, 금속관 등 다양한 형태의 기구를 말한다.

【제14급9호】

◎ 흉복부장기의 장해로서 기능장해로 취급할 수는 없는 정도이지만, 국소적인 노동력상실을 인정할 수 있는 경우에 제14급9호를 적용한다.

• 샤리에르번호 제20번 요도부지(프랑스식. 영국식 네라톤 카테타의 제11호에 상당)가 겨우 통과할 수 있는 정도의 요도협착으로 인하여 때

때로 확장술을 시행할 필요가 있는 경우

• 가벼운 요도협착, 음경의 반흔, 명백한 지배신경의 변화로 인하여 '음위'가 있는 경우 등이 여기에 해당된다. 따라서 의학적으로 음위의 입증이 곤란한 경우에는 장해보상의 대상이 되지 아니한다.

샤리에르번호란?

부지, 카테터, 내시경 등의 바깥 지름을 표시하는 번호의 일종. 이 번호 표시에는 일반적으로 프랑스식, 영국식, 미국식 등이 있는데 샤리에르번호는 프랑스식으로 가장 널리 사용되고 있다. 네라톤 카테터는 영국식. 샤리에르 1번은 지름이 1/3㎜이며, 번호 하나가 커질 때마다 지름이 1/3㎜씩 굵어진다.

---

8. 척주 및 기타 체간골의 장해

척주 및 기타 체간골의 장해등급

척주의 장해에 대하여는 신체장해등급표상 다음과 같이 기형장해, 기능장해로 각각 구분하여 정하여져 있으며, 기타 체간골의 손상에 의한 장해에 대하여는 쇄골, 흉골, 늑골, 견갑골 또는 골반골의 기형장해에 대해서 정하여져 있다. 척주를 형성하는 제골 및 쇄골, 흉골, 늑골, 견갑골 또는 골반골 이외의 변형에 대하여는 장해등급표상 정함이 없으므로 당해 부위에 대하여 정하여져 있는 기질적 장해 또는 기능적 장해에 관한 등급을 준용하여 정한다. 신체장해등급표상 정하여져 있지 않은 척주 또는 기타 체간골의 장해에 대해서는 제31조 제3항의 규정에 의하여 그 장해의 정도에 따라서 신체장해등급표상 정하여져 있는 다른 장해에 준하여 등급을 인정한다.

장해 구분 (계열번호)			등 급	장 해 정 도
척 주 및 체 간 골 의 장 해	척 주	기형 장해 (15)	제 6급 5호	척주에 뚜렷한 기형이 남은 사람
			제 8급 2호	척주에 경도의 기형이 남은 사람
			제11급 5호	척주에 기형이 남은 사람
		기능 장해 (15)	제 6급 5호	척주에 뚜렷한 기능장해가 남은 사람
			제 8급 2호	척주에 기능장해가 남은 사람
			제10급 6호	척주에 기능장해가 남았으나 보존적 요법 으로 치유된 사람
	기타의 체간골	기형 장해(16)	제12급 5호	쇄골, 흉골, 늑골, 견갑골 또는 골반골에 뚜 렷한 기형이 남은 사람

장해등급 인정기준

■ 척주장해의 종류

척주장해는 크게 변형장해와 기능장해로 나눌 수 있다. 그런데 현행 산재보험법 시행규칙의 장해등급 판정기준에는 변형 및 기능장해 외에 추간판탈출증으로 인한 장해에 대한 판정기준이 추가되어 있다. 추간판탈출증에 의한 장해는 대부분 척주의 기질적인 손상이라기 보다는 신경근의 병변 내지 동통장해가 남는 것이 일반적이므로 원칙적으로는 신경계통의 장해로 취급되어야 한다. 그러나 추간판탈출증의 후유로 남는 장해는 첫째, 척주와 밀접한 관계가 있는데다가 일부 기능장해가 남은 경우도 있는 점. 둘째, 장해에 대한 평가에 주관적인 판단이 개입될 소지가 많은 점. 셋째, 연령의 증가에 따라 자연발생적으로 나타나기도 하는 질병이어서 업무상 재해로 인한 것인지 여부의 판단이 어려운 점. 넷째, 산재근로자 중 추간판탈출증 환자가 다수를 차지하고 있다는 점 등의 이유 때문에 분쟁의 소지가 많아 별도의 항목으로 정하고 있는 것이다.

■ 변형(기형)장해

척추의 골절 또는 탈구 때문에 척추체에 기형이 있거나, 그로 인하여 척주에 구배 또는 측만 변형이 남은 것을 변형장해라 한다. 여기에서 '구배'는 척주가 거북등처럼 굽어진 것을 말하고, '측만변형'은 좌측 또는 우측으로 휘어진 것을 말한다. 척주의 변형에 대한 장해등급은 제6급5호, 제8급2호, 제11급5호 등이 있는데, 그 기준은 다음과 같다.

【제6급5호(뚜렷한 기형)】는 '척추골절 등으로 인하여
- 35도 이상의 구배, 또는
- 20도 이상의 측만 변형이 남은 경우'

【제8급2호(경도의 기형)】는 '척추골절 등으로 인하여
- 15도 이상의 구배, 또는
- 10도 이상의 측만 변형이 남았거나,
- 압박골절의 정도가 추체높이의 50% 이상인 경우, 그리고
- X-선상 척추의 불안정성이 확실한 경우'

【제11급5호(단순한 기형)】는
- X-선상 1개 이상의 척추골절이 인정되거나,
- 경미한 구배 또는 측만변형이 있는 경우'에 각각 적용한다.

또한 척주 장해등급표에는 【제10급6호】'척주에 기능장해가 남았으나 보존적 요법으로 치유된 사람'이 기능장해로 분류되어 있는데, 그 판정의 기준은 척주골절의 형태(안정방출성골절, 챤스씨골절)와 압박골절의 정도(30% 이상 50% 미만)로 판단하므로 사실상 변형장해로 분류되어도 무리가 없다.

■ 기능장해

척추에 기질적 손상을 입어 척추 관절이 강직되거나 관절운동 등의 기능에 제한이 남게 되는 경우를 말한다. 척주의 기능장해는 대부분 척추골절에 대한 금속고정술 등 골유합술에 의하여 발생하므로, 장해등급은 골유합술(고정술)의 시행 여부 및 고정술 시행 범위에 따라 판정하도록 되어 있다. 척주의 기능장해에 대한 등급은 변형장해와 동일하며, 척주의 뚜렷한 기형과 뚜렷한 기능장해는 모두 제6급5호가 적용되고, 경도의 기형과 기능장해는 모두 제8급2호가 적용되는 것이다. 다만 변형장해에는 제11급5호가 있는 반면, 기능장해에는 제10급6호가 있는 것이 다른 점이다. 장해등급의 판정기준은 다음과 같다.

【제6급5호(뚜렷한 기능장해)】는 'X-선상 척추골절이 인정되고, 이로 인하여 2개 이상의 척추분절에 골유합술을 받은 경우'

【제8급2호(기능장해)】는 'X-선상 척추골절이 인정되고, 이로 인하여 1개 이상의 척추분절에 골유합술을 받은 경우'

【제10급6호(골절의 보존적요법 치유)】는 고정술을 시행하지 않은 경우에 대한 장해등급으로서 'X-선상
• 추체높이 30% 이상 50% 미만의 압박골절,
• 안정방출성골절, 또는
• 챤스씨골절이 인정되나, 보존적 요법으로 치유된 경우' 에 각각 적용한다.

위와 같이 척주기능장해는 'X-선상 척추골절이 인정될 것' 을 전제로 하고 있으나, 척주골절 이외의 원인, 즉 추간판탈출증 등에 의하여 척주의 불안정성이 발생하는 경우에도 고정술을 시행하고 있으며, 이 경우 업무상 재해와의 상당인과관계가 인정되면, 그 고정술에 대하여도 위와

같은 기준에 의하여 장해등급을 판정하게 되므로 반드시 '척추골절'이 있어야만 기능장해로 인정되는 것은 아니다.

■ 추간판탈출증 치유 후 장해

추간판탈출증에 의한 장해는 자기공명영상촬영(MRI), 전산화단층촬영(CT), 근전도 검사 등 객관적인 검사결과와 임상증상 등을 종합하여 평가하는 것이 원칙이다. 그러나 객관적인 검사결과에서 이상이 나타나지 않는 경우에도 동통 등 자각증상을 호소하는 경우가 있어 장해등급결정이 곤란한 경우가 많다. 또 추간판탈출증 자체가 업무상 재해와는 관계없이 연령의 증가에 따라 발생하는 질병이고, 일상생활을 하면서도 자주 발생할 수 있으므로 업무상 재해로 인한 장해와 개인적 사유로 인하여 발생한 장해의 구별이 용이하지 않다.

이러한 어려움 때문에 현행 장해등급 판정기준은 추간판탈출증에 대하여 자각적인 증상이나 호소에 의한 판정을 배제하고, 객관화된 사실을 최대한 활용하여 판정할 수 있도록 하고 있다. 추간판탈출증 치유 후의 장해에 대하여는 제14급9호, 제12급12호, 준용등급제10급, 제9급15호, 준용등급제8급 등 5개의 장해등급을 적용하며, 이들 장해는 각각 신경계통의 장해에 해당하는 등급이거나, 신경계통의 장해를 준용하는 것이므로 척주 자체의 기능장해라고 보기는 어렵다.

그러나 제10급과 제8급등 2개의 등급을 준용할 수 있도록 정한 것은 추간판탈출증의 치유 후에 장해등급 제10급6호(척주골절에 대한 보존적 요법) 및 제8급2호(척주기능장해)에 준하는 정도의 장해가 남을 수 있기 때문이라고 생각된다.

이 5개의 장해등급 외에 추간판탈출증으로 인한 척주의 불안정으로 인하여 척주고정술을 시행한 경우에는 그 고정술에 대한 장해와 신경계통의 장해 중 높은 등급을 인정하므로 척주 기능장해에 해당하는 제6급 5호 또는 제8급2호가 적용될 수 있으며, 특별히 중한 장해가 남은 경우에는 드물게는 제7급 이상의 등급이 적용되는 경우도 있을 것이다.

　구체적인 장해등급별 판정기준은 다음과 같다.

　【제14급9호】는 동통, 즉 신경증상이다. 추간판탈출증 이외의 원인으로 인한 동통의 경우와 같이 동통의 원인이 타각적으로 증명되지는 않으나 자각적인 호소가 있고, 업무상 재해로 인하여 그러한 자각증상이 있을 수 있다는 것이 의학적으로 인정되는 경우에 적용한다. '요통, 방사통' 등에 대하여 검사결과에 이상소견은 인정되지 않지만, 자각증세가 단순한 고의 또는 과장이 아니라고 의학적으로 추정되는 경우이다.

　【제12급12호】 역시 국소적인 동통에 해당하는 장해등급으로 타각적으로 동통 등 신경증상이 증명되는 경우에 적용한다. 즉, 노동에는 통상 지장이 없으나 심한 동통 때문에 때로는 어느정도 지장이 있는 경우로서, 감각이상, 요통, 방사통 등의 자각증세가 있고 하지직거상 검사상 양성반응이 있어 그러한 자각증세가 타각적으로 증명되는 때에 제12급12호를 적용하는 것이다.

　【제10급】은 신체장해등급표상 신경계통의 장해에는 정해지지 않은 등급으로 추간판탈출증 치유후의 장해는 신경계통의 장해이므로, 제10급을 적용하는 경우에는 준용등급으로 인정할 수밖에 없다. 추간판탈출증으로 인한 장해의 경우, 앞에서 말한 것과 같이 그 정도가 '척주장해'에 있어서 제10급6호 '척주에 기능장해가 남았으나 보존적 요법으로 치유된 사람', 즉 추체높이 30% 이상 50% 미만의 압박골절, 안정 방출성 또는 챤스씨골절이 남은 정도와 동일한 정도의 장해라고 인정되는 경우에 준용등급 제10급을 인정토록 한 것이다.

　준용등급 제10급에 해당하는 추간판탈출증 후유장해의 정도는 '근위축, 근력약화와 같은 임상소견이 뚜렷하고, 근전도검사 등 특수보조검사에서 척추신경근의 불완전마비가 인정되는 경우'이다.

【제9급15호】는 일반적인 노동능력은 남아 있으나, 명백한 신경계통의 장해로 종사할 수 있는 노무가 상당한 정도로 제한되어 그만큼 취업가능한 직종의 범위가 제한된 경우에 적용하는 장해등급이다. 추간판탈출증에 있어서는 척추신경근의 완전마비 등 신경마비로 인하여 사지에 경도의 단마비가 발생한 경우를 제9급15호에 해당하는 장해로 인정한다. 제5요추신경근의 완전마비로 제1족지의 감각마비와 신전근력이 소실이 발생하거나, 제1척추신경근이 마비되어 족관절의 굴곡이 불가능하게 되는 것 등이 그 예이다.

【제8급】도 제10급의 경우와 같이 신체장해등급표의 신경계통 장해에는 정하지 않은 등급으로 추간판탈출증에 있어서 제8급은 준용등급으로 결정할 수밖에 없다. 척주장해중 제8급2호 '척주에 경도의 기형 또는 기능장해가 남은 사람', 즉 추제높이 50% 이상의 압박골절, 1개분절의 고정 등과 동일한 정도의 장해로 인정되는 경우에 이에 준하여 장해등급을 결정토록 한 것이다. 제8급을 준용하는 경우의 추간판탈출증 치유 후의 장해정도는 '2개 이상의 추체간에 추간판탈출증에 대한 수술을 하거나, 하나의 추간판에 2회 이상의 수술을 시행하고서도 뚜렷한 후유증상이 남은 경우'로 정하고 있다. 여기에서 '추간판탈출증에 대한 수술'은 앞에서 말한 것과 같이 고정술 이외의 수술로서 '척추후궁절제술을 통한 추간판제거술'을 의미한다고 해석되고 있다. 그러므로 경피적 수핵제거술, 화학적수핵용해술, 레이저수술 등은 대부분 장해등급의 결정에 있어서는 '수술'로 취급되지 않는 점에 유의하여야 한다.

■ 기타 체간골의 장해

체간골에는 척주 외에 쇄골, 흉골, 늑골, 견갑골 및 골반골이 있으며, 척주를 제외한 체간골을 통틀어 '기타의 체간골'이라 한다.

기타의 체간골 각각에 대한 사전적 설명은 아래와 같이 할 수 있다.

① 견갑골 : 체간, 즉 몸통과 팔 사이에 있으며 어깨의 기초를 이루는 역삼각형 모양의 뼈

② 흉골 : 흉곽, 즉 가슴의 앞쪽 가운데 있는 뼈. 위에서부터 흉골병(胸骨柄), 흉골체, 검상돌기 등 세 부분으로 구분되며, 흉골병과 흉골체의 바깥쪽에는 제1~7늑연골과 연결되는 늑골절근(肋骨切根)이 있음

③ 쇄골 : 견갑골의 어깨마루에서 흉골병 사이의 가느다란 한 쌍의 뼈. 위에서 보면 S자(字) 모양이며, 앞면과 윗면에서 전역에 걸쳐 만져짐. 쇄골과 견갑골의 어깨마루와는 견쇄관절(또는 견봉쇄골관절)을 이루고, 흉골병과는 흉쇄관절을 만듦.

④ 늑골 : 흉골과 흉추를 연결하고 있는 12쌍의 긴 뼈. 위쪽의 7쌍은 흉골과 연결되어 있으므로 '진늑골'이라 하고, 아래쪽의 5쌍을 '가늑골'이라 함

⑤ 골반골 : 관골(寬骨). 척추와 다리 사이에 있는 한 쌍의 큰 뼈로서 선골, 미골 등과 함께 골반을 형성. 본래 부채 모양의 장골(위쪽), 좌골(후하방) 및 치골(전상방) 등 3개의 뼈가 태생부터 융합해서 이루어짐

'기타의 체간골'에 뚜렷한 기형이 남은 경우에 장해등급【제12급5호】를 적용한다. 여기에서 '뚜렷한 기형'이라 함은 나체 상태에서 쇄골, 흉골, 늑골, 견갑골 또는 골반골이 변형된 것을 명백히 알 수 있는 정도를 말하는 것이므로, 단지 X-선상에서 변형이 확인되는 정도만으로는 기형장해가 인정될 수 없다.

269

여러 쌍의 뼈로 구성되어 있는 늑골의 경우는 변형된 뼈의 개수나 부위 등에 관계없이 전체적으로 보아 뚜렷한 기형을 인정할 수 있는지 여부에 따라 하나의 장해로 인정된다.

9. 팔 및 다리의 장해

팔과 다리의 장해등급

구분	팔		다리	
	등급	장해정도	등급	장해정도
결손장해	제1급5호	두 팔을 팔꿈치관절 이상에서 잃은 사람	제1급7호	두 다리를 무릎관절 이상에서 잃은 사람
	제2급3호	두 팔을 손목관절 이상에서 잃은 사람	제2급4호	두 다리를 발목관절 이상에서 잃은 사람
	제4급4호	한 팔을 팔꿈치관절 이상에서 잃은 사람	제4급5호	한 다리를 무릎관절 이상에서 잃은 사람
	-		제4급7호	두 발을 리스프랑관절 이상에서 잃은 사람
	제5급2호	한 팔을 손목관절 이상에서 잃은 사람	제5급3호	한 다리를 발목관절 이상에서 잃은 사람
			제7급8호	한 발을 리스프랑관절 이상에서 잃은 사람
기형장해	제7급9호	한 팔에 가관절이 남아 뚜렷한 운동기능장해가 남은 사람	제7급10호	한 다리에 가관절이 남아 뚜렷한 운동기능장해가 남은 사람
	제8급8호	한 팔에 가관절이 남은 사람	제8급9호	한 다리에 가관절이 남은 사람
	제12급8호	(팔과 다리의) 장관골에 기형이 남은 사람		
단축장해	-		제8급5호	한 다리가 5센티미터 이상 짧아진 사람
	-		제10급9호	한 다리가 3센티미터 이상 짧아진 사람
	-		제13급9호	한 다리가 1센티미터 이상 짧아진 사람
기능적장해	제1급6호	두 팔을 영구적으로 완전히 사용하지 못하게 된 사람	제1급8호	두 다리를 영구적으로 완전히 사용하지 못하게 된 사람
	제5급4호	한 팔을 영구적으로 완전히 사용하지 못하게 된 사람	제5급5호	한 다리를 영구적으로 완전히 사용하지 못하게 된 사람
	제6급6호	한 팔의 3대 관절 중 2개 관절을 제대로 못 쓰게 된 사람	제6급7호	한 다리의 3대 관절 중 2개 관절을 제대로 못 쓰게 된 사람
	제8급6호	한 팔의 3대 관절 중 1개 관절을 제대로 못 쓰게 된 사람	제8급7호	한 다리의 3대 관절 중 1개 관절을 제대로 못 쓰게 된 사람
	제10급11호	한 팔의 3대 관절 중 1개 관절의 기능에 뚜렷한 장해가 남은 사람	제10급12호	한 다리의 3대 관절 중 1개 관절의 기능에 뚜렷한 장해가 남은 사람
	제12급6호	한 팔의 3대 관절 중 1개 관절의 기능에 장해가 남은 사람	제12급7호	한 다리의 3대 관절 중 1개 관절의 기능에 장해가 남은 사람

팔과 다리의 장해등급 인정기준

■ 팔과 다리의 관계

팔과 다리의 장해는 부위와 계열을 달리하는 장해인데도 한꺼번에 설명하는 것은 두 장해가 서로 유사한 부분이 많기 때문이다. 두 부위의 인정기준을 비교하면서 기준을 살펴보면 더욱 쉽게 이해할 수 있을 것이다.

팔과 다리는 해부학적 구조를 중심으로 다음과 같이 대비할 수 있다.

- 장관골 : 상완골-대퇴골, 요골/척골-경골/비골
- 3대 관절 : 견관절-고관절, 주관절-슬관절, 완관절-족관절

여기에서 견관절은 어깨관절, 주관절은 팔꿈치관절, 완관절 또는 수관절은 팔목관절을 말하며, 슬관절은 무릎관절, 족관절은 발목관절을 말한다.

■ 팔의 장해등급 인정기준

1) 결손 장해

팔의 결손 장해는 팔이 절단된 장해를 말한다. 팔에는 3개의 관절이 있는데 팔에는 어깨관절, 팔꿈치관절, 손목관절이 있고, 이것을 팔의 '3대 관절'이라 하고, 팔의 절단에 따른 장해등급은 절단된 부위에 따라 결정되는데 3대 관절이 기준이다.

① 팔꿈치관절 이상 상실

팔에 있어서는 팔꿈치관절 이상에서 절단된 경우로서, '팔꿈치관절 이상에서 절단'되었다 함은 팔꿈치관절에서 상완골과 요 · 척골이 떨어져 나가거나 상완골이 절단된 경우, 그리고 견관절에서 상완골과 견갑골이 이단된 것을 말한다.

한 팔이 팔꿈치관절 이상에서 절단되면 【제4급4호】, 두 팔이 모두

팔꿈치관절 이상에서 절단되면【제1급5호】이다.

② 손목관절 이상 상실

팔에 있어서는 손목관절 이상 팔꿈치관절 미만에서 절단된 경우로서, 손목관절에서 요·척골과 수근골이 떨어져 나가거나, 요골 및 척골이 절단된 것을 말한다. 한 팔이 손목관절 이상에서 절단되면【제5급2호】, 두 팔이 모두 손목관절 이상에서 절단되면【제2급3호】이다.

③ 손·발의 절단

팔의 절단이 아니라, 손의 절단에 대한 장해등급을 생각해 볼 수 있는데, 손의 경우 손목관절 절단보다는 경하지만 손가락 절단보다는 중한 장해이다. 그러나 손의 절단장해는 손가락 모두의 상실에 해당하는 장해등급(제6급8호·제3급5호)보다 높거나, 손목관절 이상 절단에 해당하는 장해등급(제5급2호)보다 낮은 장해등급은 없으며, 그것은 손의 절단을 손가락의 상실로 취급하기 때문이라고 생각된다. 이렇듯 손(바닥) 부위가 절단·상실되면 '손가락 모두의 상실'로 보아 장해등급을 결정하여야 할 것이다.

2) 3대 관절의 기능장해

팔의 관절은 3대 관절(어깨관절, 팔꿈치관절 및 손목관절)로 구분되는데 팔의 기능장해는 3대 관절의 운동가능범위에 따라서 장해여부를 판단하게 된다. 즉, 기능장해는 일반평균인의 정상운동범위(이것을 '생리적 운동영역' 또는 '표준운동각도'라고도 한다.)에 비해 재해를 입은 관절이 어느 정도 운동할 수 있는가를 평가해서 장해등급이 결정되는 것이다. 정상운동범위와 운동가능범위의 측정방법은 AMA(미국의학협회.

American Medical Association)의 기준에 따르도록 되어 있다.

기능장해는 운동제한의 원인이 금속정 고정 또는 균처의 장착으로 인한 경우는 그 금속정 등을 제거한 후에 장해등급을 결정하고, 금속정이 삽입된 경우라도 기능장해의 원인이 되지 않으면 그 상태로 장해등급을 결정한다. 또 장기간의 석고고정 등으로 일정기간 운동이 제한된 경우는 향후 그 정도가 경감된다는 점을 고려해서 장해등급을 결정해야 한다.

AMA 기준에 의한 팔 · 다리 3대 관절의 정상운동범위는 다음과 같다.

팔			다 리		
관절명	측정부위	표준운동각도	관절명	측정부위	표준운동각도
어깨관절 (총 500도)	전상방거상	150 도	고관절 (총 280도)	신전	30 도
	측상방거상	150 도		굴곡	100 도
	후상방거상	40 도		내전	20 도
	내전	30 도		외전	40 도
	내회전	40 도		내회전	40 도
	외회전	90 도		외회전	50 도
팔꿈치 관절 (총 310도)	신전	0 도	무릎관절 (총 150도)	신전	0 도
	굴곡	150 도		굴곡	150 도
	내회전	80 도		–	–
	외회전	80 도		–	–
손목관절 (총 180도)	배굴	60 도	발목관절 (총 110도)	배굴	20 도
	장굴	70 도		척굴	40 도
	요사위	20 도		내번	30 도
	척사위	30 도		외번	20 도

① 관절을 제대로 못 쓰게 되는 경우에 해당되는 팔의 폐용

이 경우【제8급6호】에 해당될 수 있는데 팔의 3대 관절 중 '1개 관절을 제대로 못 쓰게 된 경우(폐용)' 라 함은

첫째, 관절의 완전 강직으로 관절운동을 전혀 할 수 없게 된 경우

둘째, 관절 운동가능영역이 정상운동범위에 비해 3/4 이상 제한된 경우

셋째, 인공관절 또는 인공골두를 삽입술을 시행하여 치환된 경우 등

을 말한다.

운동제한에 의한 기능장해에는 관절운동 제한의 원인이 관절 구축에 의한 강직이 아니더라도 이완성마비 등 신경손상으로 인하여 운동을 할 수 없게 되거나, 운동범위가 제한되는 경우도 포함된다.

② 관절의 기능에 뚜렷한 장해가 남는 경우에 해당되는 팔의 폐용

이 경우【제10급11호】에 해당될 수 있는데 팔과 다리의 3대 관절 중 '1개 관절의 기능에 뚜렷한 장해가 남은 경우' 라 함은 관절 운동가능범위가 정상운동범위에 비해 1/2 이상 제한된 상태를 말한다.

③ 단순한 관절기능장해

이 경우【제12급6호】에 해당될 수 있는데 팔의 3대 관절 중 '1개 관절의 기능에 장해가 남은 경우' 라 함은 관절 운동가능범위가 정상운동범위에 비해 1/4 이상 제한된 상태를 말한다.

④ 팔·다리 기능의 전폐

팔의 3대 관절 각각의 기능장해에 대한 장해등급 인정기준은 앞에서 살펴본 것과 같고, 팔의 3대 관절 기능장해는 동일부위·동일계열의 장해이므로 각 관절의 장해를 조정할 수는 없다. 또 조정의 방법을 사용한 준용등급의 결정만으로 팔 자체의 기능장해등급을 결정하는 것도 불합리한 측면이 있다. 이 때문에 하나의 부위로서 팔 자체의 기능장해에 대한 장해등급을 평가하는 기준이 설정되어 있다. 다만, 팔 자체의 기능장해등급 인정기준은 3대 관절의 기능장해를 기초로 하고, 신체장해등급표에 없는 장해는 준용등급으로 결정토록 하고 있다. 팔의 전폐의 즉【제5급4호】'한 팔을 영구적으로 완전히 사용하지 못하게 된 경

우' 라 함은 두 가지에 해당될 때 인정된다.

첫째, 팔의 3대 관절(어깨, 팔꿈치, 손목)이 모두 폐용되고 동시에 손가락 모두를 못 쓰게 된 경우

둘째, 상완신경총이 완전 마비된 경우를 말한다.

3대 관절의 폐용은 각 관절의 완전강직에 의한 폐용과 운동가능범위가 정상운동범위의 3/4 이상 제한되어 폐용된 경우가 있는데, 이 중 3대 관절의 완전강직에 의하여 폐용된 경우에는 5개의 손가락 폐용이 없더라도 '팔의 전폐' 로 인정할 수 있는지 여부에 대해 일부에서 논의가 있었으나, 어느 경우에도 '3대 관절의 폐용(강직, 운동제한 포함) + 모든 손가락의 폐용' 이라는 요건을 갖추어야만 '한 팔의 전폐' 로 인정될 수 있겠다. 상완신경총의 완전마비도 3대 관절 및 손가락의 완전마비를 수반하기 때문에 팔의 전폐로 인정된다.

3) 팔의 2개 관절 이상의 기능장해

팔 또는 다리의 3대 관절 중 1개관절의 기능장해에 관하여는 신체장해등급표에 정하고 있으나 2개 관절 이상의 기능장해에 관하여는 '2개 관절의 폐용(제6급)' 외에는 정해져 있지 않다. 따라서 2개 관절 이상의 기능장해에 대하여는 대부분 준용등급으로 결정해야 한다.

① 2개 관절 이상의 폐용

팔의 3대 관절 중 1개 관절을 제대로 못 쓰게 되면 장해등급 제8급(팔은 제8급6호)으로 인정된다. 또 팔의 3대 관절 중 2개 관절을 제대로 못 쓰게 되면 팔은 【제6급6호】로 인정되고, 이는 준용등급이 아니라 신체장해등급표에 정해진 장해이다.

② 2개 관절 이상의 뚜렷한 기능장해

팔의 3대 관절 중 1개 관절에 뚜렷한 기능장해가 남게 되면 장해등급 제10급(팔은 제10급11호)으로 인정된다.

그런데 팔의 3대 관절 중 2개 관절에 뚜렷한 기능장해가 남게 되는 경우에 대하여는 신체장해등급표에 정해져 있지 않으므로 조정의 방법을 이용하여 준용등급을 결정하여야 한다. 따라서 이는 제10급에 해당하는 장해 2개가 있는 경우이므로【준용등급 제9급】을 적용한다. 또 '3대 관절 모두의 뚜렷한 기능장해' 역시 준용등급으로 결정하여야 하는데, 이에 대하여는【준용등급 제8급】을 인정하도록 정해져 있다.

4) 2개 관절 이상의 단순한 기능장해

팔의 3대 관절 중 1개 관절에 기능장해가 남게 되면 장해등급 제12급(팔은 제12급6호)으로 인정된다.

그런데 팔의 3대 관절 중 2개 관절에 기능장해가 남게 되는 경우에 대하여는 신체장해등급표에 정해져 있지 않으므로 조정의 방법을 이용하여 준용등급을 결정하여야 한다. 따라서 이는 제12급에 해당하는 장해 2개가 있는 경우이므로【준용등급 제11급】을 적용한다. 또 '3대 관절 모두의 기능장해' 역시 준용등급으로 결정하여야 하는데 이에 대하여는【준용등급 제10급】을 인정하도록 정해져 있다.

■ 다리의 장해등급 인정기준

1) 절단 장해

절단 장해는 다리가 절단된 장해를 말한다. 다리에는 3개의 관절이 있는데 다리에는 고관절, 무릎관절, 발목관절이 있으며, 이것을 다리의 '3대 관절' 이라 하고, 다리의 절단에 따른 장해등급은 절단된 부위에 따라 결정되는데 3대 관절이 기준이다.

① 무릎관절 이상 상실

다리에 있어서는 무릎관절 이상에서 절단된 경우로서, '무릎관절 이상에서 절단' 되었다 함은 무릎관절에서 대퇴골과 경 · 비골이 떨어져 나가거나, 대퇴골이 절단된 경우, 그리고 고관절에서 대퇴골과 관골이 이단된 것을 말한다. 한 다리가 무릎관절 이상에서 절단되면【제4급5호】, 두 다리가 모두 무릎관절 이상에서 절단되면【제1급7호】이다.

② 발목관절 이상 상실

다리에 있어서는 발목관절 이상 무릎관절 미만에서 절단된 경우로서, 발목관절에서 경 · 비골(하퇴골)과 거골이 떨어져 나가거나, 하퇴골(경골 및 비골)이 절단된 것을 말한다. 한 다리가 발목관절 이상에서 절단되면【제5급 3호】, 두 다리가 모두 발목관절 이상에서 절단되면【제2급 4호】이다.

③ 발의 절단

다리의 절단이 아니라, 발의 절단에 대한 장해등급을 생각해 볼 수 있는데, 다리(발)에 있어서는 리스프랑관절 이상 발목관절 미만에서 절단된 경우를 말하며, 한 다리가 리스프랑관절 이상에서 절단되면【제7급8호】, 두 다리가 모두 리스프랑관절 이상에서 절단되면【제4급 7호】이다.

2) 3대 관절의 기능장해

① 관절의 폐용

【제8급7호】로서 다리의 3대 관절중 '1개 관절을 제대로 못 쓰게 된 경우(폐용)' 란 하기의 경우를 말한다.

첫째, 관절의 완전 강직으로 관절운동을 전혀 할 수 없게 된 경우

둘째, 관절 운동가능영역이 정상운동범위에 비해 3/4 이상 제한된 경우

셋째, 인공관절 또는 인공골두 삽입술을 시행하여 치환된 경우 등을 말한다.

운동제한에 의한 기능장해에는 관절운동 제한의 원인이 관절 구축에 의한 강직이 아니더라도 이완성마비 등 신경손상으로 인하여 운동을 할 수 없게 되거나, 운동범위가 제한되는 경우도 포함된다.

② 뚜렷한 관절기능장해

【제10급12호】로서 다리의 3대 관절 중 '1개 관절의 기능에 뚜렷한 장해가 남은 경우' 라 함은 관절 운동가능범위가 정상운동범위에 비해 1/2 이상 제한된 상태를 말한다.

③ 단순한 관절기능장해

【제12급7호】로서 다리의 3대 관절 중 '1개 관절의 기능에 장해가 남은 경우' 라 함은 관절 운동가능범위가 정상운동범위에 비해 1/4 이상 제한된 상태를 말한다.

3) 다리 기능의 전폐

【제5급5호】 '한 다리를 영구적으로 완전히 사용하지 못하게 된 경우' 라 함은 첫째, 다리의 3대 관절(고관절, 무릎, 발목)이 모두 폐용되고

동시에 발가락 모두를 못 쓰게 된 경우, 둘째, 다리의 3대 관절이 모두 폐용된 경우를 말한다. 팔의 전폐가 3대 관절과 함께 손가락 모두의 폐용을 요건으로 하고 있는 것과는 달리 다리의 경우는 발가락의 폐용 여부와 관계없이 다리 3대 관절이 폐용된 상태이면 '전폐'로 인정된다.

현행 시행규칙 별표4 제10호 가목의 (4)에는 '다리의 전폐'에 대하여 '3대 관절과 발가락 전부의 완전강직 또는 운동가능영역이 3/4 이상 제한된 상태에 이른 자나 3대 관절 전부의 완전강직 또는 운동가능영역이 3/4 이상 제한된 상태의 자'로 규정하고 있다.

두 다리 모두를 영구적으로 완전히 사용할 수 없게 된 경우. 즉, 두 다리가 전폐된 경우에는 【제1급8호】를 적용한다. 다리의 경우 역시 두 다리의 폐용은 두 다리의 상실【제1급7호】에 비하면 장해의 정도가 경미하다고 할 수 있으나 '두 다리의 전폐'만으로도 제1급을 인정할 수 있다고 보아 제1급을 인정한 것으로 생각된다.

4) 다리 2개 관절 이상의 기능장해
① 2개 관절 이상의 폐용

다리의 3대 관절 중 1개 관절을 제대로 못 쓰게 되면 장해등급 제8급으로 인정된다. 다리의 3대 관절중 2개 관절을 제대로 못 쓰게 되면 다리는 【제6급7호】로 인정되고, 이는 준용등급이 아니라 신체장해등급표에 정해진 장해이다. 그런데 '3대 관절 모두의 폐용'에 관하여는 팔과 다리의 장해등급이 다르게 결정되는 점에 유의해야 한다.

팔에 있어서는 3대 관절이 모두 폐용되었더라도 제5급4호 '팔의 전폐'(3대 관절 폐용 + 손가락 전부의 폐용)에는 미치지 못하므로 바로 아래 등급인 【제6급】을 준용하여야 하며, 다리에 있어서는 3대 관절의 폐용만으로도 다리의 전폐에 해당하는 요건을 충족하므로 【제5급5호】를 적용하는 것이다.

② 2개 관절 이상의 뚜렷한 기능장해

다리의 3대 관절 중 1개 관절에 뚜렷한 기능장해가 남게 되면 장해등급 제10급으로 인정된다. 그런데 다리의 3대 관절 중 2개 관절에 뚜렷한 기능장해가 남게 되는 경우에 대하여는 신체장해등급표에 정해져 있지 않으므로 조정의 방법을 이용하여 준용등급을 결정하여야 한다. 따라서 이는 제10급에 해당하는 장해 2개가 있는 경우이므로【준용등급 제9급】을 적용한다.

또한 '3대 관절 모두의 뚜렷한 기능장해' 역시 준용등급으로 결정하여야 하는데, 이에 대하여는【준용등급 제8급】을 인정하도록 정해져 있다.

③ 2개 관절 이상의 단순한 기능장해

다리의 3대 관절 중 1개 관절에 기능장해가 남게 되면 장해등급 제12급으로 인정된다. 그런데 다리의 3대 관절 중 2개 관절에 기능장해가 남게 되는 경우에 대하여는 신체장해등급표에 정해져 있지 않으므로 조정의 방법을 이용하여 준용등급을 결정하여야 한다. 따라서 이는 제12급에 해당하는 장해 2개가 있는 경우이므로【준용등급 제11급】을 적용한다.

또한 '3대 관절 모두의 기능장해' 역시 준용등급으로 결정하여야 하는데 이에 대하여는【준용등급 제10급】을 인정하도록 정해져 있다.

5) 기타 장해등급 인정기준
① 동요관절(기능장해)

동요관절(Flail joint)이란 사전적 의미와 같이 움직이고 흔들리는 관절, 즉 비정상적으로 기이한 운동성을 나타내는 관절이다. 팔과 다리 관절의 기능장해는 일반적으로 운동가능범위가 제한됨으로써 나타나지만 운동제한이 없더라도 동요관절이 있는 경우에는 관절 기능에 장해가 초래된다. 따라서 동요관절이 남은 경우에는 운동가능범위의 제한 여부에 관계없이 동요의 정도에 따라 장해등급을 인정한다. 이 경우 운동가능범위의 제한에 따른 장해등급과 동요관절에 의한 장해등급은 동일계열의 장해이므로 이를 조정하거나 준용등급으로 정하는 것이 아니라, 둘 중에서 높은 등급으로 결정된다.

팔과 다리 관절의 동요관절에 따른 장해등급 등급인정기준은 서로 다르고, 이것은 동요관절로 인하여 노동에 지장을 받는 정도가 각각 다르다는 점 때문이다. 다리 관절에 동요가 발생하면 상체의 지탱이나 보행에 지장이 초래될 것이므로 팔 관절의 동요보다는 다리 관절의 동요가 더 중한 장해라고 할 것이고, 동요관절이 나타나는 빈도가 가장 높은 관절은 '슬관절'이다.

팔 · 다리 동요관절에 따른 장해등급인정기준은 다음과 같다.

장 해 내 용	팔	다 리	비 고
노동에 지장이 있어 항상 고정장구의 장착이 절대적으로 필요한 정도	제10급11호	제 8급 7호	
노동에 다소 지장은 있으나 고정장구의 장착을 항상 필요로 하지는 않는 정도	제12급 6호	제10급12호	
통상의 노동에는 고정장구를 장착할 필요가 없으나 중한 노동시에는 필요한 정도	-	제12급 7호	

② 관절의 습관성 탈구

팔 또는 다리 관절이 습관적으로 빠지는 것을 습관성 탈구라 하고,

습관성 탈구가 있으면 그만큼 노동에 제한을 받게 되므로 장해로 인정할 필요가 있다. 습관성 탈구는 어깨관절에서 가장 자주 발생하며, 습관성 탈구에 대하여는 제12급(관절의 단순한 기능장해)으로 인정한다. 즉, 팔은 제12급6호, 다리는 제12급7호가 적용되는 것이다.

③ 기형장해

팔 또는 다리의 변형 즉, 기형장해로는 '가관절', '장관골의 기형' 및 '단축장해' 등이 있다. 이들 기형장해는 모두 팔·다리의 장관골(상완골, 요·척골, 대퇴골, 경·비골)에 남는 장해이다. '가관절' 이란 장관골의 어느 부위가 골절되어 요양을 하였으나 골절부위가 유합되지 아니함으로써 원래 관절부위가 아닌데도 마치 관절처럼 형성되어 있는 상태를 말한다. 그러므로 장관골의 관절에 접한 부위가 절제되어 상실된 경우는 가관절에 해당하지 않으며, 이 경우에는 그 관절의 기능장해에 따른 장해등급을 인정한다.

'가관절로 뚜렷한 기능장해가 남은 경우' 란, 첫째, 상완골(또는 대퇴골)에 가관절이 남은 경우와 둘째, 요·척골(또는 경·비골) 모두에 가관절이 남은 경우를 말하며, 팔은【제7급9호】, 다리는【제7급10호】가 적용된다. '가관절로 단순한 기능장해가 남은 경우' 란, 요·척골(또는 경·비골)중 어느 한 쪽에 가관절이 남은 경우를 말하며, 팔의 단순한 가관절은【제8급8호】, 다리의 단순한 가관절은【제8급9호】가 적용된다. '장관골의 기형' 이란, 팔 또는 다리의 장관골이 골절된 후 요양을 통하여 유합되었으나 잘못 유합(부정유합)되어 뼈가 휘어져 있는 상태를 '장관골의 기형(혹은 변형)' 이라 한다. 장관골이 '외부에서 보아 알 수 있는 정도' 즉, '15도 이상 만곡된 상태' 로 부정유합되었을 것이 인정요건이며, 여기에서 '만곡' 이란 활처럼 휘어진 상태를 말한다. 따라서 장관골이 정상위치에 유합되어 있는 때에는 골절부위에 비후(부어 있는 상태)가 있다하더라도 장관골의 기형으로는 인정되지 않는다.

팔에 있어서는 첫째, 상완골에 변형이 남거나, 둘째, 요골 및 척골 모두에 변형이 남은 경우에 장관골의 기형이 인정되어 【제12급 8호】가 적용되고, 요·척골 중 어느 한 쪽에만 변형이 남은 때에는 원칙적으로 장해등급 기준에 미달하는 것으로 처리되지만, 변형의 정도가 뚜렷한 때에는 장관골의 기형으로 인정된다.

다리에 있어서는 첫째, 대퇴골에 변형이 남거나 둘째, 경골에 변형이 남은 경우에 장관골의 기형이 인정되어 【제12급 8호】가 적용되고, 팔에 있어서는 요·척골 모두의 변형을 요건으로 하고 있으나 다리에 있어서는 경·비골중 경골에만 변형이 있는 경우에도 인정되는 것이 다른 점이며, 비골에만 변형이 남은 때에는 원칙적으로 장해등급 기준에 미달하는 것으로 처리되지만, 비골의 변형정도가 뚜렷한 때에는 장관골의 기형으로 인정된다.

현행 규정에는 팔의 단축장해에 대한 인정기준은 별도로 정해져 있지 않고, 다리의 단축에 대하여만 장해등급인정기준이 정해져 있는데, 팔의 단축장해는 다리의 단축에 비하면 노동력 상실도가 약하기 때문이 아닌가 생각된다. '다리 단축'의 정도는 정상인 쪽의 다리 길이에 비해 짧아진 길이를 말한다. 다리의 길이는 상전장골극과 하퇴내과하단 사이의 길이 즉, 다리의 실제 길이로 측정하며, 고관절 바로 위쪽 장골릉의 앞쪽으로 돌출된 부위(피부 위로도 잘 만져지며, 뒤쪽에는 상후장골극이, 아래쪽에는 하전장골극이 있다)부터 내과(소위 다리 안쪽의 복숭아뼈) 하단까지의 길이이다. 이때 다리가 약간 휘어져 있더라도 측정하는 줄자는 굽혀지지 않도록 하여 측정한다. 다리의 길이를 측정하는 위와 같은 기준에는 예외가 있다. 골반골의 변형으로 인하여 한쪽 다리가 짧아진 경우에 다리의 길이를 측정하는 방법으로, 이 경우에는 예외적으로 '배꼽에서 다리 하단까지의 직선길이'를 기준으로 평가한다. 실제 다리의 길이는 변함이 없는데, 한쪽 다리가 골반골의 변형에 따라 올라가거나 내려옴으로써 다리가 단축된 것이나 다름없는 노동력 상실이 초래되기 때문이다. 이 경우의 장해등급은 골반골의 뚜렷한 기형(제12급5호)과 다리의 단축중 상위등급에 해당하는 장해만을 인정하는데, 하나의 장해를 복수의 관점에서 평가하는 것에 불과한 것이기 때문이다.

한 쪽 다리가 길어져서 다른 쪽 다리가 상대적으로 짧아진 경우에는 그 연장된 길이를 단축된 길이로 보아 준용등급을 결정한다. 예를들면 한 다리가 3센티미터 연장된 경우는 【준용등급 제10급】을 인정하는 것이다.

그런데 골절제가 관절부에서 이루어진 경우에는 다리의 단축뿐만 아니라, 관절의 기능장해도 동시에 초래될 수 있으며, 이때의 단축장해와 관절기능장해는 서로 파생하는 관계에 있는 장해이다. 파생장해 상호간에는 조정하지 않고 둘 중 상위등급만 인정하므로 관절에 접한 부분의 뼈가 절제됨에 따라 다리단축이 초래된 경우에는 그 단축장해 해당등급과 기능장해 해당등급중 높은 것만을 인정하여야 한다.

10. 손(가락)과 발(가락)의 장해

손(가락)과 발(가락)의 장해등급

■ 손가락의 구조

1) 손가락의 명칭

손가락의 명칭은 장해등급표에서 '엄지손가락, 둘째손가락, 가운데 손가락, 넷째손가락, 새끼손가락'으로 사용하고 있으며, 각 손가락에는 다른 이름이 있다.

엄지손가락은 제1수지, 무지 혹은 모지,

둘째손가락은 제2수지, 검지 또는 시지,

가운데손가락은 제3수지, 중지 또는 셋째손가락,

넷째손가락은 제4수지, 약지 또는 환지,

새끼손가락은 제5수지, 소지 또는 '다섯째손가락'이라고 부르기도 한다.

발가락도 손가락의 명칭과 같이 엄지발가락[모족지]부터 새끼발가락까지를 제1족지~제5족지라고 부른다.

2) 손가락의 관절

손가락에는 관절이 있어서 운동을 할 수 있도록 되어 있으며, 엄지손가락에는 2개, 나머지 4개의 손가락에는 각각 3개씩의 관절이 있다.

이 관절들의 명칭은 '중수지관절, 근위지관절, 원위지관절'로, 엄지손가락은 근위 · 원위지관절이 따로 없으므로 '중수지관절과 지관절'로 나눈다. '중수지관절'은 손가락으로 갈라지기 전의 물갈퀴 모양 위쪽에 있는 관절로서 주먹을 쥐면 돌출되는 부분이다. '근위지관절' 은 손바닥에서 가까운 첫 번째 마디를 말하는데, 심장에서 가까이 위치해 있다고 해서 근위지관절이라 하고, '제1지관절' 이라고도 한다. 장해등급의 인정기준에 있어서 엄지손가락의 '지관절' 은 다른 손가락의 근위지관절에 해당하는 것으로 생각할 수 있다. '원위지관절' 은 손바닥에서 먼 쪽의 관절을 말하며, 심장에서 먼 쪽에 있기 때문에 원위지관절이라 하고, '제2지관절' 또는 '말관절' 이라고도 한다.

장해등급의 인정에 있어서 관절기능에 장해가 생기면 중수지관절과 근위지관절은 동일한 정도로, 원위지관절은 상대적으로 낮게 평가된다.

3) 손가락의 뼈

손가락은 '중수골, 기절골, 중절골, 말절골' 등 4개의 뼈로 이루어져 있다. 엄지손가락은 중절골과 말절골이 분리되지 않았으므로 '중수골, 기절골, 말절골' 로 구성되어 있으며, 이것을 통틀어 '수지골' 이라 한다. '중수골' 은 중수지관절 위쪽 손바닥에 감추어져 있는 뼈로, 중수골의 위쪽부터 손목관절까지는 배와 달 모양의 주상골과 월상골 등으로 이루어져 있는 '수근골' 이 있다. 손은 수지골과 수근골을 합한 '수골' 로 구성되어 있는 것이다. '기절골' 은 중수지관절과 근위지관절 사이에 있는 뼈이다. '제1지골' 이라고도 하며 장해진단서에는 흔히 '근위지골' 이라고 표기되는 뼈로, 중수지관절과 근위지관절 사이를 기절 또는 근위지절이라 한다. '중절골' 은 근위지관절과 원위지관절 사이에 있는 뼈이다. '제2지골' 이라고도 하며 장해진단서에 '중위지골' 로 표기되는 경우가 있으며, 근위지관절과 원위지관절 사이는 중절 또는 중위지절이라 한다. '말절골' 은 원위지관절 밑의 손가락 끝에 있는 뼈로, '제3지골' 이라고도 하며, 원위지관절부터 손가락 끝까지를 말절이라 한다.

■ 발가락의 구조

발가락의 관절과 뼈도 손가락의 관절 및 뼈의 구조와 거의 동일하고, 각 관절 및 뼈의 명칭도 '수지' 를 '족지' 로 하면 손가락과 다름이 없다.

중족지관절 위의 '족근골' 은 '설상골, 입방골, 주상골, 거골, 종골' 등으로 이루어져 있다.

제1~5중족골은 입방골, 설상골 및 주상골과 연결되어 있는데, 그 연결부위가 '리스프랑 관절' (Lisfranc's joint)이다. 프랑스의 외과의사인 리스프랑 씨가 이 관절을 족부의 절단수술에 이용했다고 하여 붙은 이름이다.

또 입방골, 설상골 및 주상골은 거골 및 종골과 연결되어 있는데, 그 연결된 부위를 '쇼파르 관절' (Chopart's joint)이라 한다. 일본식 표기로는 '쏘빠루 씨 관절' 이라 하고, 이 부위를 족부 절단술에 이용한 프랑스 외과의사의 이름을 따서 붙인 이름이다. 거골과 종골(뒤꿈치 뼈)은 경 · 비골과 만나 족관절을 이룬다.

구분	손가락		발가락	
	등급	장 해 정 도	등급	장 해 정 도
기질적장해	제3급 5호	• 두 손의 손가락을 모두 잃은 사람	제5급 6호	• 두 발의 발가락을 모두 잃은 사람
	제6급 8호	• 한 손의 5개의 손가락을 잃은 사람 • 한 손의 엄지손가락과 둘째손가락을 포함하여 4개의 손가락을 잃은 사람	-	
	제7급 6호	• 한 손의 엄지와 둘째손가락을 잃은사람 • 한 손의 엄지손가락이나 둘째손가락을 포함하여 3개 이상의 손가락을 잃은 사람	-	
	제8급 3호	• 한 손의 엄지손가락을 포함하여 2개의 손가락을 잃은 사람	제8급10호	• 한 발의 5개의 발가락을 모두 잃은 사람

	손가락		발가락	
	등급	장 해 정 도	등 급	장 해 정 도
기 질 적 장 해	제9급 10호	• 한 손의 엄지손가락을 잃은 사람 • 한 손의 둘째손가락을 포함하여 2개의 손가락을 잃은 사람 • 한 손의 엄지손가락과 둘째손가락 외의 3개의 손가락을 잃은 사람	제9급12호	• 한 발의 엄지발가락을 포함하여 2개 이상의 발가락을 잃은 사람
	제10급 7호	• 한 손의 둘째손가락을 잃은 사람 • 한 손의 엄지와 둘째손가락 외의 2개의 손가락을 잃은 사람	제10급10호	• 한 발의 엄지발가락을 잃은 사람 • 한 발의 엄지발가락 외의 4개의 발가락을 잃은 사람
	제11급 6호	• 한 손의 가운데손가락 또는 넷째손가락을 잃은 사람	제12급10호	• 한 발의 둘째발가락을 잃은 사람 • 한 발의 둘째발가락을 포함하여 2개의 발가락을 잃은 사람 • 한 발의 가운데발가락 이하의 3개의 발가락을 잃은 사람
	제13급 5호	• 한 손의 새끼손가락을 잃은 사람	제13급10호	• 한 발의 가운데발가락 이하의 1개 발가락 또는 2개의 발가락을 잃은 사람
	제13급 6호	• 한 손의 엄지손가락의 지골의 일부를 잃은 사람	-	
	제13급 7호	• 한 손의 둘째손가락의 지골의 일부를 잃은 사람	-	
	제14급 6호	• 한 손의 엄지손가락과 둘째손가락 외의 손가락의 지골의 일부를 잃은 사람	-	
기 능 적 장 해	제4급 6호	• 두 손의 손가락을 모두 제대로 못 쓰게 된 사람	-	
	제7급 7호	• 한 손의 5개의 손가락을 제대로 못 쓰게 된 사람 • 한 손의 엄지손가락과 둘째손가락을 포함하여 4개의 손가락을 제대로 못 쓰게 된 사람	제7급11호	• 두 발의 발가락을 모두 제대로 못 쓰게 된 사람
	제8급 4호	• 한 손의 엄지와 둘째손가락을 제대로 못 쓰게 된 사람 • 한 손의 엄지손가락이나 둘째손가락을 포함하여 3개 이상의 손가락을 제대로 못 쓰게 된 사람		
	제9급 11호	• 한 손의 엄지손가락을 포함하여 2개의 손가락을 제대로 못 쓰게 된 사람	제9급 13호	• 한 발의 발가락을 모두 제대로 못 쓰게 된 사람

구분	손가락		발가락	
	등급	장 해 정	등급	장 해 정 도
기 능 적 장 해	제10급 8호	• 한 손의 엄지손가락을 제대로 못 쓰게 된 사람 • 한 손의 둘째손가락을 포함하여 2개의 손가락을 제대로 못 쓰게 된 사람 • 한 손의 엄지손가락과 둘째손가락 외의 3개의 손가락을 제대로 못 쓰게 된 사람		
	제11급 7호	• 한 손의 둘째손가락을 제대로 못 쓰게 된 사람 • 한 손의 엄지와 둘째손가락 외의 2개의 손가락을 제대로 못 쓰게 된 사람	제11급8호	• 한 발의 엄지발가락을 포함하여 2개 이상의 발가락을 제대로 못 쓰게 된 사람
	제12급 9호	• 한 손의 가운데손가락 또는 넷째손가락을 제대로 못 쓰게 된 사람	제12급11호	• 한 발의 엄지발가락을 제대로 못 쓰게 된 사람 • 한 발의 엄지발가락 외의 4개의 발가락을 제대로 못 쓰게 된 사람
	제13급 8호	• 한 손의 둘째손가락의 말관절을 굽히고 펼 수 없게 된 사람	제13급11호	• 한 발의 둘째발가락을 제대로 못 쓰게 된 사람 • 한 발의 둘째발가락을 포함하여 2개의 발가락을 제대로 못 쓰게 된 사람 • 한 발의 가운데발가락 이하의 3개의 발가락을 제대로 못 쓰게 된 사람
	제14급 5호	• 한 손의 새끼손가락을 제대로 못 쓰게 된 사람	제14급8호	• 한 발의 가운데발가락 이하의 1개 또는 2개의 발가락을 제대로 못 쓰게 된 사람
	제14급 7호	• 한 손의 엄지손가락과 둘째손가락 외의 손가락의 말관절을 굽히고 펼 수 없게 된 사람		

손 · 발가락의 장해등급 인정기준

■ 손 · 발가락의 장해등급 인정기준의 특징

팔과 다리의 장해등급 인정기준이 서로 비슷한 것과는 달리 손가락과 발가락은 많이 다르다. 손가락의 장해를 훨씬 중하게 취급하고 있는 것인데, 신체장해등급표에서의 등급기준도 그렇고 결손 또는 기능장해를 인정하는 기준도 그러한데, 이것은 손가락은 발가락에 비해 노동에 많은 역할을 하는 부위이기 때문일 것이다.

■ 손가락의 상실

'손가락을 잃은 경우' 라 함은 엄지손가락은 지관절 이상, 그 외의 손가락은 근위지관절 이상에서 절단되어 잃은 경우를 말한다. 엄지손가락은 한 마디, 그 외의 손가락은 두 마디 이상을 잃으면 '상실' 로 인정되는 것이다.

즉, 중수골 또는 기절골에서 절단되었거나, 근위지관절(엄지손가락은 지관절)에서 기절골과 중절골(엄지손가락은 말절골)이 이단(떨어져 나감)된 것을 말한다.

엄지손가락이 상실되면【제9급10호】, 둘째손가락 상실은【제10급7호】, 가운데손가락 또는 넷째손가락의 상실은 각각【제11급6호】이며, 새끼손가락이 상실되면【제13급7호】가 적용된다.

■ 발가락의 상실

'발가락을 잃은 경우' 라 함은 중족지관절 이상에서 절단되어 잃은 경우를 말한다. 손가락은 두 마디(엄지손가락은 한 마디)를 잃으면 손가락의 상실로 인정되는 것에 비하면 발가락은 전부를 잃어야만 상실로 인정되는 것이다. 다만, 중족지관절 이상의 절단이 아니더라도 발가락의 기부(발가락이 붙어 있는 부위. 물갈퀴 부위)에서 절단되어 발가락 모양이 없어져 버린 경우에는 '발가락의 상실' 에 준하는 장해(준용)로 인정한다. 엄지발가락이 상실되면【제10급10호】, 둘째발가락의 상실은【제12급10호】, 가운데발가락 또는 넷째발가락이나 새끼발가락이 상실되면【제13급10호】이고, 가운데발가락 이하의 세 개의 발가락중 2개가 상실된 경우도 제13급10호가 적용된다. 발가락은 장해인정기준뿐만 아니라 등급의 인정기준도 손가락에 비하면 약하게 취급되고 있다는 것을 알 수 있다.

■ 손 · 발가락의 기능장해

1) 손가락의 폐용

'손가락을 제대로 못 쓰게 된 경우'는 손가락의 절단에 의한 폐용과 관절운동의 제한에 의한 폐용이 있다.

첫째, '손가락의 절단에 의한 폐용'은 원위지관절부터 손가락의 말단까지(말절) 길이의 1/2 이상을 잃은 경우를 말한다. 즉, 근위지관절 아래 쪽의 중절골이 절단되거나 말절부의 1/2 이상에서 절단 상실된 장해를 폐용으로 인정하는 것이다. 엄지손가락에 있어서는 근위지관절부터 원위지관절 사이(중절)의 중절골이 없으므로 말절부의 1/2 이상이 상실되면 폐용으로 인정된다. 이 경우 '말절부의 1/2 이상 상실'은 '말절골의 1/2 이상 상실'과는 다르다는 점에 유의해야 하며, 말절은 원위지관절부터 손가락의 피부 말단까지를 말하므로 말절골이 1/2 이상 절단되지 않았더라도 말절부의 1/2 이상이 상실되는 경우가 있는 것이다.

둘째, '관절운동의 제한에 의한 폐용'은 중수지관절 또는 근위지관절 (엄지손가락은 지관절)의 운동가능범위가 정상운동범위에 비해 1/2 이상 제한된 경우를 말한다. 즉, 엄지손가락은 중수지관절 운동가능범위가 30도 미만(정상운동범위 60도)이거나, 지관절 운동가능범위가 40도 미만(정상운동범위 80도)이면 폐용으로 인정되고, 둘째손가락부터 새끼손가락은 각각 중수지관절 운동가능범위가 45도 미만(정상운동범위 90도)이거나, 근위지관절 운동가능범위가 50도 미만(정상운동범위 100도)이면 폐용으로 인정되는 것이다. 엄지손가락이 폐용되면【제10급8호】, 둘째손가락 폐용은【제11급7호】, 가운데손가락 또는 넷째손가락의 폐용은 각각【제12급9호】이며, 새끼손가락이 폐용되면【제14급5호】가 적용된다.

2) 발가락의 폐용

'발가락을 제대로 못 쓰게 된 경우'도 발가락의 절단에 의한 폐용과 관절운동의 제한에 의한 폐용으로 나눌 수 있다.

첫째, '발가락의 절단에 의한 폐용'은 엄지발가락과 그 외의 발가락의 인정기준이 다르다. 엄지발가락은 말절골 길이의 1/2 이상이 절단 상실되면 폐용으로 인정되고, 그 외의 발가락(둘째발가락부터 새끼발가락)은 원위지관절 이상, 즉 중족지관절(또는 발가락의 기부) 아래부터 원위지관절 사이의 기절골 또는 중절골이 절단되거나 원위지관절에서 이단되면 폐용으로 인정되는 것이다. 그런데 엄지발가락의 절단에 의한 폐용의 인정기준은 '말절골'의 1/2 이상이 상실될 것을 요건으로 하고 있어 손가락의 경우(말절골이 아니라 말절부의 1/2이상 절단)와는 차이가 있다는 점을 유의해야 한다. 또 엄지발가락 외의 발가락의 폐용 인정기준은 손가락이 말절의 1/2 이상 상실을 폐용의 요건으로 하는 점에 비해 원위지관절 이상 상실을 요건으로 하고 있어 손가락의 폐용 인정기준보다 까다롭다 하겠다.

둘째, '관절운동의 제한에 의한 폐용'은 엄지발가락 및 둘째발가락과 그 외의 발가락의 인정기준이 다르게 정해져 있다. 엄지발가락과 둘째발가락의 경우 중족지관절 또는 근위지관절(엄지발가락은 지관절)의 운동가능범위가 정상운동범위에 비해 1/2 이상 제한된 경우를 말한다. 즉, 엄지발가락은 중수지관절 운동가능범위가 40도 미만(정상운동범위 80도)이거나, 지관절 운동가능범위가 15도 미만(정상운동범위 30도)인 경우에, 둘째발가락은 중족지관절 운동가능범위가 35도 미만(정상운동범위 70도)이거나, 근위지관절(제1지관절) 운동가능범위가 20도 미만(정상운동범위 40도)인 경우에 각각 폐용으로 인정되고 가운데발가락, 넷째발가락 및 새끼발가락은 모든 관절이 완전히 강직된 경우에 한하여 폐용으로 인정되는 것이다. 여기에서 완전 강직은 전혀 움직여지지 않는 것을 의미하므로 수동적으로라도 움직여질 수 있는 경우에는 폐용으로 인정되지 않고 정상으로 취급된다.

엄지발가락이 폐용되면【제12급11호】, 둘째발가락의 폐용은【제13급11호】, 가운데발가락 또는 넷째발가락이나 새끼발가락이 폐용되면【제14급8호】이다. 가운데발가락 이하의 세 개의 발가락 중 2개가 폐용된 경우도 제14급8호가 적용된다.

제4장

과로사

1_ 과로사란?

    과로사란 과로나 스트레스로 인하여 질병이 발생하거나 질병으로 인한 사망을 말한다. 이는 의학용어나 법률용어는 아니고, 주로 뇌혈관과 심장에 발생하는 여러 질병들이 과로와 스트레스와 인과관계가 있는 경우 이를 과로사라 부르고 있다. 경제가 고도성장하면서 신종 직업병이 1970년대부터 서서히 알려지기 시작하였는데, 과로사라는 말도 이때부터 시작하였다. 고도로 산업화된 현재, 전염병이나 결핵은 감소하고 있지만 고혈압, 뇌혈관질환(뇌출혈과 뇌경색), 심장질환, 간질환, 당뇨병, 암 등이 폭발적으로 증가하고 있으며, 그 중에서도 고혈압, 심장질환, 뇌혈관질환 등은 노동을 포함한 생활습관과 밀접한 관계가 있고, 구체적으로는 장시간에 걸친 노동, 심야노동, 불규칙한 노동, 수면장애, 정신적 스트레스, 급격한 흥분 등에 많은 영향을 받는다는 것이 일반적인 견해이다.

    산재보험법은 '업무상재해'를 '업무상의 사유에 의한 근로자의 부상·질병·신체장해 또는 사망'이라고 하여 폭넓게 정의하고, 뇌혈관질환과 심장질환(과로성 질병)에 대하여는 별도로 업무상재해 인정기준을 마련하여 구체적 사항을 규정하고 있다. 특히 현행 산재보험법은 방아쇠이론에 따라 과로·스트레스가 촉발요인이 되어 발생한 뇌심혈관계 질환에 대해서만 업무상 질병으로 인정하고 있는데 여기서 과로·스트레스는 일반인이 사용하는 일상적인 의미가 아닌 법상 개념으로 구체적인 요건에 해당되어야 인정됨을 주의해야 한다.

2_ 뇌혈관질환과 심장질환의 업무상 재해 인정기준

근로자가 업무수행 중에 다음의 1에 해당되는 원인으로 인하여 뇌실질내출혈 · 뇌경색 · 고혈압성뇌증 · 협심증 · 심근경색증 · 해리성대동맥류가 발병되거나 같은 질병으로 인하여 사망이 인정되는 경우에는 이를 업무상 질병으로 본다. 업무수행 중에 발병되지 아니한 경우로서 그 질병의 유발 또는 악화가 업부와 상당인과관계가 있음이 시간적 · 의학적으로 명백한 경우에도 또한 같다.

① 돌발적이고 예측곤란한 정도의 긴장 · 흥분 · 공포 · 놀람 등과 급격한 작업환경의 변화('급격한 작업환경의 변화'라 함은 뇌혈관 또는 심장혈관의 정상적인 기능에 뚜렷한 영향을 줄 수 있는 정도의 과중부하를 말한다.)로 근로자에게 현저한 생리적인 변화를 초래한 경우

② 업무의 양 · 시간 · 강도 · 책임 및 작업환경의 변화 등 업무상 부담이 증가하여 만성적으로 육체적 · 정신적인 과로('만성적인 과로'라 함은 근로자의 업무량과 업무시간이 발병전 3일 이상 연속적으로 일상업무보다 30% 이상 증가되거나 발병 전 1주일 이내에 업무의 양 · 시간 · 강도 · 책임 및 작업환경 등이 일반인이 적응하기 어려운 정도로 바뀐 경우를 말한다.)를 유발한 경우

③ 업무수행 중 뇌실질내출혈 · 지주막하출혈이 발병되거나 같은 질

병으로 사망한 원인이 자연발생적으로 악화되었음이 의학적으로 명백하게 증명되지 아니하는 경우

한편, 근로자의 업무상 질병 또는 업무상 질병으로 인한 사망에 대하여 업무상 재해여부를 결정하는 경우에는 위의 기준 외에 당해 근로자의 성별 · 연령 · 건강정도 및 체질 등을 참작하여야 한다.

> 뇌혈관질환과 심장질환 외에도 업무상의 과로 및 스트레스와 상당인과관계가 있는 과로성 질병은 업무상 질병에 해당한다.

3_ 과로성 질병의 분류

1. 뇌혈관질환

신체의 다른 장기와 마찬가지로 사람의 뇌도 그 기능을 유지하는 데는 산소와 영양분을 필요로 하고 산소와 영양분은 혈액안의 적혈구가 운반해주는데 이러한 혈액이 흐르는 길이 바로 혈관이다. 뇌혈관에는 경동맥(목에 있는 혈관), 전뇌동맥(대뇌의 앞쪽을 지나가는 동맥), 중뇌동맥(대뇌의 가운데 부분을 지나가는 동맥), 후뇌동맥(대뇌의 뒤쪽을 지나가는 동맥) 등 수십 개의 혈관이 있는데 이러한 뇌혈관에 질환의 발생과 악화와 업무상의 과로와 스트레스 간에 상당한 정도의 인과관계가 있는 경우에 업무상재해로 인정한다.

뇌혈관질환은 주로 뇌혈관이 터져 뇌 안에 피가 고인 부분의 뇌가 손상되는 출혈성 뇌혈관질환과 뇌혈관이 막혀 혈액을 공급받던 뇌의 일부가 손상되면 뇌경색, 일과성 허혈발작 등과 같은 허혈성 뇌혈관질환으로 나누어지게 된다. 이러한 뇌출혈과 뇌경색을 통틀어 뇌졸중이라고 하고, 일반인들은 중풍이라고 부르기도 한다.

뇌실질내출혈

뇌의 동맥 일부가 터져서 뇌속(뇌실질 내)에 혈액이 넘쳐 흐르는 것이 뇌실질내출혈(Cerebral hemorrhage)이다. 뇌실질내출혈은 뇌출혈의 가장 흔한 형태이기 때문에 그냥 뇌출혈이라고도 한다. 뇌출혈은 주로 고혈압이 있는 상태에서 동맥에 끊임없이 높은 압력이 가해지기 때문에 동맥벽, 특히 뇌의 깊은 곳에 있는 가는 동맥벽이 약해져서 탄력이 없게 되고, 혹 모양으로 부풀어 오르게 되어 파괴되어 발생한다.

이 밖에도 선천적으로 뇌동맥의 일부가 혹(꽈리) 모양으로 부풀어 올라 있는 뇌동맥류, 선천적으로 동맥과 정맥이 비정상적인 혈관을 매개로 하여 직접 이어져 있는 뇌동정맥기형, 비정상적인 가는 혈관이 그물코와 같이 발육하는 윌리스동맥륜폐색증과 같은 뇌혈관의 이상, 두부외상, 뇌종양, 혈관종 이외에 백혈병, 혈우병 등 출혈을 일으키기 쉬운 혈액의 질병이 원인이 되어 일어나는 뇌출혈도 있다. 위험인자로는 나이, 고혈압, 심장병, 당뇨, 흡연, 지나친 음주, 과로, 스트레스 등을 들 수 있고, 증상은 출혈이 발생한 부위별로 팔다리의 마비, 근육의 강직, 발음장애, 삼킴장애, 시야장애, 성격·판단력장애 등 정신적 후유증을 남기기도 한다.

지주막(거미막)하출혈

뇌는 두개골로부터 경막, 지주막(거미막), 연막이라고 하는 3층의 막으로 덮혀 있고, 지주막과 연막사이에는 공간이 있어 뇌척수액이 순환하는 경로가 되는데, 지주막 아래에 있는 혈관이 터진 것을 지주막하출혈(Subarachnoid hemorrhage)이라고 한다. 지주막하출혈도 뇌출혈의 일종이지만 뇌실질내출혈이나 뇌경색에 비하면 빈도는 그다지 높지 않다. 지주막하출혈의 원인은 뇌동맥이 혹(꽈리)과 같이 올라오는 뇌동맥류의 파열에 의한 것이 가장 많은데 전체 지주막하출혈의 65%가 뇌동맥류의 파열이다. 그 다음으로 발생빈도가 높은 것이 뇌동맥과 정맥이 비정상적으로 직접 이어져 있는 뇌동정맥기형에 의한 파열이 많아서 약 15%를 차지하고, 그 밖에 머리 외상에 의하여 발생하거나, 뇌동맥

이 가늘어져 있거나, 막혀 있어 윌리스동맥륜폐색증의 혈관이 터져서
일어나는 경우도 있다. 뇌실질내출혈이나 뇌경색은 고혈압이나 동맥경
화 따위 이른바 성인병에 수반하는 질병으로 인해 일어나기 때문에 중
년 이후에 많이 발생하지만 지주막하출혈은 뇌혈관 그 자체의 형태이
상이 원인이 되어 일어나는 것이 대부분이므로 나이를 가리지 않고 일
어나서 20~30대에서 발생하는 일도 드물지 않다. 지주막하출혈 환자
에게서는 팔다리 마비, 실어증 등 뇌손상에 의한 증세는 나타나지 않는
다. 지주막하출혈 환자는 매우 심한 갑작스런 두통을 호소하고 경우에
따라서는 의식을 잃기도 한다. 의식이 돌아온 이후에도 계속 두통이 있
으며 머리를 숙이려면 뒷목이 뻣뻣한 것을 느끼게 된다.

뇌경색

뇌혈관이 막혀 뇌의 일부가 손상되는 것을 뇌경색(Cerebral infarction)
이라고 하는데 뇌경색에는 동맥경화성 뇌경색, 색전증, 일과성뇌허혈
발작 등이 있다. 커다란 뇌혈관에 동맥경화가 생겨 혈관이 좁아지고 혈
전이 생성되어 생기는 동맥경화성 뇌경색, 심장 안에 생겨 있던 혈전이
떨어져 나가 혈관 속을 흐르다가 작은 뇌혈관을 막으면서 발생하는 뇌
색전증, 혈관을 막았던 혈전이 빠른 시간 안에 저절로 녹아서 뇌에 영
구적인 손상을 입히지 않고 환자의 증상이 몇 분 혹은 몇 시간 내에 저
절로 좋아지는 일과성 허혈발작 등이 있다.

고혈압성뇌증

혈압이 급격히 올라가서 의식장애, 두통 등의 뇌장해를 발생시키는
상태를 고혈압성뇌증(Hypertensive encephalopathy)이라고 한다. 임상
적으로 발증시 혈압이 현저하게 상승하고 특히 확장기의 혈압은 대개

의 경우 130mmHg를 넘어 의식장해, 심한 두통, 구토, 경련, 흑내장 등의 증상을 나타내고 안저검사에서 유두부종이나 망막의 출혈 등의 이상이 인정되며 두부 CT스캔으로 대뇌백질의 뇌부종이 증명되고 대부분이 신부전상태로 된다. 고혈압성뇌증은 혈압만 떨어지면(150～170/90～110mmHg 정도) 하루 이틀 내에 뇌장해의 증상이 소실되는 것이 특징이다. 그러나 고혈압성뇌증이 발생되고 1시간 이내에 혈압을 하강시키지 않으면 안 되고 이를 방치하게 되면 신부전, 급성폐부종을 발생시켜 사망에 이를 수 있다고 알려져 있다.

모야모야병

머리로 올라가는 양쪽 경동맥의 끝부분이 서서히 막히는 질환으로 아직 원인이 밝혀지지 않고 있다. 정상적인 혈관이 막혀버리기 때문에 어쩔 수 없이 비정상적인 혈관가지들이 그 근처에서 자라나 혈핵순환을 도와주는데 그 혈관들의 모양이 마치 담배연기처럼 생겼다고 해서 담배연기의 일본말인 모야모야병(Moyamoya disease)이라는 병명이 생겼다. 혈관가지들이 자라나기는 했지만 정상적인 혈관이 아닌 만큼 뇌에 혈류를 충분히 공급해 주지 못하기 때문에 급격한 운동과 과로 스트레스 등으로 몹시 피곤해질 때 뇌경색이나 뇌출혈이 발생할 수 있다.

뇌막염

뇌막염(Meningitis)이란 뇌를 둘러싸고 있는 뇌막(수막)에 발생한 염증을 가리킨다. 그 종류는 매우 다양하지만 세균성뇌막염, 바이러스성뇌막염, 결핵성뇌막염 등이 대표적이다. 뇌막염의 원인이 세균이냐, 바이러스냐, 아니면 결핵이냐에 따라 뇌막염의 증상은 차이가 있다. 그러나 뇌막염 증상의 공통된 특징이라고 한다면, 고열이 난다는 점, 그리

고 심한 두통이 있으면서 뇌압 상승으로 구역·구토 증세가 흔히 동반
되고, 수막자극 증후를 보인다는 점이다. 증상은 목을 앞으로 굽힐 때
목에 강직과 비슷한 현상이 일어나면서 잘 굽혀지지 않으면서 환자는
뒷목에 뻣뻣함을 느끼는 현상을 느끼게 된다. 두통은 뇌막의 자극과 뇌
압의 상승에 따른 것으로서, 전체적으로 아프고 지속적이며 기침, 배변
등 뇌압을 상승시키는 행위에 의해 악화되는 경향을 보인다.

뇌종양

뇌종양(Encephaloma)이란 뇌조직이나 뇌를 싸고 있는 뇌막으로부터
발생되는 원발성 뇌종양과 두개골이나 주변구조물에서 발생하거나 혹
은 신체의 다른 암으로부터 뇌로 전이된 이차성뇌종양을 총칭한다. 뇌
종양은 크게 악성뇌종양(뇌암)과 양성뇌종양으로 나뉜다. 뇌는 두개골
에 둘러싸여 있으므로 양성뇌종양의 경우도 치료를 하지 않는 경우는
뇌를 압박하고 뇌압의 상승을 일으켜 악성뇌종양과 동일하게 치명적인
결과를 초래하게 된다. 원인은 뇌를 구성하는 세포의 비정상적이고 통
제되지 않는 분열로 인하여 발생하며, 이는 세포의 유전자의 이상으로
초래된다. 세포의 유전자의 이상은 자연발생적으로 발생하거나, 다량
의 방사선에 노출되거나 외부의 돌연변이 유발물질에 의해서 발생된
다. 지금까지 알려진 돌연변이 유발물질로는 방사선, 화학물질, 바이러
스 등이 있으며, 에이즈처럼 면역기능이 저하되는 경우도 뇌종양의 발
생빈도가 높아지는 것으로 알려져 있다.

뇌부종

뇌조직의 대사이상 때문에 세포내외의 수분이 이상적으로 축적되어
뇌기능이 저하되는 상태를 말한다. 주로 뇌실질 외의 뇌혈관 용적의 확

대나 수액강 용적의 증대 등에 의하여 두개 내 용적이 증가하는 뇌종창과 혼동하는 일이 많은데 두 가지가 합병하여 생기는 경우도 있다. 두개 내압이 항진되고 뇌탈을 일으키기 쉽다. 뇌좌상·두개내혈종·뇌종양·뇌출혈·산소결핍증·각종 중독증 등 두개 내에 발생하는 대부분의 병변은 모두 뇌부종(Cerebral edema)의 원인이 된다.

2. 심장질환

심장질환은 심장이 본래의 역할을 수행하지 않게 된 상태로 그 종류로는 여러 가지가 있지만 노동부에서는 업무상의 과로 및 스트레스와 관련이 있는 것은 주로 심장근육을 흐르는 혈액량이 저하되어 심장에 산소공급부족현상이 발생하고 이로 인해 심근의 변성과 괴사를 일으키는 허혈성 심장질환에 국한하고 있다.

관상동맥질환·협심증

과거에는 성인 심장질환 중 판막질환이 주류를 이루었으나 최근 10년 동안 생활 경제의 발전과 식생활의 호전으로 판막 질환이 줄고 관상동맥질환이 급증하여 심장병의 주류를 이루고 있다. 심장에는 산소 및 영양을 공급하는 3개의 큰 혈관(관상동맥)이 있는데 좁아지는 혈관 수나 좁아지는 정도에 따라 심장근육에 가는 피의 양이 감소하기 때문에 오는 병이다. 그 증상은 주로 흉통으로 가슴의 한가운데가 조이거나 쥐어짜는 등의 격심한 통증이 수초에서 수분 동안 지속되고 호흡곤란, 식은 땀 등이 동반되는데, 이런 증상이 나타나는 것은 오히려 환자에게는 미리 치료를 할 수 있는 전구 증상이므로 운이 좋은 경우이다. 모든 환자에서 이런 흉통이 오는 것이 아니라 20%의 환자에서는 증상이 안 나타나 진단이 안 되고 급사하기도 한다. 관상동맥의 좁아진 정도가 심하지 않은 경우에는 운동 등 활동량이 증가할 때에만 증상이 나타나지만 (안정성 협심증), 좁아진 정도가 아주 심하면 가벼운 운동이나 안정시에도 증상이 나타난다(불안정성 협심증). 또 관상동맥이 갑자기 막히는 경우에는 그 혈관에 해당하는 심장근육이 썩게 되어 더욱 심한 가슴 통증과 쇼크 현상이 올 수 있다(심근 경색증).

심근경색

심근경색증(Myocardial infarction)은 심장근육에 혈액 공급의 중단 또는 장애로 인해 심근의 일부가 죽는 것을 말한다. 심장근육에 혈액공급이 중단되는 것은 관상동맥이 막히게 되는 것이 주요원인이고, 이 관상동맥이 막히게 되는 원인의 95% 이상은 관상동맥경화증으로 인한 것이고 나머지 5%정도가 매독, 전색, 대동맥동맥류, 결핵, 선천성 기형 등으로 인한 것이다. 심근경색을 촉진하는 것으로는 신체활동, 긴장, 외상 및 수술, 소화기 등 장기의 급성 출혈이 있다. 심근경색은 협심증과 같은 증세이나 더욱 심하고 또한 오랜 시간을 지속한다. 대개 심근경색이 발병하기 전에는 협심증의 증상을 겪는다.

해리성대동맥류

해리성대동맥류란 혈액이 혈관벽의 찢어진 틈으로 새어들어가 동맥벽을 분리시켜 나가면서 대동맥벽 안팎이 두 층으로 갈라지면서 혈류장애를 일으키는 것으로 동맥에서 발생하는 질병 중 가장 무서운 병이라고 할 수 있다. 해리성대동맥류는 40대 이후에 많이 발생하고 남자에서 2~3배 더 많으며 고혈압이 대부분 선행된다. 증상은 갑작스런 지독한 통증이 가슴부위에서 시작하여 박리가 진행되는 쪽으로 이동하는데 이 통증은 심근경색증 발생시의 동통과 혼동되는데, 심근경색증은 보통 저혈압이 오는데 비해 해리성대동맥류에서는 혈압이 정상으로 유지되거나 높아진다. 적절히 치료가 되지 않으면 증상이 나타난 후 30%가 15분 이내에, 75%가 1주일 이내에 사망한다고 알려져 있으나, 최근 선진국에서 진단과 수술방법의 발달로 그 예후가 현저히 좋아졌다고 한다.

심기능부전

심기능부전(Cardiac failure)이라고도 한다. 정맥계를 거쳐서 심장에 되돌아오는 혈액을 심장이 충분히 구출할 수 없는 상태를 말한다. 일반적으로 만성 순환부전과 같은 뜻으로 해석되고 있지만, 심장쇠약이라고 말할 때도 있다. 장애 부위에 따라서 좌실부전과 우실부전으로 나눈다. 전자는 폐순환계의 울혈(혈관의 일부에 정맥성 혈액의 양이 증가되어 있는 상태. 정맥의 협착이나 폐색이 원인이 됨)에 의한 증세가 주가 되고, 후자는 체순환의 울혈에 의한 증세가 주가 되지만, 실제로는 양쪽 증세를 나타내는 경우가 많다. 원인으로서는 심장판막증 · 고혈압 · 심낭염 · 심근경색 · 갑상선기능항진증 · 폐경색 · 만성폐질환 · 동맥경화증 등이 있다. 증세는 자각적으로는 호흡곤란(초기에는 운동할 때만 그렇지만, 진행되면 안정한 때도 볼 수 있음) · 기좌호흡 · 해수 · 포말혈담 · 흉내고민 · 심계항진 · 야뇨증 등을 나타낸다.

부정맥

심장맥박의 리듬이 빨라졌다가 늦어졌다가 하는 불규칙적인 상태를 부정맥(Arrhythmia)이라고 한다. 심장은 규칙적으로 수축과 이완을 되풀이하는데, 맥박리듬이 흔들리는 것은 자극전도계의 자극생성이상과 자극전도이상에 의한 것으로서, 임상적으로는 양자가 서로 겹친 복잡한 것도 보인다. 부정맥의 증상으로 가장 많은 것은 기외수축(박동이 가끔 1회씩 건너뛰는 것)인데 보통은 기능성인 경우가 많고, 담배를 많이 피우거나 과로, 수면부족 등이 유인이 되어 일어나는 경우가 많다. 기질적 심장질환이 없는 경우는 염려하지 않아도 된다. 다음으로 많은 것이 심방세동으로서, 심장판막증이나 관상동맥경화증, 또는 바제도병 등이 원인이 되기도 한다. 그외에 발작성 빈박이나 심실세동, 애덤스-스토크스증후군 등도 있다.

급성심장사

급성심장사(Cardiac sudden death) 란 증상이 발생 후 1시간 이내에 에기지 않은 사망이 일어나는 경우를 말하는 것으로 그 원인은 거의가 한 개 또는 여러 개의 관상동맥의 심한 동맥경화증에 의한 허혈성 심질환 때문에 발생하는 것으로 알려져 있다. 그 밖의 원인으로는 대동맥판 협착, 부정맥, 전해질의 불균형 등이 있다. 급성심장사는 심장에 치명적인 부정맥이 발생함으로써 전도계의 반흔, 급성, 허혈성 손상 또는 전해질불균형 등에 의해 사망에 이르는 것으로 추측하고 있다.

3. 돌연사, 청장년급사증후군 등 사인미상

최근 30～50대 가장들의 과로로 인한 돌연사로 일반인들의 돌연사에 대한 관심이 증가되고 있으며 또한 IMF시대에 개인적인 그리고 사회적인 스트레스의 증가로 돌연사의 빈도가 증가하여 돌연사는 우리들과는 무관한 것이 아니라는 인식이 널리 퍼지고 있고 아울러 이에 대한 관심

또한 증가하고 있다.

돌연사

돌연사란 증상이 갑자기 발생하여 1시간 이내에 사망하는 경우로 정의하고 있다. 즉, 이전에 건강했지만 기존에 있던 증상이 갑자기 악화되어 1시간 이내에 사망에 이르게 되는 경우를 일컫는다. 돌연사는 뇌혈관계질환이나 간질환이 원인일 수도 있지만 대부분은 심장질환이 원인이 된다. 심장성 급사의 원인질환으로는 급성심근경색증, 협심증 등과 같은 허혈성심장질환, 고혈압, 악성부정맥질환, 확장성심근증 또는 비후성심근증과 같은 심근질환, 대동맥박리증과 같은 대동맥질환, 대동맥판막협착증과 같은 판막질환, 심낭압전과 같은 심낭질환 등 다양하나 이들 중 허혈성심질환, 확장성심근증, 비후성심근증이 대부분을 차지하며 특히 허혈성심장질환이 돌연사의 80%를 차지한다.

청장년급사증후군

청장년급사증후군이란 청장년이 사망할 만한 병력이 없이 돌연히 사망하는 것으로 철저한 사후검사를 시행하였으나 사인이 될 만한 외인이나 내인을 입증할 수 없는 죽음을 말하고, 우리 나라를 비롯한 동양인에게 많으며 사망양상은 10대 후반에서 40세 정도 사이의 청장년에서 주로 나타나며 남성에게 많고 계절적으로는 5월에서 7월 사이에 많이 발생하며, 거의 수면 중에 발생하고 시간별로는 오전 0시에서 6시 사이에 가장 많으나 낮잠을 잘 때도 흔히 볼 수 있고, 외견상 대체로 건강하고 체격의 발달이나 영양상태가 양호한 사람에게 많다고 하며 발병에서 사망까지의 과정은 극히 짧고, 유인으로서는 취침전의 과식, 수면부족, 과음, 성교, 꿈에 의한 자극 등을 들 수 있으며, 원인은 불명이나 악성부정맥, 관상동맥의 선천성 기형 등 특이체질, 내분비계의 평형 파괴, 알이엠(R.E.M)수면기에 있어서의 자율신경계 이상, 부교감신경계의 긴장, 급성심부전 등의 각종 가설이 제창되고 있고, 과로나 스트레스에 의하여도 극히 드물게는 자율신경계의 부조화로 악성 부정맥이 발생되어 급사할 수 있다는 설이 있다.

돌연사, 청장년급사증후군 등 사인미상 재해발생시 유의할 점

청장년급사증후군이나 돌연사라는 것은 사인이 명확히 밝혀지지 않았다는 것을 말한다. 근로자가 돌연 사망한 경우에는 부검 등의 방법으로 그 원인질환을 밝혀내는 것이 업무상 재해로 인정받는 데 유리하다. 왜냐하면 그 사망의 원인이 밝혀져야만이 사인과 업무와의 인과관계여부를 판단할 수 있기 때문이다. 그러나 많은 사건에서(유족들의 반대에 부딪혀서 혹은 어찌해야 할지를 잘 몰라서) 부검이 이루어지지 아니한 채 사망진단서 또는 사체검안서가 작성됨으로써 단지 추정 사인만이 나타나거나 아예 사인이 불명으로 되어 있는 경우도 보게 된다. 사인이 불명확한 경우에는 무엇보다도 부검을 하는 것이 업무상재해여부를 판정하는 데 유리하다. 물론 부검을 하더라도 사인이 명확히 밝혀지지 않고 청장년급사증후군 혹은 돌연사라는 결과로 나타날 수는 있지만, 부검을 하지 않아 사인을 알 수 있던 기회를 묻어버리는 것보다는 낫다.

---

4. 과로성 질병에 영향을 미치는 업무상 유해요인

과로와 스트레스

과로란 과중한 부하라는 광범위한 용어로 피로에서 회복하지 못하고 피로상태가 축적되거나 정신적인 과중 부하 및 스트레스를 포함하는 포괄적인 의미를 지니고 있다. 통상적으로 과로와 스트레스는 만병을 유발시키는 것으로 알려져 있다. 따라서 근로자가 과로로 인하여 신체 기능이 저하되고 질병에 대한 저항능력이 떨어져 질병이 발생하였다면 업무상 재해로 인정되고 적절한 치료와 보상을 받을 수 있다. 그러나 인간의 질병발생은 과로 외에도 여러 가지 요소들이 직접적 혹은 간접적으로 관여하고 있으며, 근로자의 과로 당시의 기초체력, 건강상태, 연령, 주변 환경, 과로기간, 식습관, 기존질환의 유무 등의 개인적 여건에 따라 과로에 의한 영향이 달라질 수 있다. 또한 질병의 발생은 과로 후 휴식의 유무에 따라서도 달라지기도 한다.

의학적으로 질병을 유발할 수 있는 과로의 정도를 개량적으로 측정할 수 있는 방법은 없고 특정한 근무량이나 근무시간이 모든 사람에게 동일한 질병을 유발하는 것이 아니므로 개별근로자 각각의 경우마다 질병발생경위를 면밀히 검토하여야 한다. 여러 사례들에서 나타난 공통적인 과로와 스트레스 요인들은 다음과 같다.

과로와 스트레스의 구체적인 예

① 업무의 양이 최근 급격히 증가하고 업무의 책임도 더 무거워졌다.

② 잔업까지 포함하면 10시간 이상 일을 하는 날이 대부분이다.

③ 저녁부터 늦은 밤까지 하는 일이 대부분이고 게다가 근무시간이 아주 불규칙하다.

④ 휴일에 제대로 쉰 적이 없고 일을 한다.

⑤ 출장이 잦고 집에 돌아와서도 편히 잠을 잘 수 있는 날은 고작 일주일에 한 두 번 있을 정도이다.

⑥ 업무상 인간관계가 매끄럽지 못한 편이다.

⑦ 회사의 경영상태가 그다지 좋지 않고 그 책임의 일부분은 자신에게도 있다. 또 최근 자신의 책임으로 업무상 큰 실수와 트러블을 일

으켰다.

⑧ 장시간의 노동은 몸의 리듬을 깨고 또 여러 가지 생리적 장해를 일으키기도 하며 각종병의 원인이 되기도 한다. 사람의 몸에는 생체리듬이 있고 그것은 인류가 탄생한 태초부터 있었던 것이다. 그리고 그것은 해가 뜸과 동시에 활동을 시작하고 해가 짐과 동시에 멈춘다는 의미이다. 불규칙적인 장시간근로, 교대근무, 야간근로 등은 인간의 생체리듬에 역행되는 근무형태라 하겠다.

⑨ 뇌혈관계질환이 압도적으로 겨울에 많이 발생하는 것을 보면 기온과도 관계가 있는 질환이다. 고혈압의 증세가 있음에도 옥외에서 일을 하다가 갑작스러운 기온저하로 뇌출혈을 일으킨 사례가 있다.

⑩ 자동차의 장시간 운전은 정신적 · 육체적 긴장을 동반한다. 운전은 심야에 장시간 일하는 것과 같은 양의 부담을 준다. 매일 부담이 큰 노동을 통상적으로 하는 사람에게 고혈압 등 기초 질병이 있다면 주의해야 한다.

⑪ 신체를 많이 이용하는 노동은 혈압을 금방 상승시킨다. 갑자기 무거운 물건을 들어올리는 일처럼 과다한 힘을 필요로 하는 일을 하고 난 후에 갑자기 쓰러진 경우가 있는데, 고혈압이나 동맥경화의 병을 가지고 있는 사람에게는 상당히 위험한 일이라고 할 수 있다.

⑫ 정신적 노동에서 오는 피로는 축척되기 쉽고, 또 휴식을 취한다 해도 그 회복속도가 육체노동에 비해 느리다고 알려져 있다.

⑬ 회사의 전근이나 전직명령을 받는 경우 근로자들은 반발하고 싶어도 해고나 좌천당하지나 않을까하고 걱정하며 회사의 방침을 따르는 경우가 많다. 노무관리가 철저한 기업에서는 전근처럼 다른 곳으로의 이동에 있어 본인의 의향이나 건강상태를 배려하리라고 생각되지만 현실적으로 대개가 그렇지 못하다. 가족과 떨어져 혼자서 지낸 외

로운 자취생활과 익숙지 않은 새로운 업무에 대한 긴장 등 전근은 사생활과 회사 양쪽 환경에 대한 크나큰 변화이므로 근로자들이 감내하기에 어려운 환경이다.

⑭ 근로자 공급업체나 제조업체 등에서 사용하는 경비업무 근로자는 12시간 단위로 1일 2교대 근무하도록 사용자와 근로계약을 체결하고 있으나, 실제로는 교대 경비원들끼리의 합의에 의하여 24시간 근무 후 24시간 휴무하는 격일 교대 근로의 형태를 채택하고 있다. 이러한 경비들은 주로 고령자(일반 직장에서 정년 퇴임한 55세 이상의 근로자)들로서 일반 근로자들에 비하여 신체건강이 허약한 상태인데다, 의학적으로도 '24시간 근무 – 24시간 휴무제'는 '주간활동 – 야간수면'이라는 정상적인 인간생활에서 현격히 벗어나는 생활이므로 이는 생체에 만성적인 과로를 유발하여 생리적 항상성에 파탄을 초래할 수 있다고 알려져 있다.

과로성질병의 업무상 재해 여부 판단시 실무적인 고려사항

1) 재해발생경위

① 발생장소와 작업환경, 기후 등 환경상태

② 발생직전의 작업내용, 동작, 계속시간

③ 발생당시의 두통, 현기증, 시간장애, 청각증상, 흉통, 호흡곤란 등 자각증상과 구토, 의식장애, 마비, 호흡장애, 안면색, 발한 등 타각증상의 발생시간과 계속시간

2) 의학적 자료

① 초진소견과 최종소견

② 사망시 사망진단서 또는 부검자료

③ 채용시 정기건강진단서

④ 의료보험 진료기록 등 과거병력자료

⑤ 평소의 건강상태와 증상

⑥ 고혈압, 동맥경화증, 뇌혈관의 기형, 고지혈증, 당뇨병 등 과거병력

3) 일상생활

① 결혼상태 등 가족관계

② 식습관, 생활습관, 생활환경

③ 숙식상태

④ 흡연, 음주 정도 등 기호

⑤ 근무상태

4) 직력·업무내용에 대한 자료

① 근무경력, 타직장경력

② 담당직책과 업무 및 작업방법, 출퇴근시간, 연장·야간근무시간,
교대제여부, 작업강도·밀도·책임 등 업무내용

③ 작업동작 및 휴게시간과 정신적인 책임도 등 구체적 내용

5) 재해발생 직전(1주일간)의 업무내용

① 업무의 정신적·육체적 난이도

② 업무상의 심리적 압박요인

③ 업무수행의 빈도

④ 내적 또는 외적 갈등요인

⑤ 철야작업, 과로, 중대책임에 관계되는 요인

⑥ 업무적 또는 업무외적으로 정신적·육체적 부하를 유발할 수 있는

사건

6) 재해발생 전 24시간의 구체적인 시간대별 동태

① 출근시간 후 재해발생시간까지 시간대별 내용

② 업무상 또는 업무 외적으로 만난 사람과 외출 이유 등

③ 흥분, 언쟁, 폭력, 접대 등 사건

5. 과로성 질병의 업무상 재해 여부에 따른 판정 사례

인적 사항	사인 및 상병명	기존 질환	판결 및 결정요지	업무상 여부	사건 번호
생산 설비 게이지 보수 담당자	불안 정성 협심증	고혈압 · 고지혈증 · 관상동맥협착증	설비보수업무를 담당하면서 발병전 2교대 근무 비율이 약간 증가하여 다소 과로의 소지는 보여지나, 발병전 휴무일이 많고, 업무내용 또한 입사이후 일상적으로 해온 업무이며, 발병 이틀 전에는 2일간 휴무를 하여 만성적인 과로상태에 있었다고 보기 어렵고, 발병전 회사에 구조조정 등이 없었을 뿐 아니라 신체에 현저한 생리적인 변화를 초래할 만한 돌발적인 상황이나 급격한 작업환경의 변화 등이 명확하게 확인되지 않고, 건강검진 결과 심혈관계질환의 기초질환인 고혈압, 고지혈증을 진단받은 사실이 있고, 상병발병 2개월 전부터 숨이 막히는 등의 증세가 시작되었으며, 한달간 고지혈증약을 처방받아 복용한 사실이 있는 점으로 볼 때 이들 요인이 복합적으로 작용하여 기왕증인 관상동맥협착증이 자연경과적으로 악화되어 협심증이 유발된 것으로 보아 업무상 재해로 볼 수 없다.	×	산심위 2004-350

인적 사항	사인 및 상병명	기존 질환	판결 및 결정요지	업무상 여부	사건 번호
인테 리어 회사 상무	뇌내 출혈, 우측편 마비	고 혈 압	회사 전반에 대한 관리업무, 인테리어공사 수주 업무, 공사현장 관리뿐 아니라 영업활동으로 인한 수금 업무 등도 직접 수행하고, 발병이전 도매 창고 이전으로 자금수요가 늘어나고 업무시간 · 양 · 강도 등이 증가한 것으로 확인되는 점, 상병 발병이전 공사대금 지불요구 및 현장근로자들의 인건비 지급요구 독촉 등으로 상당한 스트레스가 있었을 것으로 보여지며, 비록 뇌혈관계의 유발 요인인 고혈압이 있고, 약간의 음주력이 있다 하더라도 업무상 만성적으로 누적된 육체적 · 정신적인 과로가 인정되므로 업무상 재해로 보는 것이 타당하다.	○	산심위 2004- 1182
환경 미화원	뇌경막하 출혈	만성 알콜성 간장 질환	청소를 하다가 갑자기 손으로 머리 뒷부분을 만지면서 두통과 구토 증세를 호소하여 병원으로 후송되어 입원치료를 받다 사망. 뇌경막하 출혈은 외상에 의해 발생하는데 망인이 업무수행중 두부에 외상을 입은 사실이 발견되지 않았고, 평소 망인은 만성 알콜성 간장질환이 있었으며, 알콜 중독자에게 뇌경막하 출혈이 빈발한 점 등을 고려해 보면 상병 및 사망은 업무상 재해에 해당하지 않는다.	×	신심위 2004- 1182
형틀 목공	뇌내 혈종	×	망인은 형틀목공으로 일하던 중, 숙소에서 두통을 호소하며 병원으로 이송된 후 치료를 받다 사망. 망인이 형틀목공으로 근무하면서 불법체류자라는 불안정한 신분과 여름철 무더위로 인하여 정신적, 육체적 스트레스를 받았을 것으로 추측되나, 사망 무렵에 연장근무를 하였다거나 특별히 업무상 과로하였다고 보이지 않고, 작업 도중 두통을 호소하면 숙소로 돌아와 휴식을 취한 점, 8월에 비해 다소 기온이 내려가는 편이어서 작업 환경 등이 극히 열악했다고 보기 어려운 점에 비추어 보면 망인이 업무상 과로나 스트레스로 인하여 뇌내혈종이 유발되었거나 급격히 악화되어 상망에 이르렀다고 보기 어려우므로 업무상 재해에 해당하지 않는다.	×	서울 고법 2004. 4.2. 선고, 2003 누 10024

인적 사항	사인 및 상병명	기존 질환	판결 및 결정요지	업무상 여부	사건 번호
생산직 근로자	급성 심장사 (허혈성 심장 질환)	×	망인은 뇌·심혈관계질환으로 진료받은 사실이 확인되지 않고 위험인자인 흡연을 하지 않은 자였으며 부검소견상 육체적인 과로와 정신적인 부담 등으로 상병이 발생할 수 있다는 소견임. 따라서 비록 업무수행 중에 재해가 발생 한 것은 아니라 하더라도 재해직전 장시간 근로에 의한 만성적인 과로와 업무량의 증가 등의 원인으로 인해 당상병이 발병하여 사망한 것으로 판단되므로 업무상 재해이다.	○	산심위 2003-266
항타기 기사	뇌경색	고호 모시 스테 인혈증, 뇌경색	항타기 컨트롤패널의 조정작업 중 갑자기 쓰러져 재해를 당함. 뇌경색을 유발하는 고호모시스테인혈증의 기존질환 및 뇌경색으로 치료 병력을 지니고 있는 상태에서, 발병일 전 4일간은 연속으로 하루 10시간 이상의 작업을 하였을 뿐 아니라 보일러 고장으로 일주일 이상 영하의 추위 속에서 잠을 자는 환경 속에서 야간 작업까지 함으로써 다른 근로자에 비해 심한 피로와 스트레스를 받았을 것으로 보이므로, 비록 의학적·자연과학적으로 명백히 입증된 것은 아니나 갑작스러운 업무상 과로와 스트레스로 인하여 발병하였거나 적어도 원고의 기존 뇌경색의 증상이 자연 경과 이상으로 악화되어 유발된 것으로 보아 업무상 재해이다.	○	대법원 2004.12.10. 선고, 2004 두 1213
교사	뇌내 혈종	고혈압, 당뇨	휴가기간 중 등산을 하다 발병. 원고가 ○○고등학교에 찾아갔다가 위탁생을 추가로 받지 못한 채 소외학교로 돌아와 밤 늦게까지 신입생 모집에 관한 대책 회의를 마친 다음 날에 이 사건 상병이 발병한 점, 스트레스가 급성심근경색 원인의 하나로 추정되는 점, ○○산 등반이 육체적으로 과중하다고 보이지 아니하는 점 등에 비추어 보면 원고의 업무와 이 사건 상병 사이의 상당인과관계를 부정하기는 어려우므로 업무상 재해로 인정한다.	○	대법원 2004.7.14. 선고, 2005 두 4847

인적 사항	사인 및 상병명	기존 질환	판결 및 결정요지	업무상 여부	사건 번호
세무사 사무소 사무장	뇌내 출혈, 심장판막 질환, 심내막염	승모판 협착증, 호흡 부전, 자발성 소뇌 출혈	발병 직후 최초로 내원한 의료기관의 진료기록상 '진균성 동맥류'가 진단된 것이 확인되며, '감염성 심내막염'의 경우 주로 심장판막질환에 세균 감염에 의하여 그 합병증으로 발병되는 질환인 점을 종합하여 볼 때 청구인의 심장질환은 세균 감염 등으로 인하여 자연경과적으로 악화되어 발병된 것으로 보여지므로 업무상 재해에 해당하지 않는다.	×	산심위 2003- 1090
지게차 운전원	뇌지주 막하 출혈	고혈압	회사의 구조조정에 대한 불안감 및 업무상의 만성적인 과로와 스트레스에 의해 발병하였다고 주장하나, 퇴근 후 낚시터에서 발병하여 업무수행성이 없고, 업무내용상 상사로부터 특별한 간섭 없이 자율적으로 일해 왔고, 재해전 3개월간 만성적인 과로를 인정할 만한 사정은 없다. 다만, 회사의 경영악화에 의한 구조조정 등에 대하여 어느 정도 심리적인 부담은 있었을 것으로 보이나 1998년부터 법정관리가 시작되었으므로 이 또한 뇌혈관질환을 유발할 정도의 스트레스로는 보기 어렵다. 기존질환으로 고혈압 등이 있었으나 적절히 관리해온 사실을 확인할 수 없고, 신청 상병의 위험인자인 흡연을 계속해온 사실이 확인됨에 따라 자연경과적으로 발생한 상병으로 보아 업무상 재해에 해당한다 볼 수 없다.	×	산심위 2004- 973
전일제 근무 택시 운전 기사	급성 관상 동맥증 후군	당뇨, 고지 혈증	택시 운행중 갑자기 가슴에 심한 통증을 느끼고 응급 후송되었으나 사망. 급성관상동맥증후군은 과로나 스트레스에 의해 발병할 수 있는 질환으로 망인은 전일근무제 택시기사로 사납금을 일반 기사보다 더 많이 납부해야 하며 이로 인해 장시간 근무가 불가피했을 것이다. 기존증이 있다 하나 자연경과적 악화로 인해 사망을 초래하였다고 단정할 만큼 우려할 수준이 아니었던 것으로 보이므로 업무상 재해로 봄이 타당하다.	○	산심위 2004- 1241

인적 사항	사인 및 상병명	기존 질환	판결 및 결정요지	업무상 여부	사건 번호
청소원	뇌동 맥류 파열	고혈압	발병전 연장근로나 휴일근로를 한 사실이 없어 과로상태에 있었다고 볼 수 없고, 업무량이 현저히 증가하였다거나 작업환경이 급격하게 변화된 사실이 없으며, 업무와 관련하여 특별히 스트레스를 받은 사실도 없으며, 고혈압에 대하여 약물치료 등의 적극적인 치료행위를 하지 않아 뇌혈관의 변성이 진행된 상태에서 급격하게 혈관이 파열되면서 뇌출혈이 발병된 것으로 보이므로 업무상 재해에 해당된다 볼 수 없다.	×	산심위 2004- 973
아파트 경비원	뇌경색	고혈압	경비초소 내 의자에 앉은 채 의식불명인 상태로 발견하고 병원으로 후송하였으나 사망. 입사 전부터 고혈압의 소견이 있었으나 치료를 기피하는 등 적절히 관리한 사실이 확인되지 않을 뿐만 아니라 위험인자인 흡연 및 음주사실이 확인되고, 의학적으로도 피재자의 업무로 상병을 유발 또는 악화시킬 만한 과로 내지 스트레스가 없어 업무와의 인과관계를 인정하기 어려우므로 업무상 재해에 해당된다 볼 수 없다.	×	산심위 2004- 350

6. 과로성 질병을 산재로 신청하기 전에

뇌혈관질환, 심장질환 기타 과로성 질병에 대하여 산재보험의 요양신청이나 유족보상청구 등을 하기 전에 최초 신청(청구)시부터 신중을 기하는 것이 좋다. 근로복지공단이 발표하는 통계를 분석해보면 최초 신청단계에서 불승인(부지급)된 사안에 있어 심사청구사건의 7~8%, 재심사청구사건의 6~7%에 해당하는 사건만이 취소되었고, 행정소송의 경우 약 30%의 근로자 승소율을 나타내고 있다. 이러한 통계는 업무상 재해여부에 대한 공단지사에서의 최초 불승인(부지급)결정이 공단에의 심사청구나 노동부 산재심사위원회에의 재심사청구단계에서 번

복(취소)률이 낮고, 행정소송에서의 취소율이 비교적 높다는 점을 알 수 있다. 행정심판의 성격을 갖는 심사 · 재심사청구제도가 행정청의 내부규정이나 시행규칙에 얽매여 형식적인 심사에 그치는 반면에 행정법원의 경우 업무상재해여부의 판단에 있어서 시행규칙상의 세부적인 인정기준에 구애됨이 없이 산재보험법 제4조 제1호(업무상재해의 정의)에 의거 비교적 폭넓게 인정하고 있다는 것을 시사한다. 여하간 재해를 입은 근로자가 최초 결정기관에서 업무상재해로 인정받지 못하면 재해근로자와 가족은 엄청난 경제적 비용을 부담해야만 한다는 것은 분명한 사실이고, 이의신청을 통해 산재로 인정받을 수 있는 가능성도 그다지 높지 않다는 것을 알 수 있다. 따라서 재해근로자나 가족들로서는 무엇보다도 최초신청(청구)시에 업무상 재해로 인정을 받도록 적극적인 입증활동을 하는 것이 필요하다 하겠다.

실무적으로 볼 때, 뇌혈관질환 · 심장질환, 돌연사 · 사인미상 등 과로성 질병의 경우에는 업무상 과로와 스트레스의 입증이 무엇보다도 중요하며, 더구나 최초 신청(청구)시 공단에서 조사한 내용은 행정소송에 까지 영향을 미치게 되므로 최초 질병발생시점부터 산재보험에 정통한 공인노무사 · 변호사 등 전문가의 도움을 받는 것이 유리하다.

제5장

진폐증

1_ 진폐증

의의

진폐증이란 눈에 보이지 않을 정도로 작은 크기의 먼지가 숨을 쉴 때에 코, 기관지를 통해 폐로 들어가 쌓이게 되어 정상적인 폐가 굳어지고 제 역할을 하지 못하게 되는 병을 말한다. 굳은살처럼 굳은 것이 양파와 같이 겹겹이 쌓여 둥글게 된 것을 결절이라고 하는데 이 결절이 좁쌀크기로 시작했다가 쌀알, 콩알 만해지기도 하며 1cm보다 더 커진 결절은 분진작업을 떠나도 계속 커질 수 있다. 이 결절은 흉부X-선 사진에 흰 그림자(음영)로 나타나는데 보통 대음영은 1cm보다 큰 결절, 소음영은 1cm보다 작은 결절을 말한다.

진폐의 합병증

진폐는 그 자체를 낫게 하는 치료법이 없으므로 진폐증만 있고 증상이 없을 때는 치료할 필요가 없고, 일상적인 건강관리와 작업환경관리를 통하여 더 이상 악화되는 것을 막아야 한다. 그러나 진폐증에 이환되어 다음과 같은 합병증이 있을 때는 합병증의 치료를 위하여 입원 또는 통원, 재가 요양을 실시하여야 한다.

1) 활동성 폐결핵

결핵균이 폐에 침범하여 발생하는 병으로 진폐가 있을 때 보통 사람보다 결핵에 잘 감염되며 가장 흔한 진폐의 합병증이다. 폐결핵의 구분은 과거에 감염된 후 현재 치유되어 흔적이 남아 있을 뿐 활동중이지 않는 비활동성 폐결핵(tbi)과 현재 활동중인 결핵을 활동성 결핵(tba)으로 구분하고 비활동성 결핵은 치료가 필요없으나 활동성 결핵은 치료를 요한다.

2) 흉막염

결핵균에 의하여 폐를 싸고 있는 흉막에 염증을 일으키면 흉강에 체액이 고이는 병으로 진폐가 있는 사람에서 종종 나타난다. 폐를 싸고 있는 흉막은 2겹으로 늑골부위를 싸는 외측 또는 벽측 흉막과 폐 자체를 싸고 있는 폐 또는 내측 흉막으로 구분되며, 벽측과 폐흉막 사이를 흉강이라 한다. 정상적으로 흉강은 매우 작은 공간이나 흉막염이 발생하면 체액이 흉막을 투과하여 흉강 안에 고이게 된다.

3) 기흉

진폐가 있을 때 결핵이나 염증 등으로 폐에 공기주머니(폐기종)가 발생하고, 공기주머니가 터져서 흉강에 공기가 차는 병이다. 결핵이나 폐섬유화증이 발생하면 작은 기관지들이 파괴되어 공기주머니(폐기종)를 형성하고 점점 폐조직이 파괴되어 큰 공기주머니를 형성하고 이들이 터지는 경우 또는 자연적으로도 발생할 수 있다. 공기주머니가 터지면서 흉막강으로 공기가 새어 나가 흉강에 공기가 차게 된다. 증상은 호흡곤란과 급작스런 흉통이 주로 발생하며 급히 치료를 요하는 경우가 많다.

4) 기관지염

진폐가 있을 때 결핵이나 폐섬유화증 등이 동반되면 이차적으로 기관지에 감염이 반복되면서 염증이 생기는 병을 말한다. 다양한 균에 의하여 발생할 수 있으며 열을 동반한 감기증세와 비슷하다. 증상은 주로 기침과 가래가 발생하며 감기증상이 오래가고 심한 경우에는 호흡곤란이 발생할 수 있다.

5) 기관지 확장증

진폐가 있을 때 기관지가 염증 등에 의하여 확장된 병을 말한다. 폐의 일부분에서 발생하는 경우가 많고 점점 확대되며, 확장된 기관지는 탄력성을 잃어 공기가 지속적으로 머물고 있어 균에 의한 감염이 잘 발생한다. 증상은 가래와 기침을 하고 감기와 비슷한 증상이 발생한다.

6) 폐기종

진폐가 있을 때 염증 등으로 작은 기관지들이 파괴되면서 점차적으로 주위의 폐조직이 파괴되어 큰 공기 주머니가 형성되기도 하고 작은 기관지가 좁아져 공기는 들어가나 잘 나오지 못할 때 염증 등이 발생하여 폐조직이 파괴되면서 폐 안에 공기가 차게 되는 병을 말한다. 진폐의 초기에는 폐의 여러 군데에 작은 폐기종이 발생하며, 심하여지면 큰 폐기종이 발생한다. 증상은 초기에 호흡곤란이 주로 발생하여, 경미한 기침과 약간의 가래가 있고 심한 경우 호흡곤란이 발생한다.

7) 폐성심

진폐가 있을 때 폐조직이 망가지면서 폐의 혈관도 망가지게 되고 폐 섬유화 등으로 혈관이 막히거나 좁아지게 되어 폐로 혈액의 공급을 증가시키기 위하여 정상보다 크게 되는 상태를 말한다. 증상은 호흡곤란과 빠르게 호흡을 하게 되면 폐성심 자체로 발생하는 증상보다 진폐의 증상과 동반하는 경우가 많다.

※ 2003년 7월 1일부터는 미코박테리아 간염도 합병증으로 인정한다.

8) 폐암

진폐병형이 1형 이상이고, 광업에 종사한 경력이 있는 근로자에게 발생한 '원발성 폐암'은 진폐증의 합병증으로 인정된다. 광업 등 갱내에 비산하는 분진에 결정형 유리규산이 포함되어 있는 경우 그 결정형 유리규산이 폐암의 원인이 될 수 있는 것으로 밝혀져 1999년 10월부터 폐암을 진폐 합병증으로 인정하였다.

진폐증 처리절차

■ 진폐보호법과 산재보험법 적용대상자 구분

1) 산재보험법 적용대상자

① 제조업, 건설업, 요업, 조선업 등 진폐보호법 적용광업에 속하지 않는 업종에 종사한 퇴식자 노는 재직자로서 분진작업 경력이 인정되는 자

② 진폐보호법 적용광업에 속하는 업종에 종사하였으나, 1985년 3월 31일 이전 이직자로서 과거에 장해보상을 받은 사실이 없는 자

③ 진폐보호법 적용광업에 속하는 업종에 종사하는 재직자 또는 이직자이나, 분직경력이 1년 미만이거나 직접적인 분진작업 직종이 아닌 직종에 종사한 자

④ 진폐보호법 적용대상자라 하더라도 응급소견이 있는 경우는 근로복지공단에 요양신청서를 제출하여 산재보험법 적용을 받을 수 있다.

2) 진폐보호법 적용대상자

① 진폐보호법 적용광업에 종사하는 재직자 또는 1985년 4월 1일 이후 이직한 자로서 분진작업 직종에 1년 이상 종사한 경력이 인정되는 자

② 진폐보호법 적용광업에 종사한 근로자로서 1985년 3월 31일 이전 이직하였더라도 진폐증으로 산재보험법에 의한 장해보상을 받은 사실이 있는 자

진폐보호법 8개 적용 광업(진폐보호법 시행령 제3조 별표)
석탄광업, 철광업, 텅그스텐광업, 금 · 은광업, 연 · 아연광업, 규석을 채굴하는 광업(요업 및 내화광물), 흑연광업, 활석광업

분진작업 직종에 종사한 근로자의 직종 예시(진폐보호법 시행규칙 제3조)
상하차공, 선산부, 후산부, 굴진부 등(권양공, 기계수리공, 감독 등은 산재보험법 적용대상이 됨)

■ 산재보험법 적용대상자의 신청 및 처리절차

우선 진폐증이 의심되는 근로자는 최종분진사업장 관할 공단 지역본부 및 지사에 요양신청서 1부, 진단서(또는 소견서) 2부, X-선 필름, 분진작업직력확인서를 준비하여 제출한다. 근로자가 신청을 한 경우 공단은 진폐정밀의료기관에 해당 근로자가 정밀진단대상이 되는지 여부를 의뢰한다. 진폐정밀의료기관은 근로자의 소견서와 X-선 필름을 검토하여 정밀진단 필요성에 대한 회신을 공단에 한다. 의료기관의 판정에 따라 정밀진단이 필요하다고 하면 해당 공단지사는 근로자에게 정밀진단 일정을 통보하고 근로자는 일정에 따라 정밀진단을 받게 된다. 관할 공단지사는 정밀진단 실시자에 대한 판정을 공단본부 진폐심사협의회에 요청하고 이 요청에 따라 진폐심사협의회는 의료기관에서 송부한 정밀진단실시결과와 X-선필름으로 진폐증여부를 심사한다. 진폐심사협의회는 심사결과를 관할지사에 송부하고 그 결과에 따라 관할공단

은 근로자에게 해당사항을 통보한다. 단, 응급소견에 의하여 정밀진단
을 의뢰한 근로자의 경우는 진폐정밀의료기관에 정밀진단필요성여부
의 판정을 의뢰하는 절차를 생략할 수 있다.

■ **진폐보호법 적용대상자의 신청 및 처리절차**
① 진폐증이 의심되는 근로자는 관할노동사무소에 이직자건강진단신
청을 한다.
② 건강진단신청을 받은 노동사무소는 진폐정밀의료기관에 정밀진단
대상여부를 의뢰하고 판정결과 정밀진단이 필요하다고 하면 근로자
는 진단일정에 따라 의료기관에서 정밀진단을 실시한다.
③ 관할노동사무소는 노동부 본부에 정밀진단 실시자에 대하여 판정
을 요청하고 노동부는 정밀진단 실시결과에 따라 진폐승 여부를 심
사한다.
④ 노동부는 진폐관리구분판정 및 심사결과를 근로복지공단 공단본
부에 송부하고 공단본부는 근로자관할 공단지사에 진폐관리구분판
정표를 송부하여 이를 근로자에게 통보하게 한다.

■ **진폐증으로 인정된 경우의 보험급여**
1) 요양급여
   진폐심사협의회나 노동부 본부 진폐심사의의 판정결과에 따라 진폐
병형 및 심폐기능장해와 합병증 유무 등을 종합하여 다음의 경우에는
요양대상자로 결정되어 요양을 받을 수 있다.

① 진폐병형이 1형 이상인 자가 진폐증의 합병증 또는 속발증이 있어
의학적으로 요양이 필요하다고 인정되는 자. 다만, 폐기종에 합병된

경우에는 심폐기능이 경도장해(F1) 이상이어야 한다.

② 진폐 의증인 자로서 활동성 폐결핵(tba)이 합병되어 요양이 필요하다고 인정되는 자

③ 진폐증으로 진단된 자로서 고도의 심폐기능장해(F3)가 있어 요양이 필요하다고 인정되는 자

④ 진폐증의 병형이 제4형이고 대음영의 크기가 1측폐야에 2분의 1을 넘어 병발증 감염의 예방 기타 조치가 필요하다고 인정되는 자

2) 장해급여

위의 요양급여대상자가 아닌 자로서 다음의 경우에는 장해급여 대상자로 결정되어 장해보상청구서를 제출하여 장해급여를 받을 수 있다.

① 3급 : 환기기능이 45% 이상 제한되고, 심폐기능의 장해정도가 50% 이상인 자 중 진폐증병형이 1형 이상으로 판정된 자

② 5급 : 환기기능이 30% 이상 제한되고, 심폐기능의 장해정도가 40% 이상인 자 중 진폐증병형이 4형으로 판정된 자

③ 7급 : 환기기능이 30% 이상 제한되고, 심폐기능의 장해정도가 40% 이상인 자 중 진폐증병형이 1, 2, 3형으로 판정된 자

④ 9급 : 환기기능이 20% 이상 제한되고, 심폐기능의 장해정도가 20% 이상인 자 중 진폐증병형이 3, 4형으로 판정된 자

⑤ 11급 : 환기기능이 20% 이상 제한되고, 심폐기능의 장해정도가 20% 이상인 자 중 진폐증병형이 1, 2형으로 판정된 자 또는 심폐기능장해가 없는 자로서 진폐증병형이 2형 이상으로 판정된 자

⑥ 13급 : 심폐기능 장해가 없는 자(F0)로서 진폐증의 병형이 1형으로 판정된 자(2003.7.1.이후 시행)

328 제5장 · 진폐증

장해급여대상 사례

진폐심사협의회의 심의결과가 2/1, q/t, tbi, F1인 경우 장해등급은?
진폐병형이 2형(2/1)이고 심폐기능이 경도장해(F1)이며, q/t는 소음영을 크기와
모양으로 구분한 진폐병형 소견이고 tbi(비활동성폐결핵)는 요양대상합병증에 해
당되지 않는 항목으로서 장해등급 및 요양결정에 영향을 미치지 않으므로 장해7
급으로 결정하여야 한다.

---

3) 유족급여

진폐증으로 인해 사망에 이른 경우에 해당 근로자의 유족은 유족급
여신청을 할 수 있는데 이에 공단은 사망진단서, 의학적 소견, 분진경
력, 과거정밀진단기록(진폐병형, 합병증, 심폐기능 등), 요양기간, 요양당
시 및 사망직전의 상병상태등을 기초자료로 하여 인과관계 여부를 판
단한다. 이러한 자료를 토대로 진폐증이 사망과 상당인과관계가 있다
고 판단될 경우에 유족급여를 받을 수 있다. 다만, '진폐가 사망에 일부
영향(또는 미미한 영향)을 끼쳤다'는 정도의 소견은 상당인과관계가 성
립된다고 보기 어렵다.

■ 진폐증의 평균임금 산정방법

진폐증 환자에게 적용되는 평균임금 산정방법은 일반 근로자의 평균
임금산정과는 차이가 있다. 산정방법이 산재보험법 시행령 제26조에
규정되어 있으나 실무에서는 산정에 상당한 어려움을 겪고 있다. 따라
서 다음에서는 여러 가지 경우로 나누어 진폐근로자의 평균임금산정방
법을 알아본다.

1) 2000년 7월 1일 이전 진폐증이 발병한 경우

근로자 '갑'이 1999년 5월 5일에 진폐증으로 확인을 받았을 경우

'갑' 의 평균임금산정은 1999년 5월의 전전분기인 1998년 10, 11, 12월의 매월노동통계조사보고서상의 임금총액을 총일수로 나누어 산정한 금액을 평균임금으로 본다. 즉, 1998년 10, 11, 12월의 매월노동통계조사보고서상 임금이 총 300만 원이고 그에 해당하는 총일수가 92일이라고 한다면 '갑' 의 평균임금은 32,608.70원이 된다.

2) 2000년 7월 1일 이후 진폐증이 발병(이미 퇴직)되고 사업장이 가동되고 있는 경우

근로자 '갑' 이 2000년 8월 1일에 진폐증으로 확인을 받았을 경우 '갑' 의 평균임금산정은 2000년 8월의 전전분기인 2000년 1, 2, 3월 중 3월 31일부터 이전 1년간의 매월노동통계조사보고서상의 임금총액을 그 기간의 일수로 나눈 금액을 평균임금으로 본다. 즉, 2000년 3월31일부터 과거 1년간 매월노동통계보고서상의 임금총액이 2400만 원이고 총일수가 365일이라고 한다면 60,759.49원이 평균임금이 되는 것이다.

3) 2000년 7월 1일 이후에 진폐증이 발병(이미 퇴직)되고 사업장이 휴·폐업한 경우

근로자 '갑' 이 2000년 8월 1일에 진폐증으로 확인되고 사업장이 1995년 4월에 폐업을 하였을 경우 '갑' 의 평균임금산정은 폐업한 1995년 4월의 전전분기인 1994년 10, 11, 12월 중 12월 31일부터 이전 1년간의 매월노동통계보고서상의 임금총액을 그 기간의 일수로 나눈 금액을 2000년 8월 1일까지 증감한 금액을 근로자 '갑' 의 평균임금으로 본다. 즉, 1994년 12월 31일부터 과거 1년간 매월노동통계보고서상의 임금총액이 1200만 원이고 총일수가 365일이라고 한다면 30,379.75원이 되고 이 금액을 2000년 8월까지 증감한 금액을 근로자 '갑' 의 평균임금으로 본다.

평균임금 산정시 주의할 점

진폐나 그 밖의 직업병에 대한 평균임금을 산정할 시 기준이 되는 발병일은 초진소견서나 진단서 발급일이 아니라 보험급여 대상이 된다고 확인될 당시의 초진소견서 또는 진단서 발급일이 된다. 예를 들면 근로자 '갑'이 2000년 8월 1일에 진폐로 판정을 받았을 경우에 판정을 위해 진단서나 소견서를 병원에서 발급받아 제출하였을 것인데 평균임금산정기준이 되는 발병일은 이때 발급받은 소견서나 진단서의 발급일자가 되는 것이다.

제6장

이의신청

산재보험의 보험급여에 대한 결정은 행정청의 법률행위로서 그 처분을 받은 자 등의 권리와 이익에 영향을 미치게 된다. 결정에 대한 위법 부당에 대하여 권리구제절차를 마련하고 있고 정부조직구조나 방법 등에 따라 크게 행정기관의 내부에 의한 행정구제절차는 심사 및 재심사의 2심 구조에 의하고, 법원의 소송절차에 의한 사법구제는 행정법원, 고등법원, 대법원의 3심제형태로 운영된다.

1_ 심사청구

1. 심사청구 의의

근로자는 공단 소속기관(지역본부, 지사)에서 결정한 산재보상(보험급여)에 관하여 불복하는 경우 이의를 제기할 수 있으며, 이의제기 방법으로는 심사청구제도와 심사청구에 대한 불복의 방법인 재심사청구제도가 있다.

비교적 단기간 내에 저렴한 비용으로 불복청구를 할 수 있다는 점에서 심사청구 재심사청구제도를 이용하여 이의신청을 하고 이를 통해서도 공단의 부지급이나 불승인처분을 취소하지 못한 경우 행정소송을 제기하는 것이 일반적인 이의신청 방법이다.

2. 심사청구 제기

공단 각 소속기관에서 행한 산재보험법상의 보험급여에 관한 결정에 불복이 있는 자는 심사청구를 제기할 수 있다. 보험급여에 관한 결정에 관하여는 행정심판법에 의한 행정심판을 제기할 수 없다. 즉 심사청구제도는 행정심판의 성격을 가지며, 행정심판법의 특별법의 지위에 있기 때문이다. 심사청구는 보험급여에 관한 결정이 있음을 안 날부터 90일 이내에 하여야 한다. 따라서 심사청구는 보험급여에 대한 통지서 등

을 받은 날의 다음날부터 90일 이내에 공단에 접수되어야 한다(문서 도
달주의). 다만 만료일이 공휴일에 해당될 때에는 그 익일에 만료된다.
심사청구는 산재근로자 또는 그 유족이 할 수 있으며, 공인노무사 · 변
호사 등을 대리인으로 선임할 수도 있다. 한편 심사청구의 제기는 시효
중단에 관하여 민법 제168조의 규정에 의한 재판상의 청구로 본다.

3. 심사청구 대상

심사청구는 요양급여(간병료, 이송료 등 포함), 휴업급여, 장해급여, 간
병급여, 유족급여 및 장의비, 상병보상연금 등 공단의 보험급여와 관련
된 모든 행정처분을 대상으로 하여 세기할 수 있다. 심사청구는 각종 보
험급여에 대한 부지급 및 불승인의 경우뿐만 아니라 지급 및 승인의경
우라 하더라도 적법 타당하지 아니하여 불복하는 경우에도 할 수 있다.
심사청구 사항을 구체적으로 열거하면 다음과 같다.

- 요양신청에 대한 불승인(또는 승인의 경우 불복시)
- 요양연기신청에 대한 불승인(또는 승인의 경우 불복시)
- 추가상병신청에 대한 불승인(또는 승인의 경우 불복시)
- 요양비청구에 대한 부지급(또는 지급의 경우 불복시)
- 휴업급여의 청구에 대한 부지급(또는 지급의 경우 불복시)
- 장해급여(연금, 일시금, 연금차액 일시금)의 청구에 대한 부지급(또는 지
급의 경우 불복시)
- 간병급여의 청구에 대한 부지급(또는 지급의 경우 불복시)
- 유족급여(연금, 일시금, 연금차액 일시금)의 청구에 대한 부지급(또는 지
급의 경우 불복시)

- 상병보상연금의 청구에 대한 부지급(또는 지급의 경우 불복시)
- 장의비의 청구에 대한 부지급(또는 지급의 경우 불복시)
- 특별급여(장해, 유족)의 청구에 대한 부지급(또는 지급의 경우 불복시)
- 미지급보험급여의 청구에 대한 부지급(또는 지급의 경우 불복시)
- 평균임금의 증감에 대한 불복시

4. 심사청구 기관

관할 지사에 접수된 심사청구서는 처분청의 의견과 함께 공단본부로 전달되고 청구내용의 심사는 근로복지공단 본부 이사장 직속으로 있는 산재심사실에서 심리와 결정이 이뤄진다. 심사장은 공단의 2~3급 직원으로서 이사장으로부터 산재심사실 근무를 명받은 단독심사기구이다.

5. 심사청구 방식

심사청구는 당해 보험급여에 관한 결정을 행한 공단의 소속기관을 거쳐 공단 본부에 제기하여야 한다. 심사청구인은 심사청구서를 소속기관에 제출함으로써 심사청구를 제기한 것이 되며, 다시 공단 본부로 제출하여야 하는 것은 아니다.

산재근로자가 심사청구를 하는 경우

심사청구는 다음 각 호의 사항을 기재한 문서(별첨 심사청구서 참조)로 하여야 한다.

- 심사청구인의 이름 및 주소
- 심사청구의 대상이 되는 보험급여의 결정내용
- 보험급여에 관한 결정이 있음을 안 날
- 심사청구의 취지 및 이유
- 심사청구에 관한 고지의 유무 및 고지의 내용

그런데 심사청구에 있어서 가장 중요한 사항으로 법률적, 의학적으로 결정내용이 위법 · 부당함을 주장하고 이에 대하여 입증하는 자료를 첨부하는 것으로서 가능하면 공인노무사등 전문가와 상담이나 조력을 통해서 작성하는 것이 필요하다.

심사청구인이 산재근로자가 아닌 경우

심사청구인이 재해를 당한 근로자가 아닌 경우에는 심사청구서에 상기 (1)의 사항 외에 다음 사항을 기재하여야 한다.

- 재해를 당한 근로자의 이름
- 재해를 당한 근로자의 재해당시 사업장의 명칭 및 소재지

심사청구가 선정대표자 또는 대리인에 의하여 제기되는 것인 때에는 선정대표자 또는 대리인의 이름과 주소를 심사청구서에 추가로 기재하여야 한다.

심사청구서에는 청구인 또는 대리인이 기명 · 날인하여야 한다.

6. 심사청구 심리 및 결정

심사청구서를 받은 공단의 소속기관은 심사청구서를 검토하고 의견 서를 첨부하여 5일 이내에 공단본부의 산재심사실에 송부하고 그 내용 을 청구인에게 통보하여야 한다. 심사청구서는 청구인이 반려를 요구하 는 경우 외에는 공단의 소속기관이 임의로 반려하여서는 아니된다. 공 단 본부의 산재심사실에서는 원처분 지사로부터 심사청구서를 송부받 으면 우선 원처분의견서를 심사청구인에게 송부하여야 하며, 청구인으 로 하여금 보충서면을 제출할 수 있도록 필요한 기간을 알려주게 된다.

공단은 심사청구의 심리를 위하여 필요한 경우에는 청구인의 신청 또는 직권에 의하여 다음 각호의 행위를 할 수 있으며, 질문이나 검사 를 행하는 공단의 소속직원은 그 권한을 표시하는 증표를 관계인에게 내보여야 한다.

① 청구인 또는 관계인을 지정장소에 출석하게 하여 질문하거나 의견 을 진술하게 하는 것
② 청구인 또는 관계인에게 증거가 될 수 있는 문서 기타 물건을 제출 하게 하는 것
③ 전문적인 지식이나 경험을 가진 제3자로 하여금 감정하게 하는 것
④ 소속직원으로 하여금 사건에 관계가 있는 사업장 기타 장소에 출 입하여 사업주, 근로자 기타 관계인에게 질문하게 하거나, 문서 기타 물건을 검사하게 하는 것
⑤ 심사청구와 관계가 있는 근로자에 대하여 공단이 지정하는 의사, 치과의사 또는 한의사의 진단을 받게 하는 것

공단은 심사청구서를 송부받은 날로부터 50일 이내에 심사청구에 대한 결정을 하여야 한다. 다만, 부득이한 사유로 인하여 그 기간 내에 결정을 할 수 없을 때에는 1차에 한하여 10일을 넘지 아니하는 범위 내에서 그 기간을 연장할 수 있다. 공단은 심사청구에 대한 결정을 한 때에는 심사청구인에게 심사결정서의 정본을 송부하여야 한다. 공단이 보험급여에 관한 결정을 하거나 심사청구에 대한 결정을 하는 경우에는 그 상대방 또는 심사청구인에게 그 보험급여에 관한 결정 또는 심사청구에 대한 결정에 관하여 심사청구 또는 재심사청구를 제기할 수 있는지의 여부, 제기하는 경우의 절차 및 청구기간을 알려야 한다.

7. 심사결정의 효력

심사청구에 대한 결정은 그 결정서의 등본이 심사청구인 및 원처분을 행한 공단의 소속기관에 도달됨으로써 효력이 발생된다. 심사청구에 대한 결정은 피청구인인 원처분기관을 기속한다. 원처분기관장은 원처분취소 결정이 있는 경우 청구인의 새로운 신청 또는 청구가 없어도 즉시 심사결정의 취지에 따라 변경처분을 하여야 하고, 그 처분결과를 청구인에게 통지하여야 한다.

2_ 재심사청구

1. 재심사청구 제기 및 방식

재심사청구라 함은 심사청구에 대한 결정에 불복이 있는 경우 그에 대하여 다시 재심사를 청구하는 것이다. 심사청구에 대한 결정에 불복이 있는 자는 산재보험심사위원회(이하 심사위원회라 한다)에 재심사청구를 제기할 수 있다. 재심사의 청구는 당해 사건에 관한 심사청구에 대하여 결정을 행한 공단의 소속기관을 거쳐서 하여야 하며, 재심사의 상대방은 보험급여에 관하여 원처분을 행한 공단의 소속기관이 된다.

재심사청구는 다음 각 호의 사항을 기재한 문서(별첨 재심사청구서 참조)로 하여야 한다.

- 재심사청구인의 이름 및 주소
- 재심사청구의 대상이 되는 보험급여의 결정 내용
- 심사청구에 대한 결정이 있음을 안 날
- 재심사청구의 취지 및 이유
- 재심사청구에 관한 고지유무 및 그 내용
- 재심사청구의 연월일

재심사청구인이 재해를 당한 근로자가 아닌 경우에는 산재근로자와 대리인 등에 관한 사항을 기재하여야 하며, 청구인 또는 대리인이 기명날인하여야 한다. 재심사청구는 심사청구에 대한 결정이 있음을 안 날부터 90일 이내에 제기하여야 한다. 재심사청구의 제기는 시효중단에 관하여 민법 제168조의 규정에 의한 재판상의 청구로 본다. 재심사청구를 받은 공단의 소속기관은 5일 이내에 의견서를 첨부하여 이를 심사위원회에 송부하여야 한다.

2. 재심사 기관

재심사청구에 대한 심리 재결은 산재보험심사위원회(이하 산재심사위원회)에서 맡는다. 산재심사위원회는 산재보험급여에 관한 재심사청구 사건을 심리 재결할 수 있는 준사법적 권한을 가진 독립행정위원회로서 의결기관의 성격을 깆는다. 심사위원회는 직제상 노동부내에 소속되어 있으나 위원회의 위원은 대통령에 의해 임명되고 임기와 신분이 보장되어 있고 심리결과에 따라 재결한 내용을 독자적으로 의결할 수 있는 권한을 가짐으로써 업무상으로는 독립적 준사법적 상설기관이다.

3. 재심사청구 심리 및 재결

법 제89조의 규정은 재심사청구에 대한 심리재결에 관하여 이를 준용한다. 따라서 심사위원회는 재심사청구서를 송부받은 날로부터 50일 이내에 재심사청구에 대한 재결을 하고, 재심사청구의 심리를 위하여 필요한 경우에는 청구인의 신청 또는 직권에 의하여 질문, 감정 등을 할 수 있다. 심사위원회는 재심사청구를 수리한 때에는 그 청구에 대한 심리기일 및 장소를 정하여 적어도 심리기일 5일전까지 당사자 및 공단에 각각 문서로 통지하여야 한다.

심사위원회의 심리는 공개하여야 하며, 당사자의 쌍방 또는 일방의 신청이 있는 때에는 그러하지 아니할 수 있으나 그 신청은 취지 및 이유를 기재한 문서로 하여야 한다.

4. 재결의 효력

재심사청구에 대한 재결은 그 재결서의 등본이 재심사청구인 및 공단에 도달함으로 효력이 발생된다. 심사위원회의 재결은 공단을 기속한다. 원처분기관장은 원처분 취소 결정이 있는 경우 청구인의 새로운 신청 또는 청구가 없어도 즉시 재결의 취지에 따라 변경처분을 하여야 하고, 그 처분 결과를 청구인에게 통지하여야 한다. 재심사청구에 대한 재결은 행정소송법 제18조를 적용함에 있어 이를 행정심판에 대한 재결로 본다. 따라서 재심사청구에 대한 재결을 받고 불복하는 경우에는 재결서의 정본을 송달받은 날로부터 90일 이내에 행정소송을 제기할 수 있다.

3_ 행정소송

공단 각 소속기관에서 행한 산재보험법상의 보험급여에 관한 결정에 불복이 있는 자는 상기 서술한 심사청구와 재심사청구를 거치지 않고 바로 행정소송을 제기할 수 있다. 또한 심사청구 및 재심사청구를 제기하여 불복이 있는 자도 행정소송을 제기할 수 있다. 보험급여에 관한 행정소송의 제소인은 보험급여에 관한 수급권자가 되므로 산재근로자 및 유족이 공단과 소송 당사자가 된다. 행정소송법이 원처분주의를 택하기 때문에 심사청구 또는 재심사청구를 거쳐 행정소송을 제기하는 경우에도 행정소송의 대상은 원칙적으로 결정이나 재결이 아니라 원처분이나, 결정 또는 재결 자체에 고유한 위법이 있는 경우에 한하여 결정 또는 재결에 대한 행정소송을 제기할 수 있다. 보험급여의 처분에 대한 행정소송의 제소는 처분이 있음을 안 날로부터 90일, 심사청구 및 재심사청구를 제기한 경우로서 그 재결을 받은 경우에는 그 통지를 받은 날로부터 90일 이내에 제기하여야 한다. 관할에 있어서는 피고의 소재지를 관할하고 있는 행정법원이 1심 법원이 되나 행정법원이 없는 경우에는 민사법원 본원 합의부에서 행정법원을 대신한다. 한편 심급에 있어서는 3심제가 적용되어 1심은 행정법원 2심은 고등법원 3심은 대법원에서 행한다.

제7장

산재보상과
다른 배상·보상과의 관계

1_ 민사상 손해배상과의 관계

1. 산재보상과 민사상 손해배상과의 차이

민법상 손해배상제도가 타인의 위법행위에 의하여 권리를 침해당한 자의 손해를 배상시키는 제도인 반면에, 산재보험법의 보험급여제도는 근로자가 업무상 부상·질병·사망 또는 신체에 장해가 남아 있을 때에 피재근로자 등 수급권자에게 일정금액의 급여를 지급하는 사회보장제도의 일종이기 때문에 민법의 손해배상제도와 산재보험법상의 보험급여제도는 피재근로자에게 손해를 전보하는 점에 있어서는 동일한 점도 있으나, 본질이나 요건 및 효과에 있어서는 많은 차이가 있다.

성립요건의 차이

손해배상제도는 가해자에게 고의 또는 과실이 있는 것이 요건이지만, 보험급여는 사용자의 과실은 그 요건이 아니며 업무상의 재해가 요건이 된다.

구제내용의 차이

손해배상제도는 피해자가 산정한 실손해액을 전보받을 수 있으나, 보험급여제도는 미리 법에 의하여 정해진 보상액에 의한다.

구제절차의 차이

손해배상제도는 가해자의 임의 이행이 없을 때에는 민사소송절차에 의한 재판으로서 확정되나, 보험급여제도는 업무상 재해가 인정되면 국가가 급여의 의무를 지며 보험급여에 이의가 있을 때에는 산업재해 보상보험법에 의하여 심사청구 및 재심사청구 또는 행정소송법에 의거 소송을 제기할 수 있다.

2. 산재보상과 민사상 손해배상과의 조정

산업재해가 발생한 경우 어떤 방법으로 보상을 받을 것인가는 피재근로자의 선택적 사항이다. 즉 근로기준법의 재해보상을 청구할 것인가, 산재보험법상의 보험급여를 청구할 것인가, 더 나아가 민사상 손해배상을 청구할 것인가는 당사자의 의사에 달려 있다. 그러나 어느 쪽을 선택하든 이중으로 배상받는 것은 금지되어 있고, 산재보험에 의하여 보험급여를 받았거나 받을 수 있는 경우에는 보험가입자(사업주)는 동일한 사유에 대하여 근로기준법에 의한 모든 재해보상책임이 면제된다. 따라서 산재보험 적용사업장에서는 산재보상과 민사상 손해배상과의 조정이 문제될 뿐이다. 민법상 손해배상책임은 재산적 손해에 정신적 손해도 포함되므로 사용자의 고의 또는 과실의 정도에 따라서는 산재보험법상 보상액보다 많을 수 있다. 산재보상에서의 보상의 범위는 원칙적으로 노동능력의 손실의 전보에 한정되기 때문에 정신적 손해에 대한 위자료는 지급하지 않으며, 중복되는 부분에 대해서만 조정을 한다.

산재보상을 받은 경우

수급권자가 동일한 사유에 대하여 산재보험법에 의한 보험급여를 받은 경우에는 보험가입자(사업주)는 그 금액의 한도안에서 민법 기타 법령에 의한 손해배상의 책임이 면제된다. 이 경우 장해보상연금 또는 유족보상연금을 받고 있는 자는 장해보상일시금 또는 유족보상일시금을 받은 것으로 한다. '기타 법령'에 속하는 것으로 자동차손해배상보험법 등이 있다. 수급권자가 장해특별급여나 유족특별급여를 받게 되면 동일한 사유에 대하여 보험가입자에게 민법상의 손해배상 청구를 할 수 없다. 장해특별급여나 유족특별급여는 민법에 의한 손해배상청구에 갈음한 손해보상이기 때문에 민사상 손해배상과 산재보상과의 중복을 피하고 합리적인 조정을 도모하는 것이다.

민법 기타 법령에 의한 금품을 받은 경우

수급권자가 동일한 사유로 민법 기타 법령에 의하여 산재보험법의 보험급여에 상당한 금품을 받은 때에는 대통령령이 정하는 방법에 따라 환산한 금액의 한도안에서 산재보상을 하지 아니한다. '그 받은 금품을 대통령령이 정하는 방법에 따라 환산한 금액'이라 함은 그 받은 금품을 손해배상액 산정 당시의 평균임금으로 나눈 일수에 해당하는 보험급여의 금액을 말한다. 다만, 그 받은 금품이 요양인 경우에는 그 요양금액으로 환산한 금액으로 한다. 실제 수급권자가 사업주 또는 가해자로부터 손해배상액을 전액 수령한 후에 보험급여를 청구한 경우의 손해배상과 보험급여와의 조정은 다음과 같다.

① 손해배상액의 일수가 보험급여의 일수보다 큰 경우에는 보험급여는 더 지급할 사유가 발생하지 않는다.

② 보험급여의 일수가 손해배상액의 일수를 초과하는 경우에는 그 초과일수에 평균임금을 곱하여 지급한다.

3. 산재보험법상 특별급여 제도

장해특별급여

장해특별급여는 보험가입자 즉 사업주의 고의 또는 과실로 발생한 업무상 재해로 인하여 근로자가 대통령령이 정하는 장해등급(장해등급 1급~3급)에 해당하는 경우에 지급될 수 있다. 장해특별급여를 받기 위해서는 수급권자가 민법에 의한 손해배상청구에 갈음하여 장해특별급여를 청구해야 하고, 근로사와 보험가입자 즉 사업주 간에 장해특별급여에 대한 합의가 이뤄져야 한다. 장해특별급여는 산재보험법상 장해급여 외에 지급되며, 동일한 사유에 대해서 보험가입자에게 민법상 손해배상 청구를 할 수 없다. 또한 공단은 장해특별급여를 지급한 때에는 그 급여액 전액을 보험가입자로부터 징수한다.

장해특별급여의 지급액은 평균임금의 30일분에 별표 5의 규정에 의한 신체장해등급별 노동력상실률과 별표 7의 규정에 의한 취업가능기간에 대응하는 계수를 곱하여 산정한 금액에서 법42조의 규정에 의한 장해보상일시금을 공제한 금액을 말한다.

유족특별급여

보험가입자 즉 사업주의 고의 과실로 발생한 업무상 재해로 인하여 근로자가 사망한 경우 수급권자가 민법에 의한 손해배상 청구에 갈음하여 유족특별급여를 청구할 때는 산재보험법상 유족급여 이외에 유족특별급여를 지급할 수 있다. 유족특별급여는 근로자와 보험가입자 사이에 합의가 이뤄진 경우에 한하며, 유족특별급여가 지급된 경우 수급권자는 동일한 사유에 대하여 민법 기타 법령에 의한 손해배상을 청구할 수 없다. 공단은 제1항 규정에 의하여 장해특별급여를 지급한 때에는 대통령령이 정하는 바에 의하여 그 급여액 전액을 보험가입자로부터 징수한다.

유족특별급여 지급액은 평균임금의 30일분에서 사망자 본인의 생활비(평균임금의 30일분에 별표 6의 규정에 의한 생활비 비율을 곱하여 산정한 금액)를 공제한 후 별표 7의 규정에 의한 취업가능기간에 대응하는 계수를 곱하여 산정한 금액에서 유족보상일시금을 공제한 금액을 말한다.

2_ 자동차보험과의 관계

　근로자가 자동차사고 때문에 업무상 재해를 당한 경우에, 산재보험법에 대하여 보험급여를 청구할 수 있는 동시에 자동차보험에 대하여도 손해배상액의 청구가 가능하다. 이 경우에 자동차보험 등의 손해배상액의 지불과 산재보험법의 보험급여는 모두 피해자에 대한 손해 전보를 목적으로 하므로 조정의 필요성이 제기된다. 자동차손해배상보장법 제28조는 다른 법률에 의한 배상등과의 조정을 명시하고 있다. 즉, 피해자가 국가배상법 · 산재보험법 그 밖의 대통령령이 정하는 법률에 의하여 제26조의 규정에 의한 손해에 대하여 배상 또는 보상을 받는 경우에는 정부는 그가 배상 또는 보상받는 금액의 범위 안에서 동조의 규정에 의한 보상책임을 면한다. 또한 피해자가 자동차손해배상보장법 제3조의 규정에 의한 손해배상책임이 있는 자로부터 제26조의 규정에 의한 손해에 대하여 배상을 받은 때에는 정부는 그가 배상받는 금액의 범위 안에서 동조의 규정에 의한 보상책임을 면한다고 되어 있다. 그러므로 수급권자가 자동차보험에서 손해배상을 받은 경우에는 그 한도 안에서 산재보험급여는 지급하지 않으며, 반대로 산재보험급여를 먼저 행하는 경우에는 지급액의 한도 안에서 가해자인 제3자에 대하여 구상을 하게 된다. 이 경우 어느 편의 청구권을 먼저 행사하느냐 하는 것은 전적으로 피해자 자신의 의사에 의하는 것이고 별다른 차이는 없다. 다만 업무용자동차보험 보통약관은 배상책임의무가 있는 피보험자의 피용자로서 산재보험법에 의한 재해보상을 받을 수 있는 사람과 피보험자가 피보험자동차를 사용자의 업무에 사용하는 경우 그 사용자의 업무에 종사중인 다른 피용자로서 산재보험법에 의한 재해보상을 받을 수 있는 사람에 대해서는 보상을 하지 아니한다. 자동차보험과 산재보험에서 조정대상이 되는 것은 동일한 사유인 치료비와 일실이익에 한하며, 고통에 대한 금액인 정신적·육체적 위자료의 성격을 가지는 것은 조정의 대상이 되지 않는다.

3_   국민연금법과의 관계

국민연금은 국민의 노령, 폐질, 사망에 대하여 노령연금, 장애연금, 유족연금을 지급한다. 따라서 산재보험법상의 장해급여, 유족급여와 병합 조정의 문제가 있게 된다.

국민연금법 제93조는 연금의 병급조정에 관하여 장애연금 또는 유족연금의 수급권자가 이 법에 의한 장애연금 또는 유족연금의 지급사유와 동일한 사유로 산재보험법상 장해급여 또는 유족급여를 지급받을 수 있는 경우에는 국민연금법 제59조의 규정에 의한 장애연금액 또는 동법 제64조의 규정에 의한 유족연금액은 그 2분의 1에 해당하는 액을 지급한다.

4_ 국민건강보험법과의 관계

국민건강보험은 국민의 질병, 부상에 대한 예방, 진단, 치료, 재활과 출산, 사망 및 건강증진에 대하여 보험급여를 실시한다.

국민건강보험법 제48조 제1항은 급여제한에 관하여 '공단은 보험급여를 받을 수 있는 자가 업무상 질병, 부상, 재해로 인하여 다른 법에 의한 보험급여나 보상 또는 배상을 받게 되는 때 보험급여를 하지 아니한다'고 하여 업무상 재해에 대하여 산재보험법에 의한 보상을 우선으로 하고 있다. 그리고 산재보험 요양급여의 범위 및 요양에 소요된 비용의 산정기준은 건강보험요양급여의 기준에 관한 규칙과 보건복지부장관이 고시하는 요양급여 비용내역에 의한다. 따라서 산재보험 요양비산정기준은 건강보험 요양비산정기준의 변경에 연동된다. 한편 요양급여의 범위 및 요양에 소요된 비용 중 동 기준에서 정한 사항이 근로자의 보호를 위하여 적당하지 아니하다고 인정되거나, 동 기준에서 정하고 있지 아니한 사항에 대하여는 노동부장관이 법 제6조의 규정에 의한 산재보험심의위원회의 심의를 거쳐 고시하는 요양비산정기준에 의한다. 치과보철, 자기공명영상촬영, 기본진료료의 가산, 입원료의 체감, 다양한 보철구의 지급, 각종 신청서의 발급수수료 지급 등 산재보험 요양급여는 건강보험보다 범위가 넓다.

5_ 민간 사보험과의 관계

　산재근로자가 별도로 가입한 생명보험, 손해보험, 화재보험, 공제조합법에 의한 유족연금, 실업보험금 등의 급여는 이미 불입한 보험료에 대한 대가의 성질을 가지며, 이익이 보험계약이라는 별도의 원인에서 기인한다는 점에서 산재보험법에 의한 보상과 중복, 조정의 문제는 없으며 따라서 이를 공제하는 것은 타당치 않다.

6_ 기타 복지제도

1. 산재장해자에 대한 복지제도

직업재활 상담제

직업재활 상담제는 산재환자에 대한 전문적 의료·심리상담과 산재장해자의 개인별 특성에 부합되는 직업재활계획의 계획·실천으로 적절한 직업훈련 연계, 고용지원, 사후관리 등 일관된 직업재활서비스 제공 및 산재장해자 직업복귀의 효과적 지원을 도모하는 것이다. 직업재활 상담대상은 취업 및 창업 등 사회복귀를 희망하는 모든 산재근로자이다. 산재장해자의 재활체계는 대체적으로 재해발생 → 의료재활 → 심리재활 → 직업재활 → 사회재활의 과정으로 이루어진다. 직업재활 상담원은 이러한 각 단계의 재활체계를 효과적으로 연계시키는 역할을 수행한다. 즉 상담에서는 각종 보험급여의 청구요령 안내, 요양중의 애로청취 등은 물론 적극적인 의료재활의 안내와 직업재활 및 사회복귀 지원활동을 하게 된다.

재활훈련원의 직업훈련

재활훈련원은 산재장해자에 대한 잔존노동력을 개발하고 자활능력을 제고하여 조기 사회복귀 및 정착을 지원하기 위하여 직업훈련을 실시한다.

현재 재활훈련 시설은 다음과 같다.

훈련원	수용인원 (기숙사)	훈련과정	주요시설
안산	100명(100명)	의상(세탁), 전자출판, 사진, 금속공예, 광고디자인	훈련장, 생활관, 상담실, 휴게실, 독서실, 목욕실, 운동실, 면회실, 식당 등
광주	광주 100명 (50명)	의상(세탁), 광고디자인, 산업설비, 정보통신	

훈련원에 입교할 수 있는 자는 스스로 일상생활이 가능한 50세 미만의 산재장해인으로 하며, 2005년 1월 1일 부터는 외국인 산재근로자도 포함된다. 중증장해자의 경우 가족단위 자활 자립을 위해 훈련을 희망할 때에는 산재장해자 부양가족 1인을 정원 미달 범위내에서 입교시킬 수 있다. 단, 부양가족의 경우 통학을 원칙으로 한다. 훈련생의 훈련기간은 1년으로 한다. 다만, 원장은 장해상태 등을 고려하여 기능취득에 필요하다고 인정되는 경우와 질병 및 요양 등 특별한 사유가 인정되는 경우에는 6개월 범위내에서 훈련기간을 연장할 수 있다. 훈련원은 훈련생의 기능습득과 생활안정을 도모하기 위하여 다음 사항을 지원한다.

• 매월 노동부장관이 고시한 최저임금 월 환산액의 70%의 훈련 수당을 제공한다.
• 훈련생의 실습에 필요한 재료와 훈련복 및 숙식시설을 제공한다.
• 훈련생의 건강증진을 위하여 입교시 신체검사와 정기건강진단을 무료로 실시한다. 다만, 훈련생의 질병에 대하여 산재의료원 산하 병원에서 진료할 경우에는 진료비를 일부 감면할 수 있다.
• 훈련생의 정서생활을 돕기 위하여 운동, 오락, 교양 등 후생복지시설을 설치 제공한다.
• 훈련생의 급식은 현물로 제공한다.
• 국가기술자격 취득을 위한 응시수수료는 전액을 지원한다.

산재근로자 직업훈련비용 지원

재활훈련원의 직업훈련은 재활훈련원이 전국적으로 소재하지 못하는 지역적인 한계와 훈련공간의 부족 등 산재근로자의 직업훈련에 미흡하다. 따라서 이를 보완하고 산재장해자에게 다양한 직업훈련의 기회를 제공하기 위해 일반 사설훈련기관에서 직업훈련을 받은 경우 그 비용을 지원한다. 60세 미만의 산재근로자로서 직업훈련을 받고자 하는 자는 직업훈련 직종과 직업훈련기관을 선정하여 직업훈련신청서를 공단에 제출하여야 한다. 공단이 지원하는 훈련비용은 직업훈련에 소요되는 수강료, 실험실습비, 기타 정기적으로 납부하는 비용으로서 1인당 총 130만 원 이내의 훈련비용을 훈련기관에 직접 지원한다. 또한 훈련생에게는 생계보조비, 교통비 보조를 목적으로 훈련개시일로부터 1개월단위로 소정의 훈련수당을 지급한다.

산재근로자 및 자녀 장학사업

산재근로자의 가계부담을 줄이고 교육기회를 확대하기 위해 산재근로자 본인 및 자녀에게 장학금을 지원한다. 장학생의 선발 대상은 장학생선발 신청서 접수일 현재 산업재해로 인정받은 근로자 중 산재사망근로자 배우자 및 자녀, 상병보상연금 수급권자, 신체장해등급 제1~7급 해당자 및 그 자녀로서 교육부장관이 학력을 인정하는 고등학교에 입학예정인자, 또는 근로자직업훈련촉진법 제2조에 의한 공공직업전문학교에 입소하여 훈련중인 자이다. 우선순위는 산업재해근로자 본인, 사망근로자 자녀, 장해ㆍ폐질등급이 상위등급 근로자 자녀, 배우자 순위이다. 장학금을 받고자 하는 자는 당해연도 장학사업계획에 의하여 장학생 선발신청서를 공단에 제출하여야 한다(1월중). 장학금의 지급기간은 선발된 시점부터 고등학교 졸업 및 공공직업전문학교 수료

때까지로 하며, 지급범위는 고등학교의 경우 입학금, 수업료, 학교운영 지원비(육성회비) 등 매년 정례적 등록금 전액이며, 공공직업훈련생의 경우 본인부담비(기숙사비, 식비) 전액을 지원한다.

대학생 학자금 대부

산재근로자 및 자녀에 대한 학자금을 전액 부담하는 장학사업과는 달리 대학교의 학자금은 대부제도로서 운영하고 있다. 산재근로자 및 그 자녀가 지식정보화사회에 조기 적응할 수 있도록 전문교육기회를 확대하고 생활안정을 도모하기 위해 대학학자금을 무보증으로 대부하고 있다. 대학생 학자금의 대부를 위한 선발대상은 대부신청서 접수일 현재 산재사망근로자 배우자 및 자녀, 상병보상연금 수급자 본인, 배우자 및 자녀 또는 장해등급 제1~9급 해당자, 배우자 및 그 자녀로서 대학 및 전문대학에 재학중인 학생이며, 산재근로자 1세대당 2자녀를 한도로 대부한다. 대부금액은 실학자금 전액 범위내에서 하며, 대부조건은 대부일로부터 졸업 다음연도 2.28일까지(연 1%) 거치후 4년간(연 3%) 균등 분할 상환한다.

생활정착금 대부사업

산업재해로 생활에 어려움을 겪고 있는 산재근로자들의 생활안정을 위해 저리로 사업자금, 생업자금 등을 대부하는 사업이다. 산재근로자의 생활정착금을 대부하는 대상은 생활정착금대부 신청서 접수일 현재 산재사망근로자의 유족, 상병보상연금 수급자, 신체장해등급 제1~9급 해당자, 재활훈련과정 이수자 또는 이수예정자로서 재활훈련원장의 추천을 받은 자로 한다. 대부금액은 5000만 원 이내이며, 대부조건은 연리 3%이며, 5년거치 5년 균등 분할 상환한다.

자립점포의 임대지원사업

자영업 운영에 필요한 기능훈련을 마친 재활훈련원 수료생을 대상으로 자영희망지역의 점포를 임대 지원함으로써 재활훈련의 실효성을 높이고 산재근로자에 대한 확고한 자립기반 서비스를 제공하기 위한 사업이다. 선발대상은 재활훈련원 수료 및 직업훈련비용 지원사업의 직업재활훈련을 수립한 자로서 훈련과정과 관련된 업종의 창업을 희망하는 자, 자격기본법 또는 국가기술자격법에 의한 자격증을 취득한 자와 진폐근로자이다. 점포임대비는 1인당 7000만 원(특별시 및 광역시 1억원 이내) 이내이며, 단 월세 80만 원 이내의 월세가 포함된 경우 지원자 부담으로 지원이 가능하며, 연리 2%이다. 지원기간은 임대차계약기간 1년 또는 2년 단위로 최장 5년까지 연장 가능하다.

산재근로자 재활스포츠 지원

산재근로자의 잔존 노동력 회복을 통한 직업적응능력 향상을 지원하기 위하여 재활스포츠 지원사업을 운영하고 있다. 지원대상은 최초의 산재요양(재요양 제외) 종결일부터 6월이 경과하지 아니한 60세 미만자로서 아래의 장해 중 하나 이상의 장해가 남은 산재근로자이다.

- 팔 또는 다리의 3대 관절 중 1개 관절 이상의 기능장해
- 척추의 변형, 기능 또는 신경장해
- 팔, 다리의 근성 또는 신경장해(뇌 또는 척수손상으로 팔다리 장해가 초래된 경우 포함)로서 제12급 이상의 장해

지원내용은 수영, 아쿠아로빅, 헬스, 탁구, 에어로빅, 패키지(Package) 중 1개 종목에 대하여 스포츠시설 이용료 및 수강료를 월 10만 원 범위 내에서 3개월간 지원한다.

산재근로자 가족의 문화복지사업

산업재해로 인하여 정신적 · 물질적으로 피해를 입은 산재근로자 자녀들의 건강한 성장을 지원함으로써 산재로 말미암은 가족해체를 방지하고, 지역사회 및 나라발전에 이바지할 수 있는 건전한 시민을 양성하려는 사업으로서 '캠프 젊은 우리들', '산재근로자 한마음행사' 등이 운영되고 있다.

캠프 젊은 우리들 행사는 다음과 같다.

구분	여름캠프	겨울캠프
참가 대상	산재장학생 150명(1회 참가원칙)	산재장학생 150명(1회 참가원칙)
행사 시기	여름방학기간(7~8월)	겨울방학기간(12~2월)
행사 내용	선배장학생과의 만남, 레크리에이션, 촛불의식, 수상레포츠 등	선배장학생과의 만남, 레크리에이션, 캠프파이어, 스키 등

산재근로자의 고용촉진

산업재해로 인하여 장해가 있는 산재근로자에 대하여 사업주가 고용을 기피하고 있는 실정이므로 취업이 어려운 산재장해근로자의 취업지원 및 직업안정성 제고를 위하여 산재장해근로자를 일정 기간 동안 고용한 사업주에 대한 지원금제도를 도입하고 있다.

지원 대상	• 재해근로자를 요양종료일로부터 1년 이상 고용을 유지하거나 요양종료일로부터 1년 이내에 새로이 고용하여 1년 이상 고용을 유지한 사업주
지원 금액	• 장해등급(1급~9급)에따라 임금의 일부를 지원(별도 고시)
지원 제외 대상	• 장애인고용촉진및직업재활법에 의하여 장애인을 고용하여야 하는 의무가 있는 경우(300인 이상) • 다른 법령에 의하여 동일 근로자에 대하여 지원금 등을 받는 경우 • 지원금을 지급받을 목적으로 다른 재해근로자 또는 장애인을 이직시킨 경우 ※ 산재보험료 체납, 임금체불한 사업주에 대하여 지급 거부 가능

2. 일반장애자에 대한 복지제도

산업재해로 인하여 장해가 남은 근로자들도 장애인으로서 보건복지
부장관이 정한 기준에 따라서 일반장애자에 대한 사회복지서비스 및
재활 지원 등의 다양한 혜택을 받을 수 있다.

장애인 등록

장애인 등록대상은 다음의 분류에 해당하는 사람으로서 소정의 장애
인 등급기준에 부합되는 정도의 장애가 있는 사람이다.

대분류	중분류	소분류	세분류
신체적 장애	외부 신체 기능의 장애	지체장애	절단, 관절장애, 지체기능장애, 변형등의 장애(1~6급)
		뇌병변장애	중추신경의 손상으로 인한 복합적인 장애(1~6급)
		시각장애	시력장애, 시야결손장애(1~6급)
		청각장애	청력장애, 평형기능장애(2~6급)
		언어장애	언어장애, 음성장애(3~4급)
	내부 기관의 장애	신장장애	투석치료 중이거나 신장을 이식받은 경우(2급, 5급)
		심장장애	일상생활이 현저히 제한되는 심장기능 이상(1~3급), 심장이식 수술받은 사람(5급)
정신적 장애	정신지체		지능지수가 70 이하인 경우(1~3급)
	정신장애		정신분열증, 분열정동장애, 양극성 정동장애, 반복성 우울장애(1~3급)
	발달장애(자폐증)		소아자폐 등 자폐성장애(1~3급)

장애인으로 등록하고자 하는 사람은 장애인복지법시행규칙 별지 제1
호 서식에 의하여 주소지 관할 읍 · 면 · 동장을 거쳐 시장 · 군수 또는
구청장에게 신청하여야 한다. 장애인등록 신청은 본인이 하여야 한다.
다만, 18세미만의 아동 및 본인이 의사표시를 할 수 없는 장애인은 보호
자가 신청을 대행할 수 있다.

중증장애인이 전화로 등록신청을 하는 경우에는 읍·면·동의 공무원이 장애인을 방문하여 신청서를 작성한다. 시장, 군수 또는 구청장은 장애진단결과에 의거 산정인의 장애정도가 장애인복지법상의 장애인 기준에 해당하는 것으로 확인되었을 때에는 장애인등록증을 읍·면·동을 경유하여 해당 장애인에게 교부한다.

장애인 생활안정 지원

장애인의 생활안정을 위해 장애수당 지급, 자녀교육비 지원, 의료비 지원, 자립자금 대여, 주택지원 등을 시행하고 있다.

■ 장애수당 지급

장애수당은 국민기초생활보장법상의 생계급여 수급자로서 장애 등급이 1·2급인 자 또는 3급 정신지체·발달장애인으로서 다른 장애가 중복된 자에게 분기별로 지급한다. 단 시설 입소 장애인에게는 장애수당을 지급하지 않는다.

■ 자녀교육비 지원

자녀교육비 지원은 초생계비 차상위계층(소득인정액)인 가구의 1~3급 장애인인 중·고등학생 또는 1~3급 장애인 자녀의 중·고등학생의 입학금과 수업료 전액을 분기별로 지급한다. 다만 국민기초생활보장법, 모자복지법, 중학교의무교육실시에 관한 규정, 특수교육진흥법, 국가유공자예우에 관한 법률, 농어촌 발전종합대책 등에 의하여 국고에서 교육비를 지원받는 자는 중복지원이 불가하다.

■ 의료비 지원

의료비 지원은 장애인 중 의료급여법에 의한 2종 보호대상자인 장애인에게 진료비 중 본인 부담금을 지급한다. 장애인 보장구 중 다음 품목의 구입비(품목별 지원 상한액이 있음)에서 20%는 장애인진료비에서 지급하며, 80%는 의료보호기금에서 지원한다. 의료보호법에 의한 1종 보호대상자인 장애인에게는 전액을 의료보험기금에서 지원한다.

등록 장애인 중 의료보험 가입자에 대해서는 보장구 구입비 중 80%를 지원한다.

분류	유형
지체 장애인용	상하지 의지, 보조기, 지팡이, 목발, 휠체어
시각 장애인용	돋보기, 저시력 보조안경, 망원경, 의안, 콘택트렌즈, 흰지팡이
청각 장애인용	보청기
언어 장애인용	체외용 전기후두

■ 자립자금 대여 등

자립자금 대여는 장애인이 가구주 또는 배우자가 장애인인 가구주로서 저소득층인 경우에 생업자금, 취업에 필요한 지도 · 기술훈련비, 기능회복 훈련에 필요한 고가의 재활가구 및 사무보조기기 구입비 등을 대여해 준다. 또한 입주자 모집 공고일 현재 무주택세대주인 장애인(정신지체인 경우 무주택 세대주인 배우자 포함)으로서 과거에 국민주택 등에 해당하는 공동주택을 당첨받은 자는 재당첨 금지기간이 경과한 자에게 청약저축에 상관없이 전용면적 85제곱미터 이하의 공공분양 및 공공임대주택 특별 분양을 알선한다. 장애등급이 1 · 2급인 장애인으로서 국민기초생활보장 수급자이며, 장애인 전세주택 입주자 선정당시 월세주택 거주의 가구주 중 지원대상자를 선정하여 전세주택을 무료 제공한다.

장애인 시설 이용

■ 장애인 생활시설 입소

장애인 생활시설에 입소할 수 있는 자는 국민기초생활보장 수급자 또는 입양아동 소재지 복지실시기관에서 시설 관할 복지시설기관에 입소 의뢰한 입양기관의 보호아동이다. 생활시설별 입소대상 장애인은 다음 표와 같다.

대상시설	시설별 대상장애인(장애등급)
• 생활유형별 생활시설	
지체장애인및 뇌병변장애인을 위한 시설	• 지체, 뇌병변장애인(중복장애 포함)
시각장애인을 위한 시설	• 시각장애인(중복장애 포함)
청각 · 언어장애인을 위한 시설	• 청각 · 언어장애인(중복장애 포함)
정신지체인 발달장애인을 위한 시설	• 정신지체인(중복장애인 포함)
• 중증장애인 요양시설	• 1급 중증장애인
• 장애인 영유아 생활시설	• 6세 미만의 장애영유아

복지실시기관에서는 입소대상 자격기준에 합당한 자를 필요시 직권으로 입소 가능 시설장에 '입소의뢰서'를 통지하여 입소시킬 수 있다. 또한 입소대상에 적합한 장애인이나 보호자가 해당시설에 수용가능 여부를 미리 확인한 후 가능할 때 거주지 동사무소에 신청하여 입소할 수 있다. 그리고 입소대상자가 아닌 장애인으로서 입소를 희망하는 경우에는 장애인 또는 보호자가 해당시설장에게 신청하며, 이 경우에는 실비를 징수한다.

■ 장애인 주간 단기 보호시설 이용

장애인 주간 단기 보호시설을 이용할 수 있는 자는 다른 사람의 도움 없이는 일상생활을 영위할 수 없는 장애인을 주간 또는 단기간 보호하고자 하는 자, 정신지체나 지체 1·2급 장애인으로서 신변처리표시 가능자 등이다. 이용방법은 장애인의 보호자 등이 해당시설에 문의 상담하여 이용가능 여부를 확인하여 승낙을 받은 후 이용할 수 있다. 국민기초생활보장 수급자는 무료이며, 그 외의 자는 실비를 징수한다.

■ 장애인 공동생활가정 이용

장애인 공동생활가정에 입주할 수 있는 자는 다음과 같다.

- 재가 및 시설 장애인으로서 집이나 시설에서 생활하는 것보다 공동가정에서 생활하는 것이 유리하다고 인정되는 자
- 낮시간동안 근로, 고용훈련, 교육 및 재활훈련 등에 참여하고 있으며 이를 통해 일정한 소득이 있는 자
- 사회재활교사의 도움을 받아 공동생활을 하는 데 큰 지장이 없는 자
- 재가 장애인으로서 저소득층에 속한 자
- 기타 운영자가 필요하다고 인정한 자

상기의 입주 대상자 중 입주를 원하는 본인 부모 또는 보호자가 운영법인에 신청하여 운영자가 결정하되, 생활시설장 사회재활교사의 의견, 가족구성, 경제력, 주거실태, 장애정도, 효과성 등을 고려하여 심사, 결정한다.

■ 장애인 의료재활시설 이용

장애인 의료재활시설은 장애인에 대하여 우선적으로 진료를 하여야 하며, 진료상 여유있는 경우에는 농어촌 등 지역의 일반인 진료를 할 수 있다. 진료 내용은 장애의 진단 및 재활치료, 의료재활 상담, 기타 장애인 심리검사 및 평가, 재활보조기구의 제작 및 수리, 재활교육, 장

애인 등록을 위한 진단 등이다. 입원 진료기간은 6개월을 초과할 수 없
다. 다만, 의료시설의 장이 연장진료가 필요하다고 인정하여 구청장의
승인을 받은 경우에는 연장이 가능하다. 의료보호대상 장애인은 진료
비 전액을 무료로 하며, 의료보험 장애인은 의료보험 수가를 기준으로
의료보험 진료비 청구절차에 의거 징수한다.

이용을 원하는 자는 다음과 같은 방법으로 신청하여 이용할 수 있다.

- 의료보호대상 장애인은 복지카드 사본, 의료보호증 또는 구청장의 무료진
료 추천서를 제시하고 의료기관에 신청하여 진료
- 의료보험 장애인은 복지카드 사본, 의료보호증을 제시하고 의료기관에 신
청하여 진료
- 타시도 거주 장애인은 거주지 관할 시 · 군 · 구청장의 '장애인 무료진료 요
청서'를 의료기관에 제출하고 진료

■ 장애인 복지관 이용

등록 장애인은 전국 어디에서나 장애인 복지카드를 제시하여 장애인
복지관을 이용할 수 있으며, 전화를 통한 상담서비스를 받을 수 있다.

장애인 복지관에서 운영하는 사업은 주로 다음과 같다.

- 의료재활서비스 사업 : 물리치료, 작업치료, 언어치료, 청능훈련, 재활보조
기구 처방 및 사용자 착용훈련 등
- 교육재활 사업 : 영유아 아동 조기교육훈련, 통합교육, 부모교육, 학습지도,
장애인 기초재활교육 등
- 직업재활 사업 : 직업상담, 직업평가, 직업훈련(직능개발훈련, 직업전훈련, 사
회적응훈련), 보호작업장 운영, 취업알선 등
- 기타 : 사회심지재활 사업, 재가 장애인 복지봉사센터, 스포츠 및 여가활동
사업정보제공 사업, 홍보 계몽사업, 조사 연구사업 등

자동차관련 시책

■ 장애인 자동차표지 발급

장애인 자동차표지는 장애인 본인 또는 장애인과 주민등록상 거소를 같이하는 직계 존 · 비속이나 배우자, 형제자매, 직계비속의 배우자 명의로 등록하여 주로 장애인이 사용하는 자동차 1대에 한하여 발급한다. 자동차표지 발급을 원하는 자는 거주지 동사무소에 신청서, 자동차등록증 사본을 지참하여 신청하면, 동사무소에서 서류를 검토하여 즉시 표지를 작성 교부한다. 자동차표지 부착 차량에 대해서는 정부에서 시행하고 있는 공영주차장 주차요금 할인, 차량10부제 적용 제외, 지방자치단체의 조례에 의한 공영주차장 주차요금 할인, 도심 혼잡통행료 징수적용 제외, 장애인 전용 주차구역 이용 등의 지원을 한다.

■ 고속도로 통행료 할인

장애인 자동차표지를 부착한 차량에 할인카드를 소지한 등록장애인이 탑승하여 고속도로를 이용할 경우 고속도로 통행료의 50%를 감면한다. 할인카드 발급대상은 장애인 본인 또는 장애인과 주민등록상 거소를 같이하는 직계존비속이나 배우자, 형제자매, 직계비속의 배우자 명의로 등록하여 주로 장애인이 사용하는 자동차 1대에 한하여 발급한다. 발급을 희망하는 자는 거주지 동사무소에 자동차등록증 사본, 사진 2매, 장애인 복지카드를 첨부하여 신청한다.

■ 자동차 LPG연료 사용 허용

등록장애인 또는 배우자, 세대를 같이하는 직계존비속이나 직계비속의 배우자 명의로 등록한 모든 승용자동차 중 1대에 한하여 LPG연료 사용을 허용한다. 상기 가족관계가 없는 경우로 형제자매가 함께 거주할 때에는 그 명의로도 가능하다. 그리고 LPG 승용자를 사용하던 장애인이 사망한 경우는 동 승용차를 상속받은 자에게도 사용이 허용된다. LPG연료를 사용하도록 출고된 승용차를 구입하거나 휘발유 승용차를 LPG연료 사용구조로 변경할 때에는 거주지 관할구청으로 등록, 신청한다. 기존 LPG차량을 교체할 경우에는 신차 등록후 1달이내에 이전 사용하던 차량을 이전등록하거나 말소해야 한다. 장애인용 LPG차량을 일반인에게 양도하거나 장애인이 사망한 경우에는 반드시 휘발유 차량으로 환원시켜야 한다. 그리고 장애인이 사용하던 LPG차량을 장애인에게 양도하는 경우에는 거주지 관할 구청에 신고하여야 한다.

■ 자동차 특별소비세 면제 등

1~3급 등록장애인 본인명의 또는 장애인과 가족1인이 공동명의로 등록한 새로 구입하는 모든 승용자동차 1대에 한하여 특별소비세를 면제한다. 가족범위는 배우자, 주민등록상 직계존비속, 직계비속의 배우자, 형제자매이며, 본 가족범위 중 적어도 1인이 운전면허가 있어야 한다. 운전면허증 소지자와 차주가 반드시 같아야 하는 것은 아니다. 그리고 1~3급 등록장애인(시각장애인인 경우 1~4급) 본인 또는 배우자나 주민등록상 장애인과 함께 거주하는 직계존비속, 직계비속의 배우자, 형제자매로서 장애인과 공동명의로 등록한 2000cc 이하의 승용자동차, 적재적량 1톤 이하의 화물차, 15인승 이하의 승합차, 이륜차중 1대에 한하여 자동차 등록세, 취득세, 자동차세를 전액 면제해 준다. 또한 등록장애인 본인 또는 장애인과 주민등록상 거주를 같이하는 보호자 1인과 공동명의로 등록한 비사업용 승용자동차, 7인승 이상 15인승 이하 소형승합차, 2.5톤 미만 소형화물차 중 1대에 한하여 구입시 도시철도 채권 구입을 면제해 준다.

각종 세금감면 시책

당해년도의 종합소득금액에서 본인 및 부양가족 중 장애인이 있는 경우 장애인 1인당 50만 원을 추가로 공제한다. 위 경우 장애인에 대한 연령제한이 없다. 또한 의료비가 연간 총소득의 3% 초과시 전액을 공제한다. 가족등의 사망으로 인하여 상속이 개시되는 경우에 상속인이 등록장애인인 경우에는 장애인에 대한 상속세를 인적공제를 한다. 공제금액은 '500만 원×(75세-당해 장애인의 연령)'으로 한다. 장애인이 직계존비속 또는 친족으로부터 증여받는 증여재산 중 신탁회사에 신탁한 재산(금전, 부동산, 유가증권)에 대하여 5억 원까지 증여세를 면제한다.

각종 요금할인 및 면제

■ 전화요금 할인

등록 장애인명의의 전화 1대에 한하여 시·내외 통화료 및 이동전화에 걸은 요금 중 일부를 감면

■ TV수신료 면제

시각 및 청각장애인이 있는 가정의 텔레비전 수상기 1대에 한하여 수신료 전액을 면제

■ 이동통신요금 할인

등록 장애인 명의의 이동전화 1대당 신규가입비 전액 및 기본사용료의 일부를 할인

■ PC통신요금 할인

등록 장애인 가입자에 대하여 PC통신 기본정보 이용료 및 정액형

인터넷요금을 일부 할인

■ 교통요금 할인
1) 철도(지하철)요금 감면
등록장애인 모두와 1~3급의 중증장애인과 동행하는 보호자 1인당 철도요금의 50%, 전철 및 지하철요금의 전액을 감면

2)연안여객선요금 할인
등록장애인 모두와 1급장애인과 동행하는 보호자 1인당 국내 연안여객선 요금 50% 할인

3)항공요금 할인
등록장애인 모두와 1~3급의 중증장애인과 동행하는 보호자 1인당 국내선 항공요금 50% 할인

■ 공공시설 이용요금 할인
등록장애인 모두와 1~3급의 중증장애인과 동행하는 보호자 1인당 국공립 공연장 입장요금 전액 및 공공 체육시설 입장요금 50% 할인

■ 자동차분 지역 건강보험료 감면
1~3급 등록장애인(시각장애인인 경우 1~4급) 본인 또는 배우자나 주민등록상 장애인과 함께 거주하는 직계존비속, 직계비속의 배우자, 형제자매로서 장애인과 공동명의로 등록한 2000cc 이하의 승용자동차, 적재적량 1톤 이하의 화물차, 15인승 이하의 승합차, 이륜차 중 1대에 한하여 자동차분 지역 의료보험료 전액을 면제하고, 일반인은 배기량

에 따라 일부를 면제해 준다.

■ 지역 건강보험료 평가소득 보험료 산정시 특례적용

피보험자인 장애인이 세대주 또는 세대주의 배우자에 대하여 피보험자의 연령 성별에 관계없이 제일 낮은 기본구간으로 적용하며, 본인 명의의 2000cc 이하의 차량에 대하여도 기본구간으로 적용

■ 지역 건강보험료 감면

등록장애인이 피보험자이며, 세대주 또는 세대주의 배우자이고 20세 이상의 부양의무자가 없는 세대를 대상으로 지원한다. 다만 20세 이상의 부양의무자가 있더라도 다음 각호의 경우에는 예외로 한다.

① 대학교 이상의 학생 또는 군복무자인 자
② 심신장애인, 폐질, 만성심부전증환자 등 만성질환자
③ 기타 행방불명, 실종 등 공단에서 부양의무자가 없다고 인정한 경우

상기 세대 중 과세소득이 없으며 재산평가액이 5000만 원 이하인 경우 피보험자의 장애등급에 따라 산출된 보험료의 10~30%를 감면

특수고용직의
산재보험 적용논의(개편안)

1. 특수고용직의 의의

산재보험법은 근로자를 그 보호 대상으로 삼고 있는 바, 근로자란 근로기준법 상의 직업종류를 불문하고 사업 또는 사업장에서 임금을 목적으로 근로를 제공하는 자로서 사용자와의 관계에서 사용종속성이 인정되어야 한다. 이러한 기준에서 볼 때에 보험설계사, 골프장 경기보조원, 학습지 교사, 레미콘 기사의 경우 사용종속성이 인정되지 않아 대법원 판례 또는 노동부 행정해석에서 이들을 근로자로 인정하지 않는 사례가 빈번하였다. 이러한 결과로 특수고용직의 경우 근로관계법령의 보호는 물론 산재보험의 보상 대상에서도 제외되는 경우가 많았다. 그러나 최근 서비스업의 발달로 인하여 새로운 형태의 고용형태가 확산됨에 따라 이들 특수고용직이 확대되고 있으므로 이들을 보호할 수 있는 방안을 마련할 대책이 필요하게 되었다.

2_ 특수고용직 보호 방안에 대한 입장대립

특수고용직의 경우 노동계는 근로자성 인정을 주장하고, 경영계는 이에 대해 강력하게 반대하는 등 논의가 진전되지 않아 특수형태근로종사자들의 실질적인 애로사항은 해결이 안 되고 있는 실정이다. 노동계가 주장해온 근로자 개념 확대, 노동 3권 보장 등 노동관계법을 통한 보호방안은 노사간 견해차가 커서 합의까지는 쉽지 않을 것으로 예상되며, 우선적으로 기본적인 보호조치인 산재보험 적용부터 주요 논의의 대상이 되었다.

3_ 특수고용직의 산재보험 적용

적용대상

특수형태근로종사자를 업무상 재해로부터 보호할 수 있도록 산재보험을 적용하는 것이 특수고용직 보호 대책의 주요 방안 중 하나이다. 규정 형식은 근로기준법상의 근로자개념 확대가 아닌 특례적용 방식으로 한다. 적용대상은 일신 전속성, 경제적 종속성, 비대체성 등이 있는 경우로 한정하여 보험설계사, 골프장 경기보조원, 학습지교사, 레미콘 운송종사자와 대통령령이 정하는 직종에 종사하는 자로 규정하여 향후 다양한 고용형태를 포함할 수 있도록 하였다.

적용방법

적용방법은 사업장 단위로 당연 적용하되, 종사자가 제외 신청시 예외를 인정하여 종사자가 가입하고 있는 다른 보험과 중복 가입되지 않도록 하였다.

보험료납부

보험료는 사업주가 납부하되 1/2은 종사자가 부담하도록 하였다. 다만, 사용종속성이 상대적으로 강하고 작업장소가 회사 측에 의해 구체적으로 관리되고 있는 골프장 경기보조원은 사업주가 전액 부담하게 된다.

4_ 특수고용직의 산재보험 적용의 기대효과

2006년에 있었던 노동연구원의 실태조사결과에 따르면 대부분의 특수고용직 직종에서 업무상 재해에 대한 보상이 없거나 미흡한 것으로 나타나고 있다. 구체적으로 살펴보면 골프장 경기보조원은 골프장 사업자가 상해보험을 가입시켜 주는 경우가 많으나 요양기간중 소득보전이 안되는 등 보상수준이 낮은 것으로 나타나고 있으며, 레미콘기사나 덤프기사는 본인부담으로 자동차보험에 가입하여 업무상 재해에 대비하고 있으나 사고율이 높아 보험료가 높고, 자차, 자손에 대한 보상은 미흡한 것으로 조사되었다. 앞으로 산재보험이 적용되면 업무상 재해 발생 시 요양비 이외에도 휴업급여를 받을 수 있게 되어 요양 기간 중 생계에 도움이 될 수 있을 것으로 기대된다.

가림출판사 · 가림M&B · 가림Let's에서 나온 책들

기차유 개발 방법 소개. 신국판 / 340쪽 / 12,000원

만병의 근원 스트레스 원인과 퇴치 김지혁(김지혁한의원 원장) 지음
만병의 근원인 스트레스를 속속들이 파헤치고 예방법까지 속시원하게 제시!! 신국판 / 324쪽 / 9,500원

김종성 박사의 뇌졸중 119 김종성 지음
우리나라 사망원인 1위. 뇌졸중 분야의 최고 권위자인 저자가 일상생활에서의 건강관리에서부터 환자간호에 이르기까지 뇌졸중의 예방, 치료법 등 모든 것 수록. 신국판 / 356쪽 / 12,000원

탈모 예방과 모발 클리닉 장정훈 · 전재홍 지음
미용적인 측면과 우리가 일상적으로 고민하고 궁금해 하는 털에 관한 내용들을 다양하고 재미있게 예들을 들어가면서 흥미롭게 풀어 간 것이 이 책의 특징. 신국판 / 252쪽 / 8,000원

구태규의 100% 성공 다이어트 구태규 지음
하이틴 영화배우의 다이어트 체험담. 저자만의 다이어트법을 제시하면서 바람직한 다이어트에 대해서도 알려준다. 건강하게 날씬해지고 싶은 사람들을 위한 필독서! 4×6배판 변형 / 240쪽 / 9,900원

암 예방과 치료법 이춘기 지음
암환자와 가족들을 위해서 암의 치료방법에서부터 합병증의 예방 및 암이 생기기 전에 알 수 있는 방법에 이르기까지 상세하게 해설해 놓은 책. 신국판 / 296쪽 / 11,000원

알기 쉬운 위장병 예방과 치료법 민영일 지음
소화기관인 위와 관련 기관들의 여러 질환을 발병 원인, 증상, 치료법을 중심으로 알기 쉽게 해설हan 건강서. 신국판 / 328쪽 / 9,900원

이온 체내혁명 노보루 야마노이 지음 · 김병관 옮김
새로운 건강관리 이론으로 주목을 받고 있는 음이온을 통해 건강을 돌볼 수 있는 방법 제시. 신국판 / 272쪽 / 9,500원

여혈과 사혈요법 정지천 지음
침과 부항요법 등을 사용하여 모든 질병을 다스릴 수 있는 방법과 우리 주변에서 흔하게 접할 수 있는 각 질병의 상황별 처치를 혈자리 그림과 함께 해설. 신국판 / 308쪽 / 12,000원

약손 경락마사지로 건강미인 만들기 고정환 지음
경락과 민족 고유의 정신 약손을 결합시킨 약손 성형경락 마사지로 수술하지 않고도 자신이 원하는 부위를 고치는 방법을 제시하는 건강 미용서. 4×6배판 변형 / 284쪽 / 15,000원

정유정의 LOVE DIET 정유정 지음
널리 알려진 온갖 다이어트 방법으로 살을 빼려고 노력했던 저자의 고통스러웠던 다이어트 체험담이 실려 있어 지금 살 때문에 고민하는 사람들이 가슴에 와 닿는 나만의 다이어트 계획을 나름대로 세울 수 있을 것이다. 4×6배판 변형 / 196쪽 / 11,000원

머리에서 발끝까지 예뻐지는 부분다이어트 신상만 · 김선민 지음
한약을 먹거나 침을 맞아 살을 빼는 방법, 아로마요법을 이용한 다이어트법, 운동을 이용한 부분만 해소법 등이 실려 있으므로 나에게 맞는 방법을 선택해 날씬하고 예쁜 몸매를 만들 수 있을 것이다. 4×6배판 변형 / 196쪽 / 11,000원

알기 쉬운 심장병 119 박승정 지음
심장병에 관해 심장질환이 생기는 원인, 증상, 치료법을 중심으로 내용을 상세하게 해설해 놓은 건강서. 신국판 / 248쪽 / 9,000원

알기 쉬운 고혈압 119 이정균 지음
생활 속의 고혈압에 관해 일반인들이 관심을 가지고 예방할 수 있도록 고혈압의 원인, 증상, 합병증 등을 상세하게 해설해 놓은 건강서. 신국판 / 304쪽 / 10,000원

여성을 위한 부인과질환의 예방과 치료 차선희 지음
남들에게는 말할 수 없는 증상들로 고민하고 있는 여성들을 위해 부인암, 골다공증, 빈혈 등 부인과질환을 원인 및 치료방법을 중심으로 설명한 여성건강 정보서. 신국판 / 304쪽 / 10,000원

알기 쉬운 아토피 119 이승규 · 임승엽 · 김문호 · 안유일 지음
감기처럼 흔하지만 암만큼 무서운 아토피 피부염의 원인에서부터 증상, 치료방법, 임상사례, 민간요법을 적용한 환자들의 경험담 등 수록. 신국판 / 232쪽 / 9,500원

120세에 도전한다 이권행 지음
아프지 않고 건강하게 오래 살기를 바라는 현대인들에게 우리 체질에 맞는 식생활습관, 심신 활동, 생활습관, 체질별 · 나이별 양생법을 소개. 장수하고픈 독자들의 궁금증을 풀어줄 것이다. 신국판 / 308쪽 / 11,000원

건강과 아름다움을 만드는 요가 정판식 지음
책을 보고서 집에서 혼자서도 할 수 있는 요가법 수록. 각종 질병에 따른 요가 수정체조법도 담았으며, 별책 부록으로 한눈에 보는 요가 차트 수록. 4×6배판 변형 / 224쪽 / 14,000원

우리 아이 건강하고 아름다운 롱다리 만들기 김성훈 지음
키 작은 우리 아이를 롱다리로 만드는 비법공개. 식사습관과 생활 습관만의 변화로도 키를 크게 할 수 있으므로 키 작은 자녀를 둔 부모의 고민을 해결해 준다. 대국전판 / 236쪽 / 10,500원

알기 쉬운 허리디스크 예방과 치료 이종서 지음
전문가들의 의견, 허리병의 치료에서 가장 중요한 운동치료, 허리디스크와 요통에 관해 언론에서 잘못 소개한 기사나 과장 보도된 기사, 대상이 광범위함으로써 생기고 있는 사이비 의술 및 상업적인 의술을 시행하는 상업적인 병원 등을 소개함으로써 허리병을 앓고 있는 사람들에게 정확하고 올바른 지식을 전달하고자 하는 길라잡이. 대국전판 / 336쪽 / 12,000원

소아과 전문의에게 듣는 알기 쉬운 소아과 119 신영규 · 이강우 · 최성항 지음
새내기 엄마, 아빠를 위해 올바른 육아법을 제시하고 각종 질병에 대한 치료법 및 예방법, 응급처치법을 소개. 4×6배판 변형 / 280쪽 / 14,000원

피가 맑아야 건강하고 오래 살 수 있다 김영찬 지음
현대인이 앓고 있는 고혈압, 당뇨병, 심장병 등은 피가 끈적거리고 혈관이 너덜거려서 생기는 질병이다. 이러한 성인병을 치료하려면 식이요법, 생활습관 개선 등을 통해 피를 맑게 해야 한다. 이 책에서는 피를 맑게 하기 위해 필요한 처방, 생활습관 개선법을 한의학적 관점에서 상세하게 설명하고 있다. 신국판 / 256쪽 / 10,000원

웰빙형 피부 미인을 만드는 나만의 셀프 피부건강 양해원 지음
모든 사람들이 관심 있어 하는 피부 관리를 집에서 할 수 있게 해주는 실용서. 집에서 간단하게 만들 수 있는 화장수, 팩 등을 소개하여 손 안의 미용서의 역할을 한다. 신국판 / 144쪽 / 10,000원

내 몸을 살리는 생활 속의 웰빙 항암 식품 이승남 지음
'암=사형 선고' 라는 고정 관념을 깨자는 전제 아래 우리 밥상에서 흔히 볼 수 있는 먹거리로 암을 예방하며 치료하는 방법 소개. 암환자와 그 가족들에게 희망을 안겨 줄 것이다. 대국전판 / 248쪽 / 9,800원

마음한글, 느낌한글 박완식 지음
훈민정음의 창제원리를 이용한 한글명상, 한글요가, 한글체조로 지금까지의 요가나 명상과는 차원이 다른 더욱 더 효과적인 수련으로 이제 당신 앞에 새로운 세계가 펼쳐진다. 4×6배판 / 300쪽 / 15,000원

웰빙 동의보감식 발마사지 10분 최희목 지음 / 신재용 감수
발이 병나면 몸에도 병이 생긴다. 우리 몸 중에서 가장 천대받으면서도 가장 많은 일을 하는 발을 새롭게 인식하는 추세에 맞추어 발을 가꾸어 건강을 지키는 방법 제시. 각 질병별 발마사지 방법, 부위를 구체적으로 설명하고 있다. 텔레비전을 보면서 하는 15분의 발마사지가 피로를 풀어주고 건강을 지켜줄 것이다. 4×6배판 변형 / 204쪽 / 13,000원

아름다운 몸, 건강한 몸을 위한 목욕 건강 30분 임하성 지음
우리가 흔히 대수롭지 않게 여기고 하는 습관 중에 하나가 목욕일 것이다. 그러나 이제 목욕도 건강과 관련시켜 올바른 방법으로 해야 한다. 웰빙 시대, 웰빙 라이프에 맞는 올바른 목욕법을 피부 관리 및 우리들의 생활 패턴에 맞추어 제시해 본다. 대국전판 / 176쪽 / 9,500원

내가 만드는 한방생주스 60 김영섭 지음
일반적인 과일 · 야채 주스에 217가지 한약재로 기본 음료를 만들어 맛과 영양을 고루 갖춘 최초의 웰빙 한방 건강음료 만드는 법 60가지 수록!! 각 음료마다 만드는 법과 효능을 실어 우리 가족 건강을 지키는 건강지침서의 역할을 한다. 국판 / 112쪽 / 7,000원

몸을 살리는 건강식품 백은희 · 조창호 · 최양진 지음
스트레스에 시달리는 현대인들에게 자연 영양소를 공급해 주는 건강기능식품에 관한 상세한 정보를 담고 있다. 나에게 필요한 영양소는 어떤 것이며, 어떻게 섭취했을 때 가장 큰 효과를 얻을 수 있는지 등을 조목조목 설명해 놓은 것이 눈에 띈다. 신국판 / 384쪽 / 11,000원

건강도 키우고 성적도 올리는 자녀 건강 김진돈 지음
자녀를 둔 부모라면 가장 먼저 자녀의 건강일 것이다. 특히 수험생을 둔 부모라면 그 관심은 말로 단정지을 수는 없다. 수험생 자신이나 부모가 알아야 할 평소 건강 관리법, 제일 이겨내기 힘든 계절인 여름철 건강 관리법, 조심해야 할 질병에 대해 예방법, 치료법을 상세하게 소개하고 있다. 신국판 / 304쪽 / 12,000원

알기 쉬운 간질환 119 이관식 지음
간염이 있는 사람이 술잔을 돌릴 경우 간염이 전염될까? 우리는 간이 소중한 존재임을 알면서도 혹사시키는 일이 많다. 간염 전염 및 간경화, 간암 등에 대한 잘못된 지식을 제대로 잡아주고 간과 관련된 병을 예방하는 법, 병에 걸렸을 때 치료하고 관리하는 법 등을 상세히 수록하여 간을 건강하게 지킬 수 있도록 해준다.
신국판 / 264쪽 / 11,000원

밥으로 병을 고친다 허봉수 지음
우리가 하루 세 끼 식사에서 대하는 밥상이 우리의 건강을 지켜주는 최고의 건강지킴이다. 이 간단 명료한 진리를 알면서도 우리는 다른 방법으로 건강을 지키려고 한다. 건강을 지키는 일은 어렵고 특별한 일이 아니라 보통의 밥상에서 지킬 수 있는 일임을 강조하고 거기에 맞는 실제 사례를 제시하여 비슷한 사례에서 응용할 수 있게 내용을 구성하고 있다. 대국전판 / 352쪽 / 13,500원

알기 쉬운 신장병 119 김형규 지음
신장병은 특별한 증상이 없어 조기진단이 힘들다고 한다. 그러나 진단과 치료의 혜택으로 완치를 할 수 있는 병이라고도 한다. 일상 생활 속에서 신장병을 파악할 수 있는 자가진단법, 신장병을 검사하고 치료하는 방법, 신장병과 관련 있는 질병들을 일반인들이 이해하기 수준에서 설명하고 있다. 또한 신장병과 관련 있는 생활 속의 정보를 부록으로 수록하여 내용의 깊이를 더해 주고 있다.
신국판 / 240쪽 / 10,000원

마음의 감기 치료법 우울증 119 이민수 지음
우울증에는 예외의 대상이 없다. 현대인이라면 누구나 우울증에 걸릴 수 있다는 전제 아래 일반인들이 쉽게 이해할 수 있는 우울증을 담고 있다. 남에게, 가족에게 숨겨야 하는 몹쓸 병이 아니라 바르고 정확하게 알아야 건강한 삶을 누릴 수 있는 병임을 알리면서 우울증을 치료하는 법, 환자 본인과 가족 및 주위에서 가져야 할 자세 등을 알려준다. 대국전판 / 232쪽 / 9,800원

관절염 119 송영욱 지음
"비가 오려나? 왜 이리 무릎이 쑤시나." 이렇게 표현되는 관절염에는 일반인들이 잘 알지 못하는 다른 종류의 관절염도 있다. 이러한 관절염을 일반인들의 입장에서 쉽게 이해하고 예방하고 치료할 수 있는 방법을 소개하고 있다. 생활 속에서의 습관을 고치고 운동을 통해서 허리나 다리가 아픈 통증에서 벗어날 수 있다.
대국전판 / 224쪽 / 9,800원

내 딸을 위한 미성년 클리닉 강병문·이향아·최정원 지음
서울 아산병원 미성년 클리닉팀의 새로운 제안!! 청소년기의 건강 상태는 평생을 좌우한다. 이 시기를 어떻게 보내느냐에 따라 60년 인생이 완전히 달라질 수 있다. 특히 여자라면 꼭 알아야할 건강 이야기로 자라나는 우리 딸들이 자신의 몸을 소중히 하는데 도움이 될 것이다. 국판 / 148쪽 / 8,000원

암을 다스리는 기적의 치유법
케이 세이헤이 감수 / 카와자 나리카즈 지음 / 민병수 옮김
저분자 수용성 키토산의 파워!! 항암제나 방사선 치료의 부작용을 경감시키고 그 효과를 오래 지속시켜주는 효과를 비롯한 키토산의 6대 항암 효과를 통하여 암에 탁월한 효과가 있는 수용성 키토산의 전신 면역 요법에 대하여 알 수 있을 것이다. 더불어 자연치유력에 대한 강한 믿음을 갖게 된다. 신국판 / 256쪽 / 9,000원

스트레스 다스리기
대한불안장애학회 스트레스관리연구특별위원회 지음
스트레스 분야의 21명의 전문가가 쓴 스트레스 해소법. 암보다 무서운 병, 스트레스를 줄이면 10년은 젊게 살 수 있다.
신국판 / 304쪽 / 9,000원

천연 식초 건강법 건강식품연구회 엮음 / 신재용(해성한의원 원장) 감수
가장 쉽게 구할 수 있고 경제적인 식품이면서 상상할 수 없을 정도로 뛰어난 약효를 지닌 식초의 모든 것을 담은 건강지침서!
신국판 / 252쪽 / 9,000원

암에 대한 모든 것 서울아산병원 암센터 지음
이 책은 우리나라에서 특히 발병률이 높은 7가지 암에 대해 철저히 분석한 책이다. 해당 암의 원인부터 발병률, 원인 및 진단법, 치료법, 예방법 및 관리법, 해당 암에 대해 잘못 알려진 상식 등 암에 대한 보다 실질적이고 구체적인 정보를 담았다. 암에 대한 정보를 필요로 이들이 되어 효율적으로 이용할 수 있는 책이다. 신국판 / 360쪽 / 13,000원

알록달록 컬러 다이어트 이승남 지음
이 시대의 트렌드인 웰빙 열풍 가운데 컬러 푸드가 커다란 아이템으로 자리 잡고 있다. 이 책에서는 다이어트 시에 생기는 스트레스와 스트레스로 인한 활성산소, 다이어트로 인한 영양불균형 등을 컬러 푸드를 이용하여 우리 몸을 젊고 건강하고 아름답게 가꾸는 방법을 상세히 제시하여 주고 있다. 또한 비만이 아닌 체형교정을 원하는 분들에게는 올바른 운동법과 마사지요법을 통하여 문제를 해결할 수 있도록 길을 열어준다. 국판 / 248쪽 / 10,000원

당신도 부모가 될 수 있다 정병준 지음
우리나라의 결혼한 부부 중 7쌍 중에 1쌍이 불임으로 고통 받고 있다고 한다. 불임극복이 쉬운 일은 아니지만 그렇다고 불가능한 것은 분명 아니다. 이 책은 서울여성병원의 불임센터 소장으로 있는 정병준 박사의 불임 원인에 대한 다양한 연구, 치료의 과정들을 사례와 Q&A를 기본으로 하여 자세하게 다루고 있다. 특히 직접 시험관아기 시술이나 인공수정 등 구체적인 불임치료를 통해 임신에 성공한 사람들의 수기도 포함하고 있어 그 감동을 더해주고 있다.
신국판 / 268쪽 / 9,500원

교 육

우리 교육의 창조적 백색혁명
원상기 지음 / 신국판 / 206쪽 / 6,000원

현대생활과 체육
조창남 외 5명 공저 / 신국판 / 340쪽 / 10,000원

퍼펙트 MBA IAE유학네트 지음 / 신국판 / 400쪽 / 12,000원

유학길라잡이 Ⅰ-미국편
IAE유학네트 지음 / 4×6배판 / 372쪽 / 13,900원

유학길라잡이 Ⅱ- 4개국편
IAE유학네트 지음 / 4×6배판 / 348쪽 / 13,900원

조기유학길라잡이.com
IAE유학네트 지음 / 4×6배판 / 428쪽 / 15,000원

현대인의 건강생활
박상호 외 5명 공저 / 4×6배판 / 268쪽 / 15,000원

천재아이로 키우는 두뇌훈련
나카마츠 요시로 지음 / 민병수 옮김 / 국판 / 288쪽 / 9,500원

두뇌혁명
나카마츠 요시로 지음 / 민병수 옮김 / 4×6판 양장본 / 288쪽 / 12,000원

테마별 고사성어로 익히는 한자
김경익 지음 / 4×6배판 변형 / 248쪽 / 9,800원

生생 공부비법 이은승 지음 / 대국전판 / 272쪽 / 9,500원

자녀를 성공시키는 습관만들기
배은경 지음 / 대국전판 / 232쪽 / 9,500원

한자능력검정시험 1급
한자능력검정시험연구위원회 편저 / 4×6배판 / 568쪽 / 21,000원

한자능력검정시험 2급
한자능력검정시험연구위원회 편저 / 4×6배판 / 472쪽 / 18,000원

한자능력검정시험 3급(3급II)
한자능력검정시험연구위원회 편저 / 4×6배판 / 440쪽 / 17,000원

한자능력검정시험 4급(4급II)
한자능력검정시험연구위원회 편저 / 4×6배판 / 352쪽 / 15,000원

한자능력검정시험 5급
한자능력검정시험연구위원회 편저 / 4×6배판 / 264쪽 / 11,000원

한자능력검정시험 6급
한자능력검정시험연구위원회 편저 / 4×6배판 / 168쪽 / 8,500원

한자능력검정시험 7급
한자능력검정시험연구위원회 편저 / 4×6배판 / 152쪽 / 7,000원

한자능력검정시험 8급
한자능력검정시험연구위원회 편저 / 4×6배판 / 112쪽 / 6,000원

볼링의 이론과 실기 이택상 지음 / 신국판 / 192쪽 / 9,000원

고사성어로 끝내는 천자문 조준상 글/그림
고사성어에 얽힌 일화를 재미있는 만화로 엮어, 만화를 보면서 고사성어도 익힐 수 있는 일석이조의 만화 학습서이다. 특히 국가공

인 한자능력검정시험 4급에 나오는 한자를 수록하고 있어 자격증을 준비하는 데에 도움을 줄 뿐만 아니라 실생활에 응용할 수 있는 생활한자가 수록되어 있어 교양을 넓히는 데에도 많은 도움이 될 것이다. 4×6배판 / 216쪽 / 12,000원

내 아이 스타 만들기 김민성 지음
이 책은 평범한 가정에서 태어난 초등학생 예랑이가 자신의 재능을 발견해가는 과정과 그것을 지켜보는 부모님을 통하여 현대의 많은 부모님들이 자신의 자녀들에게 어떤 교육방식과 마음가짐으로 아이의 뒷바라지를 해줘야 할지 그 방향을 제시해주고 있다.
신국판 / 200쪽 / 9,000원

교육 1번지 강남 엄마들의 수험생활 자녀 관리 황송주 지음
해마다 대학입시는 치러지고 있지만 정작 수험생과 학부모들은 이렇다 할 지침서도 없이 혼란 속에서 지내왔다. 국내 최초로 기획된 본격적인 대학입시 가이드북인 이 책에서는 고 2 시절의 방학나기에서부터 특히 전형방법에 따른 대응전략, 학부모의 학습지원 방법, 과목별 만점 작전, 수험생 건강관리 등의 내용을 집중적으로 다루고 있어 입시를 앞둔 수험생과 학부모들에게 유용하며 실질적인 가이드 역할을 해 줄 것이다. 신국판 / 288쪽 / 9,500원

취미 · 실용

김진국과 같이 배우는 와인의 세계 김진국 지음
포도주 역사에서 분류, 원료 포도의 종류와 재배, 양조 · 숙성 · 저장, 시음법, 어울리는 요리와 와인의 유통과 소비, 와인 시장의 현황과 전망, 와인 판매 요령, 와인의 보관과 재고의 회전, '와인 양조비밀의 모든 것'을 동영상으로 담은 CD까지, 와인의 모든 것이 담긴 종합학습서. 국배판 변형양장본(올 컬러판) / 208쪽 / 30,000원

경제 · 경영

CEO가 될 수 있는 성공법칙 101가지
김승룡 편역 / 신국판 / 320쪽 / 9,500원

정보소프트 김승룡 지음 / 신국판 / 324쪽 / 6,000원

기획대사전 다카하시 겐코 지음 / 홍영의 옮김
기획에 관련된 모든 사항을 실례와 도표를 통하여 초보자에서 프로 기획맨에 이르기까지 효율적으로 활용할 수 있도록 체계적으로 총망라하였다. 신국판 / 552쪽 / 19,500원

맨손창업 · 맞춤창업 BEST 74 양혜숙 지음
창업대행 현장 전문가가 추천하는 유망업종을 7가지 주제별로 나누어 수록한 맞춤창업서로 창업예비자들에게 창업의 길을 밝혀줄 발로 뛰면서 만든 실무 지침서!! 신국판 / 416쪽 / 12,000원

무자본, 무점포 창업! FAX 한 대면 성공한다
다카시로 고시 지음 / 홍영의 옮김 / 신국판 / 226쪽 / 7,500원

성공하는 기업의 인간경영 중소기업 노무 연구회 편저 / 홍영의 옮김
무한경쟁시대에서 각 기업들의 다양한 경영 실태 속에서 인사 · 노무 관리 개선에 있어서 기업의 효율을 높이고 발전을 이룰 수 있는 원칙을 제시. 신국판 / 368쪽 / 11,000원

21세기 IT가 세계를 지배한다 김광희 지음
21세기 화두로 떠오른 IT혁명의 경쟁력에 대해서 전문가의 논리적이고 철저한 해설과 더불어 매장 끝까지 실제 사례를 곁들여 설명.
신국판 / 380쪽 / 12,000원

경제기사로 부자아빠 만들기 김기태 · 신현태 · 박근수 공저
날마다 배달되는 경제기사를 꼼꼼히 챙겨보는 사람만이 현대생활에서 부자가 될 수 있다. 언론인의 현장감각과 학자의 전문성을 접목시킨 것이 이 책의 특성! 누구나 이 책을 읽고 경제원리를 체득, 경제예측을 하게 되며 준비된 생활경제서적.
신국판 / 388쪽 / 12,000원

포스트 PC의 주역 정보가전과 무선인터넷 김광회 지음
포스트 PC의 주역으로 급부상하고 있는 정보가전과 무선인터넷 그리고 이를 구현하기 위한 관련 테크놀러지를 체계적으로 소개.
신국판 / 356쪽 / 12,000원

성공하는 사람들의 마케팅 바이블 채수명 지음
최근의 이론을 보완하여 내놓은 마케팅 관련 실무서. 마케팅의 정보전략, 핵심요소, 컨설팅실무까지 저자의 노하우와 창의적인 이론이 결합된 마케팅서. 신국판 / 328쪽 / 12,000원

느린 비즈니스로 돌아가라
사카모토 게이이치 지음 / 정성호 옮김
미국식 스피드 경영에 익숙해져 현실의 오류를 간과하고 있는 사람들을 위한 어떻게 팔 것인가보다 무엇을 팔 것인가를 설명하는 마케팅 컨설턴트의 대안 제시서! 신국판 / 276쪽 / 9,000원

적은 돈으로 큰돈 벌 수 있는 부동산 재테크 이원재 지음
700만 원으로 부동산 재테크에 뛰어들어 100배 불린 저자가 부동산 재테크를 계획하고 있는 사람들이 반드시 알아두어야 할 내용을 경험담을 담아 해설해 놓은 경제서. 신국판 / 340쪽 / 12,000원

바이오혁명 이주영 지음
21세기 국가간 경쟁부문으로 새로이 떠오르고 있는 바이오혁명에 관한 기초지식을 언론사에 몸담고 있는 현직 기자가 아주 쉽게 해설해 놓은 바이오 가이드서. 바이오 관련 용어 해설 수록.
신국판 / 328쪽 / 12,000원

성공하는 사람들의 자기혁신 경영기술 채수명 지음
자기 계발을 통한 신지식 자기경영마인드를 갖추어야 한다는 전제 아래 그 방법을 자세하게 알려주는 자기계발 지침서.
신국판 / 344쪽 / 12,000원

CFO 교텐 토요오 · 타하라 오키시 지음 / 민병수 옮김
일반인들에게 생소한 용어인 CFO, 즉 최고 재무책임자의 역할이 지금까지와는 완전히 달라져야 한다. 기업을 이끌어가는 새로운 키잡이로서의 CFO의 역할, 위상 등을 일본의 기업을 중심으로 하여 알아보고 바람직한 방향을 제시한다. 신국판 / 312쪽 / 12,000원

네트워크시대 네트워크마케팅 임동학 지음
학력, 사회적 지위 등에 관계 없이 자신이 노력한 만큼 돈을 벌 수 있는 네트워크마케팅에 관해 알려주는 안내서.
신국판 / 376쪽 / 12,000원

성공리더의 7가지 조건
다이앤 트레이시 · 윌리엄 모건 지음 / 지창영 옮김
개인과 팀, 소식산계의 개선을 위한 방향제시 및 실천을 위한 안내자 역할을 해주는 책. 현장에서 활용할 수 있는 실용서.
신국판 / 360쪽 / 13,000원

김종결의 성공창업 김종결 지음
'누구나 창업을 할 수는 있지만 아무나 돈을 버는 것은 아니다'라는 전제 아래 중견 연기자로서, 음식점 사장님으로 성공한 탤런트 김종결의 성공비결을 통해 창업전략과 성공전략을 제시한다.
신국판 / 340쪽 / 12,000원

최적의 타이밍에 내 집 마련하는 기술 이원재 지음
부동산을 통한 재테크의 첫걸음 '내 집 마련'의 결정판. 체계적이고 한눈에 쏙 들어 오는 '내 집 장만 과정'을 쉽게 풀어놓은 부동산재테크서. 신국판 / 248쪽 / 10,500원

컨설팅 세일즈 Consulting sales 임동학 지음
발로 뛰는 영업이 아니라 머리로 하는 영업이 절실히 요구되는 시대 상황에 맞추어 고객지향의 세일즈, 과제해결 세일즈, 구매자와 공급자 간에 서로 만족하는 세일즈법 제시. 대국전판 / 336쪽 / 13,000원

연봉 10억 만들기 김농주 지음
연봉으로 말해지는 임금을 재테크 하여 부자가 될 수 있는 방법 제시. 고액의 연봉을 받기 위해 개인이 갖추어야 할 실무적 능력, 태도, 마음가짐, 재테크 수단 등을 각 주제에 따라 구체적으로 제시함으로써 부자를 꿈꾸는 사람들이 그 희망을 이룰 수 있게 해준다.
국판 / 216쪽 / 10,000원

주5일제 근무에 따른 한국형 주말창업 최효진 지음
우리나라 실정에 맞는 주말창업 아이템의 제시 및 창업시 필요한 정보를 얻을 수 있는 곳, 주의해야 할 점, 실전 인터넷 쇼핑몰 창업, 표준사업계획서 등을 수록하여 지금 당장이라도 내 사업을 할 수 있게 해주는 창업 길라잡이서. 신국판 변형 양장본 / 216쪽 / 10,000원

돈 되는 땅 돈 안되는 땅 김영준 지음
부동산 틈새시장에서 성공하는 투자 노하우를 신행정수도 예정지 및 고속철도 역세권 등 투자 유망지역을 중심으로 완벽하게 수록해 놓은 부동산 재테크서. 신국판 / 320쪽 / 13,000원

돈 버는 회사로 만들 수 있는 109가지
다카하시 도시노리 지음 / 민병수 옮김
회사경영에서 경영자가 꼭 알아야 할 기본 사항 수록. 내용이 항목별로 정리되어 있어 원하는 자료를 바로 찾아 볼 수 있는 것이 최대의 장점. 이 책을 통해서 불필요한 군살을 빼고 강한 근육질을 가진 돈 버는 회사를 만들어 보자. 신국판 / 344쪽 / 13,000원

프로는 디테일에 강하다 김미현 지음
탄탄하게 자리를 잡은 15군데 중소기업의 여성 CEO들이 회사를 운영하면서 겪은 어려움, 기쁨 등을 자서전 형식을 빌어 솔직 담백하게 얘기했다. 예비 창업자들을 위한 조언, 경영 철학, 성공 요인도 담고 있어 창업을 준비하는 사람들에게 도움이 될 것이다.
신국판 / 248쪽 / 9,000원

머니투데이 송복규 기자의 부동산으로 주머니돈 100배 만들기 송복규 지음
재테크 수단으로 새롭게 각광 받고 있는 부동산을 이용한 재산 증식 방법 수록. 부동산 재테크에 따른 맞춤 투자전략을 제시하고 알아두면 편리한 부동산 상식도 알려준다. 현직 전문 기자의 예리한 분석과 최신 정보가 담겨 있는 부동산재테크 가이드서.
신국판 / 328쪽 / 13,000원

성공하는 슈퍼마켓&편의점 창업 나명환 지음
슈퍼마켓이나 편의점을 창업하려고 하는 사람들을 위한 창업 가이드서. 어느 위치에 얼만한 크기로, 어떤 상품을 갖추고 어떤 마인드로 창업하고 영업해야 대형할인점과의 경쟁에서 살아남을 수 있는지 등을 저자의 실제 경험과 통계, 전문가들의 의견을 바탕으로 상세하게 소개. 4×6배판 변형 / 500쪽 / 28,000원

대한민국 성공 재테크 부동산 펀드와 리츠로 승부하라 김영준 지음
새로운 재테크 수단으로 세간의 관심을 모으고 있는 부동산 펀드와 리츠에 관한 투자 안내서. 리스크 없이 투자에 성공하기 위해서 알아두어야 할 주의사항, 펀드 및 리츠 관련 상품 설명, 실제로 투자되고 있는 물건을 수록하여 책을 통해서 실전 투자감각을 익힐 수 있게 하였다. 신국판 / 256쪽 / 12,000원

마일리지 200% 활용하기 박성희 지음
우리 주변에는 마일리지와 관련 있는 다양한 카드가 있다. 신용카드로부터 시작하여 이동통신사의 멤버십 카드, 캐시백 카드, 각 업소의 스탬프 카드 등 다양한 종류의 카드가 각기 특성을 가지고 우리 생활 속에서 이용되고 있다. 잘 알고 활용하면 개인의 주머니 경제, 가계의 살림에 보탬이 되는 각종 마일리지에 관한 최신 정보를 한 권에 모아 놓았다. 이 책의 내용을 잘 활용하면 새는 돈을 알뜰살뜰 모으는 길이 보일 것이다. 국판 변형 / 200쪽 / 8,000원

1%의 가능성에 도전, 성공 신화를 이룬 여성 CEO 김미현 지음
탄탄하게 자리를 잡은 15군데 중소기업의 여성 CEO들이 회사를 운영하면서 겪은 어려움, 기쁨 등을 자서전 형식을 빌어 솔직 담백하게 얘기했다. 예비 창업자들을 위한 조언, 경영 철학, 성공 요인도 담고 있어 창업을 준비하는 사람들에게 도움이 될 것이다.
신국판 / 248쪽 / 9,500원

3천만 원으로 부동산 재벌 되기 최수길 · 이숙 · 조연희 지음
전세에 머물고 있는 일반 서민들에게 가정의 보금자리인 내 집 마련의 길을 안내하고 여유자금을 가지고 소액으로도 투자할 수 있는 알짜 재테크 정보를 소개하고 있다. 신국판 / 290쪽 / 12,000원

10년을 앞설 수 있는 재테크 노동규 지음
이 책은 돈이 모아지는 기본적인 구조를 설명하여 우리들의 평범한 삶에 영향을 끼치는 머니 시스템에 대해 알려주고 있다. 때문에 이제 막 재테크를 시작하는 2, 30대 직장인을 비롯한 주부들에게 바람직한 재테크 실천전략을 제시하는 책이라 할 수 있다.
신국판 / 260쪽 / 10,000원

세계 최강을 추구하는 도요타 방식
나카야마 키요타카 지음 / 민병수 옮김
'도요타 생산 방식'의 개발자인 오노 타이이치에게서 전수받은 경영철학과 실천방안을 소개하고 있다. 끝없이 낭비를 철저하게 제거하고 고객이 원하는 만큼 생산하여 재고를 최소화하는 JIT(Just-In-Time)의 진정한 의미, 고객의 최대 만족을 확보하기 위하여 납품 공정을 최적화하는 딜리버리 설계 등의 기법을 중점적으로 소개한다.
신국판 / 296쪽 / 12,000원

최고의 설득을 이끌어내는 프레젠테이션 조두환 지음
이 책은 직장인들에게 필수적인 프레젠테이션을 어떻게 준비하고 발표해야 하는가에 대한 자세한 답을 제시하고 있다. 클라이언트와 청중을 사로잡는 프레젠테이션을 위해 가장 중요한 청중 분석과 자료수집에서부터 시청각 기자재 활용, 발표원고 작성, 연습, 질문응대 요령 등이 천 번 이상의 실전을 치른 저자의 경험을 바탕으로 제시되고 있다. 승진이나 취업, 새로운 프로젝트를 위해 꼭 필요한 프레젠테이션을 이 책 한 권이면 완벽하게 끝낼 수 있다.
신국판 / 296쪽 / 11,000원

최고의 만족을 이끌어내는 창의적 협상 조강희 · 조원희 지음
협상 관련 컨설팅과 실무를 담당하고 있는 두 변호사가 제시하는 협상에 대한 새로운 이해와 원칙이다. 상대를 배려하는 '창의적 협상' 이야말로 협상의 궁극적인 목적을 실현하는 효과적인 길임을 강조한다. 신국판 / 248쪽 / 11,000원

New 세일즈 기법 물건을 팔지 말고 가치를 팔아라 조기선 지음
너도나도 물건을 팔기 위해 치열한 가격경쟁으로 치닫고 있는 시대에 이 책에서는 '팔지 않는 철학'을 강조한다. 저자는 이제 물건을 파는 시대가 아니라 '가치'를 파는 시대라고 강조한다. 가치를 제공함으로써 고객이 스스로 필요성을 느끼고 구매하도록 만드는 상품전략, 서비스전략, 마케팅전략을 제안한다. 신국판 / 264쪽 / 9,500원

작은 회사는 전략이 달라야 산다 황문진 지음
1인 이상 30인 이하 규모의 작은 회사를 위한 비즈니스 전략서다. 소기업은 대기업의 경영 방식을 따라가면 망한다. 적은 비용과 노력으로도 얼마든지 많은 이익을 낼 수 있는 경영전략과 노하우 그리고 그 사례들을 소개한다. 신국판 / 312쪽 / 11,000원

주 식

개미군단 대박맞이 주식투자
홍성걸(한양증권 투자분석팀 팀장) 지음 / 신국판 / 310쪽 / 9,500원

알고 하자! 돈 되는 주식투자
이길영 외 2명 공저 / 신국판 / 388쪽 / 12,500원

항상 당하기만 하는 개미들의 매도 · 매수타이밍 999% 적중 노하우
강경무 지음 / 신국판 / 336쪽 / 12,000원

부자 만들기 주식성공클리닉
이창희 지음 / 신국판 / 372쪽 / 11,500원

선물 · 옵션 이론과 실전매매
이창희 지음 / 신국판 / 372쪽 / 12,000원

너무나 쉬워 재미있는 주가차트
홍성무 지음 / 4×6배판 / 260쪽 / 15,000원

주식투자 직접 투자로 높은 수익을 올릴 수 있는 비결
저금리 · 고령화 시대를 대비한 개인자산관리의 확실한 방법을 제시한 책이다. 미국뿐만 아니라 일본, 중국, 홍콩, 대만, 브라질 등의 주식 시장의 철저한 분석과 데이터화를 통해 한국 주식 시장에 맞는 가치주를 발굴하고 투자할 수 있는 확실한 성공 전략을 제시한다.
김학균 지음 / 신국판 / 230쪽 / 11,000원

역 학

역리종합 만세력 정도명 편저 / 신국판 / 532쪽 / 10,500원

작명대전 정보국 지음 / 신국판 / 460쪽 / 12,000원

하락이수 해설 이천교 편저 / 신국판 / 620쪽 / 27,000원

현대인의 창조적 관상과 수상 백운산 지음 / 신국판 / 344쪽 / 9,000원

대운용신영부적 정재원 지음 / 신국판 양장본 / 750쪽 / 39,000원

사주비결활용법 이세진 지음 / 신국판 / 392쪽 / 12,000원

컴퓨터세대를 위한 新 성명학대전 박용찬 지음 / 신국판 / 388쪽 / 11,000원

길흉화복 꿈풀이 비법 백운산 지음 / 신국판 / 410쪽 / 12,000원

새천년 작명컨설팅 정재원 지음 / 신국판 / 492쪽 / 13,900원

백운산의 신세대 궁합 백운산 지음 / 신국판 / 304쪽 / 9,500원

동자삼 작명학 남시모 지음 / 신국판 / 496쪽 / 15,000원

구성학의 기초 문길여 지음 / 신국판 / 412쪽 / 12,000원

소울음소리 이건우 지음 / 신국판 / 314쪽 / 10,000원

법률 일반

여성을 위한 성범죄 법률상식
조명원(변호사) 지음 / 신국판 / 248쪽 / 8,000원

아파트 난방비 75% 절감방법
고영근 지음 / 신국판 / 238쪽 / 8,000원

일반인이 꼭 알아야 할 절세전략 173선
최성호(공인회계사) 지음 / 신국판 / 392쪽 / 12,000원

변호사와 함께하는 부동산 경매
최환주(변호사) 지음 / 신국판 / 404쪽 / 13,000원

혼자서 쉽고 빠르게 할 수 있는 소액재판
김재용 · 김종철 공저 / 신국판 / 312쪽 / 9,500원

"돈 한 잔 사겠다"는 말에서 찾아보는 채권 · 채무
변환철(변호사) 지음 / 신국판 / 408쪽 / 13,000원

알기쉬운 부동산 세무 길라잡이
이건우(세무서 재산계장) 지음 / 신국판 / 400쪽 / 13,000원

알기쉬운 어음, 수표 길라잡이
변환철(변호사) 지음 / 신국판 / 328쪽 / 11,000원

제조물책임법
강동근(변호사) · 윤종성(검사) 공저 / 신국판 / 368쪽 / 13,000원

알기 쉬운 주5일근무에 따른 임금 · 연봉제 실무
문강분(공인노무사) 지음 / 4×6배판 변형 / 544쪽 / 35,000원

변호사 없이 당당히 이길 수 있는 형사소송
김대환 지음 / 신국판 / 304쪽 / 13,000원

변호사 없이 당당히 이길 수 있는 민사소송
김대환 지음 / 신국판 / 412쪽 / 14,500원

혼자서 해결할 수 있는 교통사고 Q&A
조명원(변호사) 지음 / 신국판 / 336쪽 / 12,000원

알기 쉬운 개인회생 · 파산 신청법 최재구(법무사) 지음
이 책은 본의아니게 과중채무로 고통받고 있는 사람들을 위해 쓰여진 책이다. 이 책에서는 현재 시행되고 있는 개인 워크아웃제도와 배드뱅크제도에 대해서도 상세히 소개하고 있다. 또한 이 제도를 신청하는 방법에 대해서 상세히 설명하고 있다.
신국판 / 352쪽 / 13,000원

생활법률

부동산 생활법률의 기본지식
대한법률연구회 지음 / 김원중(변호사) 감수 / 신국판 / 480쪽 / 12,000원

고소장 · 내용증명 생활법률의 기본지식
하태웅(변호사) 지음 / 신국판 / 440쪽 / 12,000원

노동 관련 생활법률의 기본지식
남동희(공인노무사) 지음 / 신국판 / 528쪽 / 14,000원

외국인 근로자 생활법률의 기본지식
남동희(공인노무사) 지음 / 신국판 / 400쪽 / 12,000원

계약작성 생활법률의 기본지식
이상도(변호사) 지음 / 신국판 / 560쪽 / 14,500원

지적재산 생활법률의 기본지식
이상도(변호사) · 조의제(변리사) 공저 / 신국판 / 496쪽 / 14,000원

부당노동행위와 부당해고 생활법률의 기본지식
박영수(공인노무사) 지음 / 신국판 / 432쪽 / 14,000원

주택 · 상가임대차 생활법률의 기본지식
김운용(변호사) 지음 / 신국판 / 480쪽 / 14,000원

하도급거래 생활법률의 기본지식
김진흥(변호사) 지음 / 신국판 / 440쪽 / 14,000원

이혼소송과 재산분할 생활법률의 기본지식
박동섭(변호사) 지음 / 신국판 / 460쪽 / 14,000원

부동산등기 생활법률의 기본지식
정상태(법무사) 지음 / 신국판 / 456쪽 / 14,000원

기업경영 생활법률의 기본지식
안동섭(단국대 교수) 지음 / 신국판 / 466쪽 / 14,000원

교통사고 생활법률의 기본지식
박정무(변호사) · 전병찬 공저 / 신국판 / 480쪽 / 14,000원

소송서식 생활법률의 기본지식
김대환 지음 / 신국판 / 480쪽 / 14,000원

호적 · 가사소송 생활법률의 기본지식
정주수(법무사) 지음 / 신국판 / 516쪽 / 14,000원

상속과 세금 생활법률의 기본지식
박동섭(변호사) 지음 / 신국판 / 480쪽 / 14,000원

담보 · 보증 생활법률의 기본지식
류창호(법학박사) 지음 / 신국판 / 436쪽 / 14,000원

소비자보호 생활법률의 기본지식
김성천(법학박사) 지음 / 신국판 / 504쪽 / 15,000원

판결 · 공정증서 생활법률의 기본지식
정상태(법무사) 지음 / 신국판 / 312쪽 / 13,000원

산업재해보상보험 생활법률의 기본지식
정유석(공인노무사) 지음 / 신국판 / 384쪽 / 14,000원

처 세

성공적인 삶을 추구하는 여성들에게 우먼파워
조안 커너 · 모이라 레이너 공저 / 지창영 옮김
사회의 여성을 향한 냉대와 편견의 벽을 깨뜨리고 성공적인 삶을 이루려는 여성들이 갖추어야 할 자세 및 삶의 이정표 제시!!
신국판 / 352쪽 / 8,800원

聽 이익이 되는 말 話 손해가 되는 말
우메시마 미요 지음 / 정성호 옮김
직장이나 집안에서 언제나 주고받는 일상의 화제를 모아 실음으로써 대화의 참의미를 깨닫고 비즈니스를 성공적으로 이끌기 위한 대화술을 키우는 방법 제시!! 신국판 / 304쪽 / 9,000원

성공하는 사람들의 화술테크닉 민영욱 지음
개인간의 사적인 대화에서부터 대중을 위한 공적인 강연에 이르기까지 어떻게 말하고 어떻게 스피치를 할 것인가에 관한 지침서.
신국판 / 320쪽 / 9,500원

부자들의 생활습관 가난한 사람들의 생활습관
다케우치 야스오 지음 / 홍영의 옮김
경제학의 발상을 기본으로 하여 사람들이 살아가면서 생활에서 생각해 볼 수 있는 이익을 보는 생활습관과 손해를 보는 생활습관을 수록, 독자 자신에게 맞는 생활습관의 기본 전략을 설계할 수 있도록 제시. 신국판 / 320쪽 / 9,800원

코끼리 귀를 당긴 원숭이-히딩크식 창의력을 배우자 강충인 지음
코끼리와 원숭이의 우화를 히딩크의 창조적 경영기법과 리더십에 대비하여 자기혁신, 기업혁신을 꾀하는 창의력 개발법을 제시.
신국판 / 208쪽 / 8,500원

성공하려면 유머와 위트로 무장하라 민영욱 지음
21세기에 들어 새로운 추세를 형성하고 있는 말 잘하기. 이러한 추세에 맞추어 현재 스피치 강사로 활약하고 있는 저자가 말을 잘하는 방법과 유머와 위트를 만들고 즐기는 방법을 제시한다.
신국판 / 292쪽 / 9,500원

동소팽의 오똑이전략 조창남 편저
중국 역사상 정치 · 경제 · 학문 등의 분야에서 최고 위치에 오른 리더들의 인재활용, 상황 극복법 등 처세 전략 · 전술을 통해 이 시대의 성공인으로 자리매김하는 해법 제시. 신국판 / 304쪽 / 9,500원

노무현 화술과 화법을 통한 이미지 변화 이현정 지음
현재 불교방송에서 활동하고 있는 이현정 아나운서의 화술 길라잡이서. 노무현 대통령의 독특한 화술과 화법을 통해 리더로서, 성공인으로서 갖추어야 할 화술 화법을 배우는 화술 실용서.
신국판 / 320쪽 / 10,000원

성공하는 사람들의 토론의 법칙 민영욱 지음
다양한 사람들의 다양한 욕구를 하나로 응집시키는 수단으로 등장하고 있는 토론에 관해 간단하고 쉽게 제시한 토론 길라잡이서.
신국판 / 280쪽 / 9,500원

사람은 칭찬을 먹고산다 민영욱 지음
현대에서 성공하는 사람으로 남기 위해서는 남을 칭찬할 줄도 알아
야 한다. 성공하는 사람이 되기 위해서 알아야 할 칭찬 스피치의 기
법, 특징 등을 실생활에 적용해 설명해놓은 성공처세 지침서.
신국판 / 268쪽 / 9,500원

사과의 기술 김농주 지음
미안하다는 말에 인색한 한국인들에게 "I'm sorry."가 성공을 위한
처세 기법으로 다가온다. 직장, 가정 등 다양한 환경에서 사과 한마
디의 의미, 기능을 알아보고 효율성을 가진 사과가 되기 위해 갖추
어야 할 조건을 제시한다. 신국판 변형 양장본 / 200쪽 / 10,000원

취업 경쟁력을 높여라 김농주 지음
각 기업별 특성 및 취업 정보 분석과 예비 취업자의 능력 개발, 자
신의 적성에 맞는 직종과 직장 잡는 법을 상세하게 수록.
신국판 / 280쪽 / 12,000원

유비쿼터스시대의 블루오션 전략 최양진 지음
나날이 치열해지는 경쟁 환경 속에서 최후의 웃는 사람이 되기 위
해서는 시대의 흐름에 빨리 적응하고, 정보를 신속하게 받아들이
며, 남과는 다른 튀는 행동을 해야 한다고 저자가 주장한다. 유비쿼
터스시대를 맞아 생존 경쟁에서 살아남는 지혜, 전략을 현실 점검
을 바탕으로 세우는 방법 제시. 신국판 / 248쪽 / 10,000원

나만의 블루오션 전략 - 화술편 민영욱 지음
모든 사람과의 관계에는 대화가 있게 마련이다. 특히 직장인이나
비즈니스를 하는 CEO들은 더욱 절실히 느낄 것이다. 이 책에는 일
반적으로 나누는 대화의 기법부터 좀더 부드러운 분위기를 위한 유
머화술의 기법까지 총망라하여 성공된 리더가 될 수 있는 방법을
제시한다. 신국판 / 254쪽 / 10,000원

희망의 씨앗을 뿌리는 20대를 위하여 우광균 지음
이 책은 예측대로 살아지지 않는 인생에 이제 막 발을 들여놓은 사회
초년생에게 인생의 지침이 되어줄 조언이 담겨 있다. 저자 자신이 경
험한 실제 사례들을 통해 우리가 일상에서 쉽게 접하는 모든 일들을
어떻게 받아들이고 또 얻을 수 있는 것은 무엇인지 알려주고 있다.
신국판 / 172쪽 / 8,000원

끌리는 사람이 되기위한 이미지 컨설팅 홍순아 지음
비주얼 시대에는 인생에 필요한 순간에 자신의 이미지를 정확하게 표출할
수 있어야 성공적인 인생을 살아갈 수 있다. 그러므로 자신만의 이
미지를 만드는 것은 이 시대 가장 큰 경쟁력이다. 이 책은 자연스럽
게, 때로는 전략적으로, 자신만의 이미지를 다듬고 만드는 방법을
알기 쉽게 제시하고 있다. 대국전판 / 194쪽 / 10,000원

명 상

명상으로 얻는 깨달음 달라이 라마 지음 / 지창영 옮김
티베트의 정신적 지도자이자 실질적 지도자인 달라이 라마의 수많
은 가르침 가운데 현대인에게 필요해지고 있는 인내에 대한 이야기.
국판 / 320쪽 / 9,000원

어 학

2진법 영어 이상도 지음 / 4×6배판 변형 / 328쪽 / 13,000원
한 방으로 끝내는 영어 고제윤 지음 / 신국판 / 316쪽 / 9,800원
한 방으로 끝내는 영단어 김승엽 지음 / 김수경 · 카렌다 감수 /
4×6배판 변형 / 236쪽 / 9,800원
해도해도 안 되던 영어회화 하루에 30분씩 90일이면 끝낸다
Carrot Korea 편집부 지음 / 4×6판 변형 / 260쪽 / 11,000원
바로 활용할 수 있는 기초생활영어
김수경 지음 / 신국판 / 240쪽 / 10,000원
바로 활용할 수 있는 비즈니스영어
김수경 지음 / 신국판 / 252쪽 / 10,000원
생존영어55 홍일록 지음 / 신국판 / 224쪽 / 8,500원
필수 여행영어회화 한현숙 지음 / 4×6판 변형 / 328쪽 / 7,000원

필수 여행일어회화 윤영자 지음 / 4×6판 변형 / 264쪽 / 6,500원
필수 여행중국어회화 이은진 지음 / 4×6판 변형 / 256쪽 / 7,000원
영어로 배우는 중국어 김승엽 지음 / 신국판 / 216쪽 / 9,000원
필수 여행스페인어회화 유연창 지음 / 4×6판 변형 / 288쪽 / 7,000원
바로 활용할 수 있는 홈스테이 영어
김형주 지음 / 신국판 / 184쪽 / 9,000원

레포츠

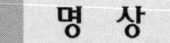

수열이의 브라질 축구 탐방 삼바 축구, 그들은 강하다
이수열 지음 / 신국판 / 280쪽 / 8,500원

마라톤, 그 아름다운 도전을 향하여
빌 로저스 · 프리실라 웰치 · 조 헨더슨 공저 /
오인환 감수 / 지창영 옮김 / 4×6배판 / 320쪽 / 15,000원

퍼팅 메커닉 이근택 지음
감각에 의존하는 기존 방식의 퍼팅은 이제 그만!!
저자 특유의 과학적 이론을 신체근육 운동학에 접목시켜 몸의 무리
를 최소화로 덜고 최대한의 정확성과 거리감을 갖게 하는 새로운
퍼팅 메커닉 북. 4×6배판 변형 / 192쪽 / 18,000원

아마골프 가이드 정영호 지음
골프를 처음 시작하는 모든 아마추어 골퍼를 위해 보다 쉽고 빠르
게 이해할 수 있도록 내용이 구성된 아마골프 레슨 프로그램서.
4×6배판 변형 / 216쪽 / 12,000원

인라인스케이팅 100%즐기기 임미숙 지음
레저 문화에 새로운 강자로 자리매김하고 있는 인라인 스케이팅을
안전하고 재미있게 즐길 수 있도록 알려주는 인라인 스케이팅 지침
서. 각단계별 동작을 한눈에 알아볼 수 있도록 세부 동작별 일러스
트 수록. 4×6배판 변형 / 172쪽 / 11,000원

배스낚시 테크닉 이종건 지음
현재 한국배스스쿨에서 강사로 활약하고 있는 아마추어 배스 낚시
꾼과 중급 수준의 배스 낚시꾼들이 자신의 실력을 한 단계 업그레
이드 시킬 수 있도록 루어의 활용, 응용법 등을 상세하게 해설.
4×6배판 / 440쪽 / 20,000원

나도 디지털 전문가 될 수 있다!!! 이승훈 지음
깜찍한 디자인과 간편하게 휴대할 수 있다는 장점 때문에 새로운
생활필수품으로 자리를 잡아가고 있는 디카 · 디캠을 짧은 시간 안
에 쉽게 배울 수 있도록 해놓은 초보자를 위한 디카 · 디캠 길라잡
이서. 4×6배판 / 320쪽 / 19,200원

스키 100% 즐기기 김동환 지음
스키 인구의 확산 추세에 따라 스키의 기초 이론 및 기본 동작부터
상급의 기술까지 단계별 동작을 전문가의 동작사진을 곁들여 내용
구성. 4×6배판 변형 / 184쪽 / 12,000원

태권도 총론 하웅의 지음
우리의 국기 태권도에 관한 실용 이론서. 지도자가 알아야 할 사항,
태권도장 운영이론, 응급처치법 및 태권도 경기규칙 등 필수 내용
만 수록. 4×6배판 / 288쪽 / 15,000원

건강하고 아름다운 동양란 기르기 난마을 지음
동양란 재배의 첫걸음부터 전시회 출품까지 동양란의 모든 것 수
록. 동양란의 구조 · 특징 · 종류 · 감상법, 꽃대 관리 · 꽃 피우기 ·
발색 요령 등 건강하고 아름다운 동양란 만들기로 구성.
4×6배판 변형 / 184쪽 / 12,000원

수영 100% 즐기기 김종만 지음
물 적응하기부터 수영용품, 수영과 건강, 응용수영 및 고급 수영기
술에 이르기까지 주옥 같은 수중촬영 연속사진으로 자세히 설명해
주는 수영기법 Q&A. 4×6배판 변형 / 248쪽 / 13,000원

애완견114 황양원 엮음
애완견 길들이기, 애완견의 먹거리, 멋진 애완견 만들기, 애완견의
질병 예방과 건강, 애완견의 임신과 출산, 애완견에 대한 기타 관리
등 애완견을 기를 때 반드시 알아야 할 내용 수록.
4×6배판 변형 / 228쪽 / 13,000원

건강을 위한 웰빙 걷기 이강옥 지음
건강 운동으로서 많은 사람들의 관심을 모으고 있는 걷기운동을 상세하게 설명. 걷기시 필요한 장비, 올바른 걷기 자세를 설명하고 고혈압 · 당뇨병 · 비만증 · 골다공증 등 성인병과 관련해 걷기운동을 했을 때 얻을 수 있는 효과를 수록하여 성인병을 예방하고 치료할 수 있도록 하였다. 대국전판 / 280쪽 / 10,000원

우리 땅 우리 문화가 살아 숨쉬는 옛터 이형권 지음
우리나라에서 가장 가보고 싶은 역사의 현장 19곳을 선정, 그 터에어린 조상의 숨결과 역사적 증언을 만날 수 있는 시간 제공. 맛있는 집, 찾아가는 길, 꼭 가봐야 할 유적지 등 핵심 내용 선별 수록.
대국전판 올컬러 / 208쪽 / 9,500원

아름다운 산사 이형권 지음
우리나라의 대표적인 산사를 찾아 계절 따라 산사가 주는 이미지, 산사가 안고 있는 역사적 의미를 되새겨 본다. 동시에 산사를 찾음으로써 생활에 찌든 현대인들이 삶의 활력을 되찾는 시간을 갖게 한다. 대국전판 올컬러 / 208쪽 / 9,500원

골프 100타 깨기 김준모 지음
읽고 따라 하기만 해도 100타를 깰 수 있는 골프의 전략 · 전술의 비법 공개. 뛰어난 골프 실력은 올바른 그립과 어드레스에서 비롯됨을 강조한 초보자를 위한 실전 골프 지침서.. 4×6배판 변형 / 136쪽 / 10,000원

쉽고 즐겁게! 신나게! 배우는 재즈댄스 최재선 지음
몸치인 사람도 쉽게 따라 하고 배우는 재즈댄스 안내서. 이 책에 실려 있는 기본 동작을 익혀 재즈댄스를 하면 생활 속의 긴장과 스트레스를 털어버리고 활력을 되찾을 수 있으며, 다이어트 효과도 얻을 수 있다. 4×6배판 변형 / 200쪽 / 12,000원

맛과 멋이 있는 낭만의 카페 박성찬 지음
가족끼리, 연인끼리 추억을 만들고 행복한 시간을 보낼 수 있는 서울 근교의 카페를 엄선하여 소개. 카페에 대한 인상 및 기본 정보, 인근 볼거리 등도 함께 수록하여 손 안의 인터넷 정보서가 될 수 있게 했다. 대국전판 올컬러 / 168쪽 / 9,900원

한국의 숨어 있는 아름다운 풍경 이종원 지음
우리나라의 숨어 있는 아름다운 풍경을 찾아 소개하는 여행서. 저자의 여행 감상과 먹거리, 볼거리, 사람 사는 이야기가 담겨 있어 안내서라기보다는 답사기라고 할 수 있다. 서정과 사진이 풍부하게 담겨 있는 그곳에 가고 싶다 시리즈 4번째 책.
대국전판 올컬러 / 208쪽 / 9,900원

사람이 있고 자연이 있는 아름다운 명산 박기성 지음
산을 좋아하는 사람들을 위한 산 안내서. 한번쯤 가보면 좋을 산을 엄선하여 그 산이 갖는 매력을 서정성 짙은 글로 풀어 놓았다. 가는 방법과 둘러 보아야 할 곳도 덤으로 설명.
대국전판 올컬러 / 176쪽 / 12,000원

마음의 고향을 찾아가는 여행 포구 김인자 지음
일상 생활에서 벗어나고 싶다면 우리 국토의 진정한 아름다움을 느끼게 해주는 포구로 가보자. 그 곳에서 사람냄새, 자연이 어우러진 역동성에 삶의 의욕을 되찾을 수 있을 것이다. 시인이자 여행가인 김인자 님이 소개하는 가볼 만한 대표적인 포구 20곳 수록. 볼거리, 먹거리와 함께 서정성 넘치는 글로 포구의 낭만, 삶의 현장을 소개.
대국전판 올컬러 / 224쪽 / 14,000원

골프 90타 깨기 김광섭 지음
90타를 깨고 싱글로 진입할 수 있게 해주는 실전 골프 테크닉서. 스트레칭, 세트 업, 드라이버 스윙, 샷, 어프로치, 퍼팅, 벙커 샷 등의 스윙 원리를 요점을 짚어 정리해 놓았으므로 골퍼 자신의 잘못된 스윙을 바로잡는 데 많은 도움이 될 것이다. 또한 연습장에서 스윙 연습을 하는 방법도 수록해 골프의 재미를 한층 더 배가시켜 즐길 수 있게 하였다. 4×6배판 변형 / 148쪽 / 11,000원

생명이 살아 숨쉬는 한국의 아름다운 강 민병준 지음
물놀이를 하는 아이들, 재첩을 잡는 사람들, 두물머리에 서 있는 연인들. 이 모습은 우리나라의 강변에서 볼 수 있는 정겨운 장면이다. 우리나라의 대표적인 강 15곳을 엄선하여 찾아가는 법, 먹거리, 잘 곳 등을 함께 수록. 또한 강과 연관 있는 인근의 볼거리를 수록하여 가족이나 연인 사이에는 추억을 만들고, 자녀와는 역사공부도 할 수 있게 내용을 아기자기 하게 꾸민 강 여행서.
대국전판 올컬러 / 168쪽 / 12,000원

뜻나는 대로 세계여행 김재관 지음
다른 나라를 알고 다른 문화를 알고자 하는 노력은 결국 내 자신의 정신세계를 풍요롭게 하는 일이다. 그리고 여행이 정신세계를 풍요롭게 하는 데 좋은 도구가 될 수 있다. 이 책에는 도전과 모험을 꿈꾸는 사람이라면 한 번은 가보아야 할 세계의 오지에 대한 이야기가 실려 있다. 저자가 엄선한 28개국의 오지에 대한 감상, 교통편, 알아두면 편리한 상식 등이 수록되어 있으므로 여행지에 대한 사전 지식을 쌓는 데 많은 도움이 될 것이다.
4×6배판 변형 올컬러 / 368쪽 / 20,000원

KLPGA 최여진 프로의 센스 골프 최여진 지음
KLPGA 출신 처음으로 쓴 골프 길라잡이. 신체 조건이나 골프채의 길이 또는 무게, 스윙 등 기초에서부터 기술적인 부분까지 미세하게 다른, 그동안 필자가 골프를 하면서 여성으로서 느꼈던 애로사항과 노하우를 담아 모든 골프 마니아들에게 실질적인 도움을 주고 스코어를 줄일 수 있는 해답을 찾게 해줄 것이다.
4×6배판 변형 올컬러 / 192쪽 / 13,900원

해양스포츠 카이트보딩 김남용 편저
국내 유일의 카이트보딩 자격증 소지자가 소개하는 국내 최초의 카이트보딩 안내서. 친절한 안내와 기술 향상을 위한 지식을 담고 있어 초보자에서 마니아에 이르기까지 훌륭한 동반자가 되어줄 것이다.
신국판 올컬러 / 152쪽 / 18,000원

KTPGA 김준모 프로의 파워 골프 김준모 지음
골프의 기원과 역사를 비롯하여 골프의 기본 기술을 체계적으로 숙달할 수 있는 효과적인 연습법, 골퍼에게 필요한 기본 상식들을 모두 수록하였다. 골프를 더욱더 깊이 이해하고 골프를 즐기고 골프를 통하여 삶의 활력소를 얻을 수 있을 뿐만 아니라, 진정한 골퍼로서 거듭날 기회를 제공해줄 것이다.
4×6배판 변형 올컬러 / 192쪽 / 13,900원

골프 80타 깨기 오태훈 지음
80타를 깨고 70타로 진입하겠다는 목표를 세운 골퍼들을 대상으로 스윙의 이론적 풀이보다는 여러 가지 상황에서 위기를 모면할 수 있도록 도와주는 기술과 깨끗한 마무리, 전체적인 스코어를 낮추는 데에 중점을 둔 싱글을 위한 실전 골프 테크닉서로, 이 책만 따라하면 최고의 골프를 향한 목표에 도달할 수 있을 것이다.
4×6배판 변형 / 132쪽 / 10,000원

신나는 골프 세상 유응열 지음
MBC-ESPN 골프해설위원 유응열 프로가 쓴 골프의 모든 것이 담겨 있다. 아마추어에서 비기너, 싱글 수준의 골퍼에 이르기까지 이 책을 보면서 하루에 한 가지씩 배우고 익힐 수 있도록 하였다.
4×6배판 변형 올컬러 / 232쪽 / 16,000원

풍경 속을 걷는 즐거움 명상 산책 김인자 지음
우리나라의 사계절 걷기 좋은 곳 21곳 수록. 걸으면서 사색을 즐기고 싶은 사람에게 추천할 만한 책이다. 특히 느림과 침묵에 굶주려 있는 도시인들에게 두 발의 건강한 노동인 걷는 즐거움을 줄 수 있는 책이다. 대국전판 올컬러 / 224쪽 / 14,000원

이신 프로의 더 퍼펙트 이신 지음
골프경력 20여년의 노하우와 경기운영 경험을 바탕으로 골프 이론과 실전 골프를 명징하게 설명하고 있다. 골프경기의 대부분을 차지하고 있는 퍼팅, 벙커플레이, 칩샷, 피치샷 등 숏 게임에 대한 철저한 가이드가 동영상처럼 자세한 사진과 함께 소개되고 있다.
국배판 / 336쪽 / 28,000원

여성실용

결혼준비, 이제 놀이가 된다 김창규 · 김수경 · 김정철 지음
행복한 결혼을 꿈꾸는 예비 신랑신부들을 위한 결혼 준비 종합 안내서. 프로포즈, 상견례, 예식장 선택, 혼수 등 모든 절차와 준비 사항들을 꼼꼼히 안내해 주고 있다. 실용적인 도움과 더불어 행복한 부부와 가정을 이루기 위한 전문가들의 조언이 가미되어 있어 그 가치가 더욱 돋보인다.
4×6배판 변형 올컬러 / 230쪽 / 13,000원

대한법률연구회가 만드는 생활법률의 기본지식 20

일·반·인·을·위·한

산업재해보상보험 생활법률의 기본지식

지은이/정유석
펴낸이/강선희
펴낸곳/가림M&B

등록/1999. 1. 18. 제5-89호
주소/서울 광진구 구의동 57-71 부원빌딩 4층
대표전화/458-6451   팩스/458-6450
홈페이지 http://www.galim.co.kr
e-mail galim@galim.co.kr

© 정유석, 2006

ISBN 89-89107-40-7 13360